O CAPITALISTA E O EMPREENDEDOR
Ensaios sobre Organizações e Mercados

Peter G. Klein

O CAPITALISTA E O EMPREENDEDOR

Ensaios sobre Organizações e Mercados

Tradução
Claudio A. Téllez-Zepeda

MISES BRASIL

Publicado originalmente: *The Capitalist & the Entrepreneur: Essays on Organizations & Markets*
Copyright 2015 © Ludwig von Mises Institute, Alabama, EUA e Instituto Ludwig von Mises Brasil

1ª Edição

Tradução: *Claudio A. Téllez-Zepeda*
Editor: *Márcia Xavier de Brito*
Revisão Técnica: *Fabio Barbieri*
Revisão Final: *Gustavo Nogy*
Preparação dos originais: *Alex Catharino*
Projeto gráfico e capa: *Letra Capital Editora*

FICHA CATALOGRÁFICA

K64c
Klein, Peter G., 1966-

O Capitalista e o Empreendedor: Ensaios sobre Organizações e Mercados / Peter G. Klein; Tradução: Claudio A. Téllez-Zepeda. – São Paulo: Instituto Ludwig von Mises Brasil. Brasil, 2015. 272p.

ISBN 978-85-8119-100-3

1.Economia. 2.Empreendedorismo. 3.Capitalismo. 4.Processos de Mercado. 5.Firma. 6.Escola Austríaca de Economia. I. Título.

CDD – 338.6

Índices para catálogo sistemático

+ Atividade empresarial (empresas públicas, particulares, pequenas, grandes e domésticas) 338.6

Editado no Brasil por:

Instituto Ludwig von Mises Brasil
Rua Iguatemi, 448, cj. 405 – Itaim Bibi
CEP: 01.451-010. São Paulo, SP
Telefone: +55 11 3704-3782
E-mail: contato@mises.org.br
www.mises.org.br

Sumário

Prefácio à Edição Brasileira (Adriano Gianturco G.) 9
Prefácio à Edição Norte-Americana (Doug French).................. 13
Introdução (Peter G. Klein)... 17

Capítulo I - O Cálculo Econômico
       e os Limites da Organização 25
  I   A Teoria de Livros-texto sobre a Firma 28
  II   Coase e os Custos de Transação 30
  III Cálculo Econômico e os Limites Ao Tamanho da Firma........31
  IV O Debate do Cálculo Socialista: Um Breve Retrospecto 32
  V   Cálculo *versus* Incentivos..36
  VI Rothbard e os Limites da Organização 40
  VII Abordagens Austríacas Alternativas 47
  VIII Conclusão..51

Capítulo II - Empreendedorismo e Governança Corporativa...... 53
  I   Os Limites da Abordagem Padrão da Firma.........................54
  II   Duas Abordagens Alternativas 55
  III A Abordagem Contratual 57
  IV Alicerces para uma Teoria Austríaca da Firma 60
       IV.1 Empreendedorismo 60
       IV.2 Cálculo Econômico 63
  V   Mercados de Capitais...67
  VI Para uma Teoria Austríaca da Governança Corporativa 71
       VI.1 Firmas como Investimentos 71
       VI.2 Mercados Internos de Capitais...................................... 74
       VI.3 Governança Corporativa Comparativa.......................... 78
       VI.4 Financistas como Empreendedores 80
  VII Conclusão..84

Capítulo III - Os Empreendedores Cometem Erros Previsíveis?
Evidências das Alienações Corporativas 85
I   Empreendedorismo, Lucro e Perda 92
II Fusões, Liquidações e Eficiência: Teoria e Evidência 96
III As Alienações são Previsíveis? Evidências
    de um Estudo de Duração 100
IV Conclusão 107

Capítulo IV - A Organização Empreendedora
do Capital Heterogêneo 109
I   Empreendedorismo, Julgamento e Propriedade de Ativos 112
II Teoria do Capital e a Teoria da Firma 115
    II.1 Capital Shmoo e Suas Implicações 115
III O Capital nas Teorias Modernas da Firma 116
    III.1 Abordagens da Especificidade de Ativos 116
    III.2 Abordagens Baseadas em Recursos e em Conhecimento 117
    III.3 "Antiga" Teoria dos Direitos de Propriedade 118
    III.4 Resumindo 120
IV A Abordagem dos Atributos para
    a Heterogeneidade do Capital 120
    IV.1 Teoria Austríaca do Capital 121
    IV.2 Entendendo a Heterogeneidade do Capital 123
    IV.3 Ativos Heterogêneos, Direitos de Propriedade,
          e a Posse de Propriedade 124
    IV.5 Capital Heterogêneo e Empreendedorismo Experimental 126
V Organizando o Capital Heterogêneo 127
    V.1 A Emergência da Firma 127
    V.2   As Fronteiras da Firma 131
    V.3 Organização Interna 133
VI Discussão Final 136

Capítulo V - A Descoberta de Oportunidades
   e a Ação Empreendedora 141
I   Empreendedorismo: Perspectivas Ocupacional,
    Estrutural e Funcional 144
II Empreendedorismo como Identificação de Oportunidades .. 149
    II.1   Oportunidades: Objetiva ou Subjetiva? 151
    II.2   Oportunidades como uma Caixa Preta 158
    II.3   A Unidade de Análise 159
III Ação Empreendedora, Capital Heterogêneo
    e a Organização Econômica 162
IV Aplicações da Ação empreendedora 166
    IV.1 Oportunidades e a Forma Organizacional 166
    IV.2 Equipes Empreendedoras 168
V   Sumário e Conclusões 170

Capítulo VI - Risco, Incerteza e a Organização Econômica 173
I   Knight, Mises e sobre a Probabilidade em Mises 174
II A Incerteza e o Empreendedor 178
III Conclusão 183

Capítulo VII - Teoria dos Preços e Economia Austríaca 183
I   Temas Centrais da Economia Austríaca Antes de 1974 188
II Equilíbrio na Teoria Austríaca de Preços 195
III Conhecimento, Expectativas
    e a Convergência para o Equilíbrio 201
IV Um Novo Caminho a Seguir para a Economia Austríaca:
    Desenvolvendo a Teoria Austríaca dos Preços 215

Capítulo VIII - Comentários 217
A) O Governo Inventou a Internet,
    mas o Mercado a Tornou Gloriosa 217
B) Redes, Produção Social e Propriedade Privada 222
C) Por Que os Intelectuais Ainda Apoiam o Socialismo 227
D) Teoria da Administração e o Ciclo de Negócios 236

E)	Menger, o Revolucionário	239
F)	Hayek, o Inovador	243
G)	Williamson e os Austríacos	259

Posfácio à Edição Brasileira
(Nelson Augusto Frederico de Sousa) 267

Prefácio à Edição Brasileira

Certa vez, Ronald Coase afirmou: *"A economia, da forma como é atualmente apresentada nos livros-texto e ensinada nas salas de aula, não tem muito a ver com a administração de empresas, e menos ainda com o empreendedorismo"*[1]. E ainda: *"Dado que a economia tem pouco a oferecer em matéria de percepções práticas, gestores e empreendedores dependem de sua própria perspicácia nos negócios, do discernimento pessoal e de regras práticas para tomar decisões. Em épocas de crise, quando os líderes de negócios perdem a autoconfiança, costumam recorrer ao poder político para preencher o vácuo. O governo é cada vez mais considerado como a solução derradeira para problemas econômicos difíceis, desde a inovação até o emprego. A economia torna-se, assim, um instrumento conveniente que o Estado utiliza para administrar a economia, em vez de uma ferramenta à qual o público recorre para esclarecimentos a respeito de como a economia opera"*[2]. Já faz tempo desde quando a *Oikonomia*, a prática e o estudo da economia doméstica, da administração do lar, da economia privada, virou gradualmente Economia Política. *Les economistes* era (e é) um termo usado como sinônimo de liberal por Marx e os marxistas, quando os franceses Say, Bastiat e Molinari se opunham à intervenção estatal. Com Smith, a Economia e a Economia Política nascem de uma costela da filosofia moral, na vertente austera-voluntarista. Com o utilitarismo, os vestidos novos do Imperador dão um ar de tecnicismo. Não por acaso neste período o economista vira uma profissão e um conselheiro do Príncipe. É o nascimento da Política Econômica como legitimação cientificista de práticas políticas antigas. A *wertfreiheit* aproxima o economista ao diplomático "não mate o mensageiro". O perigo é o cientificismo. Se passou então da *oikonomia* como administração, à economia política, à política econômica. A economia foi politizada.

---

[1] *Economics as currently presented in textbooks and taught in the classroom does not have much to do with business management, and still less with entrepreneurship.*
[2] *Since economics offers little in the way of practical insight, managers and entrepreneurs depend on their own business acumen, personal judgment, and rules of thumb in making decisions. In times of crisis, when business leaders lose their self-confidence, they often look to political power to fill the void. Government is increasingly seen as the ultimate solution to tough economic problems, from innovation to employment. Economics thus becomes a convenient instrument the state uses to manage the economy, rather than a tool the public turns to for enlightenment about how the economy operates.*

Ainda hoje, a literatura econômica foca massivamente em assuntos políticos, macro, coletivos. O economista é um analista de política econômica. A literatura científica sobre assuntos privados, sobre economia doméstica, sobre as empresas, é menor e geralmente deixada à administração. A economia abandonou sua mãe – administração, *oikonomia*. As universidades estão justamente divididas em dois ramos distintos. Certamente existem pontes, como a teoria da firma, a teoria das organizações, a teoria dos contratos, os custos de transação, a teoria do capital, o empreendedorismo – e é aqui que este livro se insere.

Com este livro, Peter Klein introduz a Escola Austríaca nesse debate, conjugando a teoria da firma com o empreendedorismo, propondo novas abordagens e sugerindo novos campos de pesquisas para os austríacos. É um livro importante. Klein quer conversar com e influenciar o *mainstream*. Trata-se de uma coleção de artigos acadêmicos e alguns novos capítulos. É a pesquisa de uma vida.

Geralmente, nos manuais de economia, a firma é considerada um agente único (a falácia coletivista que é presente em toda a ciência social) que atua em um ambiente de *given ends* (nas palavras de Kirzner), em um modelo de equilíbrio estático. A empresa tem de decidir a própria função de produção, quais e quantos fatores empregar. Mais que de decisões humanas em um ambiente de incerteza radical, parecem cálculos matemáticos. Para Klein, este *"modelo de caixa preta é realmente uma teoria sobre uma planta ou processo de produção, e não sobre uma firma"*[3], e ainda: *"na teoria econômica neoclássica, a firma enquanto tal não existe em absoluto"*[4]. Klein reconhece o importante papel de Coase e de sua contribuição para a teoria da firma e dos contratos, mas a funde com Williamson, Knight e a Escola Austríaca, juntando assim os custos de transação de Williamson, a incerteza e a inovação de Knight, a teoria do capital, o dinamismo, o empreendedorismo e o subjetivismo da Escola Austríaca.

Para Klein, a empresa não nasce para economizar qualquer custo de transação, como na vertente Coase-Williamson, ou como solução aos problemas de *free riding*, tal como na visão de Alchian e Demsetz, mas por um problema de transmissão de informação. Ou seja: algumas pessoas cujo trabalho é dificilmente mensurável – logo, dificilmente contratáveis como empregados – podem ter dificuldade para explicar a própria contribuição, o próprio serviço, a própria inovação, a própria ideia. Alguns desses

---

[3] *Black-box model is really a theory about a plant or production process, not about a firm.*
[4] *In neoclassical economic theory, the firm as such does not exist at all.*

agentes podem, então, decidir abrir uma própria empresa. Isto seria sim um custo de transação, mas só uma categoria menor dele. Desta forma, Klein critica a abordagem de gestão baseada no mercado[5], que tenta criar mercados internos às empresas para replicar os mercados da economia e para incentivar a eficiência dos funcionários ao interno das empresas. Para Klein, *"a firma não precisa necessariamente de mercados internos, mas sim da informação gerada pelos preços de mercado"*[6] em uma ótica mais dinâmica e hayekiana. Outra grande inovação do autor é o maior foco no dono da empresa – o capitalista – que no CEO, o agente – o "gerente assalariado" (Mises) –, na linha de Mises e Rothbard. Para o autor, é o dono a ter a decisão final, e se e quando ele delega (até amplamente), é porque decidiu desta forma. Klein orienta a teoria austríaca da firma em direção a uma teoria da propriedade e do uso do capital. O dono-capitalista é também um empreendedor que escolhe o gerente, decide o que delegar, quando reivindicar algumas competências, etc. Ele é um empreendedor-financiador que investe na própria empresa. A empresa é um investimento de capital heterogêneo. O tamanho da empresa é definido pelos atores internos, de forma empreendedora, através do cálculo econômico, conceito central na história da Escola Austríaca que encontra aqui uma nova aplicação no estudo do tamanho da empresa.

Seguindo a linha do tamanho da empresa chega-se ao estudo das aquisições e fusões. Há nesta área um debate entre a literatura científica que, geralmente, partindo do conceito de racionalidade perfeita, considera que as decisões gerenciais de aquisições e fusões são sempre eficientes, criam economia de escala, ganho de produtividade, etc., e alguns casos de insucesso e de cessões. De um lado os manuais de economia *mainstream*; do outro o olhar dos *policymakers* que se perguntam se não há como intervir para evitar estes erros empresariais. Resumindo a contribuição de Klein: a venda de ativos precedentemente adquiridos não significa necessariamente um fracasso, ou a certeza de que na época a aquisição foi errada; este mercado é de tal forma regulamentado pelo Estado que é quase impossível entender como funcionaria no livre mercado. Até se as cessões revelassem um fracasso, isso não significa necessariamente que a estratégia da aquisição foi errada, pois algumas aquisições e fusões são muito arriscadas em si mesmas. A decisão empresarial é uma

---

[5] *Market-based management.*
[6] *What firms need is not necessarily internal markets, but the information generated by market prices.*

compreensão intuitiva e subjetiva; a opinião de um economista ou de um *policymaker* é um julgamento diferente e *ex post*.

Em seguida, Klein entra no grande debate austríaco sobre o empreendedorismo. De um lado Kirzner, Horwitz, Sautet e Hollcombe; do outro Rothbard, Hazlitt, Grave, Hülsmann, Foss, Salerno e o nosso autor. Segundo Klein, o "empreendedor puro" de Kirzner é só um "tipo ideal". Ele considera que o empreendedor seja sempre também um capitalista (dono de capitais), que investe capitais, busca (em lugar de simplesmente descobrir) as oportunidades de lucro de maneira ativa. Tais oportunidades podem ser definidas como "oportunidades de lucro" só depois que o lucro é realmente concretizado (em lugar de *"já estar lá"* como afirma Kirzner). Ele ainda enfatiza o importante papel da incerteza radical e dos riscos, conectando a abordagem de Knight à de Mises e criticando Kirzner por sua pouca ênfase nestes aspectos.

Em seguida, o autor aplica a teoria austríaca dos preços às organizações econômicas e às estratégias gerenciais. Ao fazer isso, pretende enfatizar um lado diferente daquele proposto por Hayek (da Escola Austríaca) e de sua insistência sobre conhecimento disperso e tácito, focando, por vezes, na abordagem de Menger sobre valor, produção, troca, preços, dinheiro, capital. O dono-empreendedor decide como alocar os recursos dentro da empresa.

Encerram a obra alguns breves ensaios sobre a Internet, Hayek, Menger, Williamson e outros temas. Klein é um ótimo economista e um austríaco coerente e razoável. Está notoriamente ao lado do Mises Institute, mas não se furta ao debate com outras escolas de pensamento: debate com o *mainstream*, incorpora e utiliza algumas contribuições de autores não-austríacos como Coase, Williamson, Knight, e depois os critica sobre outros aspectos. Faz também contundentes críticas a Hayek e Kirzner, mas não deixa de focar no papel da difusão do conhecimento dentro das empresas e do empreendedorismo. Klein insere o estudo do empreendedorismo na análise da teoria da firma, através da figura do dono-empreendedor-capitalista. A literatura austríaca sobre teoria da firma não é muito ampla, e Klein revitaliza o interesse nesta questão, fazendo um bom trabalho e contribuindo com algumas importantes orientações. A ciência econômica teria tudo a ganhar aproximando-se da prática e da ciência dos negócios.

Adriano Gianturco G.
Professor do IBMEC-MG e Membro do Conselho Editorial de *MISES:*
Revista Interdisciplinar de Filosofia, Direito e Economia

Prefácio à Edição Norte-Americana

Empreendedorismo é a palavra da moda nos últimos tempos. Cursos sobre o assunto são ministrados para estudantes de nível secundário e para universitários. A Fundação Ewing Marion Kauffman – conhecida como "a Fundação do Empreendedorismo" – mantém *websites* elegantes, anunciando que seu Presidente e CEO fará um discurso sobre o "Estado do Empreendedorismo". Há conferências globais sobre o empreendedorismo sendo realizadas em diversos lugares, como Dubai. Programas de aprendizagem são oferecidos para testar o "QI Empreendedor". Até mesmo o governo dos Estados Unidos tem um *website* sobre empreendedorismo, onde anuncia uma Cúpula Presidencial sobre Empreendedorismo, Direito Empresarial e uma Semana Global do Empreendedorismo.

Mas será assim tão simples? Se são oferecidos cursos, *websites* e conferências, realmente teremos mais Ewing Kauffmans – um homem que, quando criança, tendo ficado acamado por um ano em virtude de uma doença cardíaca, aproveitou o tempo para ler cerca de quarenta livros por mês? Depois da Segunda Guerra Mundial, trabalhou como vendedor de produtos farmacêuticos até que, com um investimento de US$ 5.000,00, criou a Marion Laboratories. As vendas da empresa foram de somente US$ 39.000,00 no primeiro ano de operações, mas, quatro décadas mais tarde, a companhia de Kauffman teria receitas totalizando US$ 930 milhões. Em 1989, Kauffman fundiu a Marion com a Merrell Dow Pharmaceuticals, tornando milionários mais de trezentos investidores e funcionários da Marion.

O próprio Kauffman provavelmente não teria assumido o papel de empreendedor, não fosse pela estupidez de seu empregador, a Lincoln Laboratories. Vendedor nato e trabalhador incansável, Kauffman, já em seu segundo ano, obteve mais em comissões do que o presidente da companhia conseguia em salário. Em resposta, o presidente cortou as comissões de Kauffman. Apesar da redução, Kauffman ainda ganhou mais do que o principal homem da Lincoln no ano seguinte. Então, "ele tirou parte da minha praça, o que era a mesma coisa que tirar parte da minha renda", como Kauffman relatou mais tarde. "Assim, pedi demissão e comecei a Marion Laboratories no porão de casa".

O governo pode falar a respeito de empreendedorismo e pode agir como se o promovesse, mas tudo o que o governo faz ao tributar e regular dificulta o empreendedor. É difícil imaginar que mesmo Ewing Kauffman pudesse realizar um investimento inicial equivalente nos dias de hoje (aproximadamente US$ 44.000,00, com o ajuste pela inflação), iniciar uma firma em seu porão e transformá-la em uma companhia de um bilhão de dólares. Em 1950, as autoridades locais em Kansas City não estavam tão preocupadas com uma empresa farmacêutica incipiente operando na própria casa de Kauffman. Hoje, haveria autorizações e aprovações a obter, e encargos de licenciamento a pagar. A maior parte da legislação que deu à Food and Drug Administration (FDA)[1] seu enorme poder foi promulgada após a companhia de Kauffman já estar instalada e em pleno funcionamento.

Enquanto houver algum resquício de liberdade de mercado disponível, empreendedores encontrarão um caminho. Eles veem as oportunidades que os outros não veem. Assumem riscos financeiros que a maior parte das pessoas consideraria incompreensíveis. As portarias do governo, os obstáculos burocráticos e a tributação opressiva que desencorajam as almas mais resistentes servem apenas para desafiar e inspirar os empresários criativos, ao mesmo tempo em que eliminam potenciais competidores. Todos os bens e serviços maravilhosos de que desfrutamos se devem ao empreendedorismo e às firmas que são criadas para realizar os sonhos do empreendedor e servir aos clientes.

É nas firmas que a maior parte das pessoas trabalha. Seja uma firma pequena ou grande, e a menos que se trate de um trabalhador autônomo, a maior parte das pessoas trocam seu tempo e talento por um contra-cheque para pagar as contas. A grande maioria dos trabalhadores não dão muita atenção a essa estrutura. Batem o ponto de entrada, batem o ponto de saída. Dia de pagamento a cada duas semanas[2]. A maior parte das pessoas gastará a maioria das horas em que não estão dormindo no emprego, trabalhando para uma firma ou para uma série de firmas diferentes. E a vida no trabalho talvez seja verdadeiramente a parte mais importante da vida de uma pessoa. Estudos apontam que 95% das pessoas que são felizes no emprego, são felizes como um todo. No entanto, os

---

[1] Agência federal do governo dos Estados Unidos da América para regular e supervisionar a administração de alimentos e medicamentos, além de controlar produtos derivados do tabaco e aparelhos emissores de radiação eletromagnética, cosméticos e produtos veterinários. (N. do T.)
[2] Vale lembrar que nos Estados Unidos os trabalhadores são pagos quinzenalmente, enquanto no Brasil o hábito é o pagamento mensal. (N. do E.)

trabalhadores assalariados, dos salários mais baixos aos mais altos, não assumem riscos. E, embora sejam imprescindíveis para a produção de produtos e serviços, são um custo ao fazer negócios.

Por outro lado, o empresário é "pago" somente quando o mercado aceita o seu produto. Se o mercado rejeita o produto, o empreendedor não somente não será recompensado, mas na maior parte das vezes perderá o capital economizado, que fora investido na concepção do produto ou serviço e em sua produção. Conforme Kauffman explica, "as chances contra mim eram grandes quando comecei. Havia duas ou três mil empresas farmacêuticas que começaram após a Segunda Guerra Mundial, e somente três realmente obtiveram sucesso".

Por mais que o empreendedorismo e a firma sejam vitais para o funcionamento do mercado e para a vida de praticamente todos os trabalhadores, a maior parte das escolas de pensamento econômico são omissas quanto ao assunto. Mesmo o trabalho que tem sido feito é incompleto e contraditório. Os economistas não conseguem nem mesmo concordar a respeito do que vem a ser o empreendedorismo, ou sobre o que, exatamente, empreendedores como o falecido Ewing Kauffman fazem. E o instrumento que facilita a manifestação da visão de um empresário – a firma – não é mais do que uma "caixa preta", onde insumos entram e produtos emergem, magicamente.

Como tantos outros fenômenos do mercado que a economia moderna escolhe ignorar ou tratar de forma equivocada, um economista austríaco entrou na caixa preta e examinou seu conteúdo, para compreender melhor não só o que os empreendedores são, mas também o que fazem e por que o fazem. Peter G. Klein dedicou toda a carreira para entender o empresário e a firma, trazendo uma abordagem austríaca distinta para o problema, ao mesmo tempo em que nos traz aquilo que as demais escolas de pensamento têm a contribuir.

Este livro é o fruto do trabalho do Dr. Klein. Ainda que a maior parte deste trabalho represente uma seleção de artigos publicados em periódicos acadêmicos, deve ser lido não só por estudantes e acadêmicos. Klein oferece percepções valiosas que os donos de negócios e administradores considerarão úteis. Por mais heróico que possa parecer o empreendedor, ou por mais previdente que seja o administrador, eles não operam no vácuo. Geralmente, não têm ninguém com quem falar e nada que os mantenha sob fiscalização, exceto os próprios egos, que em muitos casos não oferecem nenhum controle – muito pelo contrário.

O anseio pelo conhecimento nesta área é grande. Um espaço considerável é proporcionado, em qualquer livraria, para os diversos e variados livros de gestão e negócios. Há quase tantos livros diferentes acerca do tema quanto de livros de dietas, e cada gênero, uma moda tão passageira quanto a outra. Teóricos da administração produzem séries intermináveis de livros repletos de conselhos de negócios que os "leitores consideram ilegíveis", escreve Adrian Wooldridge, da revista The Economist, "e os administradores consideram inadministráveis".

Enquanto muitos dos grandes empreededores ganham dinheiro vendendo livros sobre "segredos" de administração e "façanhas" empresariais, seus *insights* supostamente perspicazes, em geral, são desgastados pelo tempo e pela memória seletiva. O mais importante, contudo, é que tais livros pressupõem que o capital é homogêneo, que o aspirante a empresário pode fazer o que Jack Welch fez, ou emular T. Boone Pickens, ou aplicar as estratégias de Ewing Kauffman e esperar pelos mesmos resultados. Livros desse tipo são bons para inspiração, mas nada além disso.

Como Klein deixa bastante claro, o capital é, na verdade, heterogêneo. O empreendedorismo não pode ser formulado em equações e polvilhado como "pó de pirlimpimpim" sobre as massas por meio de iniciativas do governo ou de fundações bem-intencionadas, na esperança de que o empresário que existe na alma de cada cidadão seja evocado. Embora o brilhante Sr. Kauffman tenha apoiado a utilização de sua riqueza acumulada para apoiar programas de promoção ao empreendedorismo, tais programas são, geralmente, um mau investimento de capital. E a utilização dos dólares dos contribuintes para um tal empreendimento é duplamente um desperdício.

É vital, no entanto, entendermos a função do empreendedor e o processo tão fundamental para o progresso da sociedade e o bem-estar de seus membros. Quando Klein força a abertura da "caixa-preta", as glórias e os talentos especiais do empreendedor são expostos, juntamente com as limitações da firma. O ambiente de mercado que permite que os empreendedores possam prosperar é revelado. Não que a sociedade exija multidões de empresários, mas somente que aqueles com este raro talento possam desenvolver sem restrições. E, para aqueles leitores que trabalham por um salário previamente estabelecido, ajudando algum empresário a enriquecer, o reconhecimento é conquistado pela percepção de que, em última análise, somente pela satisfação dos clientes que os patrões se tornam bem-sucedidos.

Doug French

Introdução

Até onde consigo me lembrar, sempre quis ser um economista austríaco. Bem, não exatamente, mas fui apresentado à Escola Austríaca bem cedo. Cresci em uma família razoavelmente normal de classe média, e meus pais eram democratas entusiastas do New Deal. Na escola secundária, um amigo incitou-me a ler Ayn Rand, e fiquei fascinado pelos romances. Passei a ler alguns de seus trabalhos de não-ficção, nos quais recomendava livros de Ludwig von Mises e de Henry Hazlitt. Não me recordo de quais livros de Economia li primeiro; talvez tenha sido *Economics in One Lesson*[1], de Hazlitt, ou *Anti-Capitalistic Mentality*[2], de Mises. Não entendi as partes mais técnicas das análises, porém fiquei impressionado com a escrita clara, a exposição lógica e o compromisso com a liberdade e a responsabilidade pessoal. Fiz algumas matérias de Economia no *college* e, embora lhes faltasse qualquer conteúdo austríaco, gostei dos estudos; então, decidi graduar-me no assunto. Tive um ótimo professor, William Darity, que preferia, ele mesmo, Marx e Keynes a Mises, mas apreciava minha curiosidade intelectual e encorajou-me no interesse crescente pelos austríacos.

Já no final da graduação, comecei a pensar acerca do ingresso na pós-graduação – possivelmente em Economia. Por puro acaso, meu pai viu um cartaz em um quadro de avisos anunciando bolsas para alunos de pós-graduação do Instituto Ludwig von Mises (para os leitores mais jovens: este era um quadro de avisos real e físico, com um pedaço de papel afixado; isto foi nos dias de trevas antes da Internet). Fiquei boquiaberto. Alguém tinha colocado, em um instituto, o nome de *Mises*? Requeri a bolsa de estudos, recebi uma carta gentil do presidente, Lew Rockwell, e finalmente fiz a entrevista por telefone com o comitê de bolsas, que era composto pelo Murray Rothbard. Vocês podem imaginar o quanto eu

---

[1] Publicado no Brasil como HAZLITT, Henry. **Economia Numa Única Lição**. Tradução de Leônidas Gontijo de Carvalho. 4ª. Ed. São Paulo: Instituto Ludwig von Mises, 2010.
[2] Publicado no Brasil como MISES, Ludwig von. **A Mentalidade Anticapitalista**. Tradução de Carlos dos Santos Abreu. 2ª. Ed. São Paulo: Instituto Ludwig von Mises, 2010.

estava nervoso no dia dessa ligação! Mas Rothbard foi amigável e cativante, e com seu lendário carisma, perceptível mesmo pelo telefone, rapidamente deixou-me à vontade (também me inscrevi para ingressar no programa de pós-graduação em Economia da Universidade de New York, o que me rendeu um telefonema do Israel Kirzner. Foi como o conhecido ditado da criança em uma loja de doces!). A bolsa de estudos do Instituto Mises foi concedida e, finalmente, matriculei-me no programa de doutorado em Economia na Universidade da Califórnia, em Berkeley, que iniciei em 1988.

Antes do meu primeiro verão na pós-graduação, tive o privilégio de frequentar a Mises University, que então era chamada de Advanced Instructional Program in Austrian Economics (Programa Avançado de Instrução em Escola Austríaca), e consistia em uma semana repleta de palestras e discussões, e que nesse ano ocorreu na Universidade de Stanford e foi conduzido por Rothbard, Hans-Hermann Hoppe, Roger Garrison e David Gordon. Conhecer Rothbard e seus colegas foi uma experiência transformadora. Eram brilhantes, cheios de energia, entusiastas e otimistas. A escola de pós-graduação não foi moleza – os cursos básicos obrigatórios em teoria econômica, Matemática e Estatística levaram muitos estudantes à beira do desespero, e alguns deles, sem dúvida, têm tiques nervosos até hoje – mas a consciência de que eu fazia parte de um movimento maior, uma comunidade acadêmica dedicada à abordagem austríaca, ajudou-me a passar pelas horas mais tenebrosas.

No segundo ano na escola de pós-graduação, estudei Economia das Instituições, com Oliver Williamson, ganhador do Prêmio Nobel de Economia em 2009. A disciplina ministrada por Williamson foi uma revelação; a primeira matéria em Berkeley de que realmente gostei. O programa era deslumbrante, com leituras de autores como Ronald Coase, Herbert Simon, F. A. Hayek, Douglass North, Kenneth Arrow, Alfred Chandler, Armen Alchian, Harold Demsetz, Benjamin Klein e outros economistas brilhantes e profundos, juntamente com sociólogos, cientistas políticos e historiadores. Decidi, então, que as instituições e organizações seriam a minha linha de pesquisa.

Os ensaios reunidos neste volume refletem meus esforços para entender a economia da organização, para combinar as percepções da abordagem dos "custos de transação" de Williamson para a firma com ideias austríacas sobre propriedade, empreendedorismo, moeda, cálculo econômico, estrutura temporal da produção e intervenção governamental. A Escola Austríaca – estou convencido – tem implicações importantes para a teoria da firma, incluindo as fronteiras da firma, diversificação, governança corporativa e empreendedorismo, áreas nas quais tenho realizado a maior parte do meu trabalho acadêmico. Entretanto, os economistas austríacos não têm dedicado atenção substancial à teoria da firma, preferindo concentrar-se na teoria do ciclo de negócios, economia do bem-estar, economia política, sistemas econômicos comparativos e outras áreas. Até recentemente, a teoria da firma era um ramo quase completamente negligenciado na Economia Austríaca, mas, ao longo da última década, começa a ser produzida uma ainda pequena literatura austríaca sobre a firma. Enquanto esses trabalhos cobrem uma ampla variedade de tópicos teóricos e aplicados, seus autores compartilham da visão de que as percepções austríacas têm algo a oferecer aos estudantes de organização das firmas.

Os ensaios deste volume, publicados originalmente entre 1996 e 2009, lidam com firmas, contratos, empreendedores – em suma, com a economia e administração das organizações e dos mercados. O Capítulo 1, "O Cálculo Econômico e os Limites da Organização", apresentado originalmente no *workshop* em Economia Institucional de Williamson, em 1994, mostra como o problema do cálculo econômico identificado por Mises[3] ajuda a entender os limites ao tamanho da firma, um argumento primeiramente oferecido por Rothbard[4]. Também traz um resumo do debate do cálculo socialista que tem funcionado bem, para mim, em sala de aula. Juntamente com o Capítulo 2, "Empreendedorismo e Governança Corporativa", oferecemos um esboço para uma teoria austríaca da firma, com base na concepção misesiana do empreendedorismo e o papel do cálculo monetário como a ferramenta essencial do empreendedor. "Empreendedorismo e Governança Corporativa" também sugere quatro áreas para a pesquisa austríaca em governança corporativa: firmas como investimentos, mercados de capitais internos, governança corporativa comparativa e financistas como empreendedores. O Capítulo 3, "Os Empreendedores Cometem Erros Previsíveis?" (escrito com Sandra Klein), aplica esse arcabouço ao problema das alienações corporativas.

O Capítulo 4, "A Organização Empreendedora do Capital Heterogêneo" (escrito com Kirsten Foss, Nicolai Foss e Sandra Klein), mostra

---

[3] MISES, Ludwig von. **Economic Calculation in the Socialist Commonwealth**. Trans. S. Adler. Auburn, Ala.: Ludwig von Mises Institute, 1990. [N. do T.: essa obra está disponível em português: MISES, Ludwig von. **O Cálculo Econômico sob o Socialismo**. Trad. de Leandro Augusto Gomes Roque. São Paulo: Instituto Ludwig von Mises Brasil, 2012].
[4] ROTHBARD, Murray N. **Man, Economy, and State**: A Treatise on Economic Principles. Scholar's Edition. Auburn, Ala.: Ludwig von Mises Institute, 2004 [1962].

como a teoria austríaca do capital oferece percepções adicionais a respeito da existência, fronteiras e organização interna da firma. A ideia austríaca de que os recursos são heterogêneos, de que os bens de capital apresentam o que Lachmann[5] chamou de "especificidades múltiplas", é dificilmente supreendente para especialistas em gestão estratégica, literatura abundante em noções como "recursos", "competências", "capacidades" e "ativos" únicos. As modernas teorias econômicas da organização, no entanto, não são desenvolvidas a partir de uma teoria unificada da heterogeneidade do capital; simplesmente invocam especificidades *ad hoc* quando necessário. O conceito misesiano de empreendedor proprietário de capital, que procura arranjar seus recursos únicos em combinações que agregam valor, ajuda a elucidar diversos enigmas da organização das firmas.

Acadêmicos de administração e alguns economistas estão familiarizados com o conceito de Israel Kirzner de empreendedorismo como "descoberta" ou "estado de alerta" para oportunidades de lucro, considerando-o tipicamente como *a* abordagem austríaca para o empreendedorismo. Kirzner, um aluno de Mises na Universidade de New York, sempre descreveu sua abordagem para o empreendedorismo como uma extensão lógica das ideias de Mises. Entretanto, conforme argumento no Capítulo 5, "A Descoberta de Oportunidades e a Ação Empreendedora", é possível interpretar Mises de modo diferente. De fato, considere que a abordagem de Mises para o empreendedor é mais próxima da de Frank Knight[6], uma perspectiva na qual a marca característica do comportamento empreendedor é a propriedade dos ativos e o investimento dos recursos sob incerteza. Isso sugere um foco não nas oportunidades, nas visões subjetivas dos empreendedores, mas sim no investimento – em outras palavras, nas ações, e não nas crenças. Sugiro diversas conclusões dessa abordagem para as pesquisas aplicadas em empreendedorismo. O Capítulo 6, "Risco, Incerteza e a Organização Econômica", escrito para a *Festschrift*[7] de Hoppe, discute ainda mais a distinção knightiana entre "risco" e "incerteza", ou o que Mises chamou de "probabilidade de classe" e "probabilidade de caso".

---

[5] LACHMANN, Ludwig M. **Capital and its Structure**. London: G. Bell & Sons, 1956.
[6] KNIGHT, Frank H. **Risk, Uncertainty, and Profit**. New York: Hart, Schaffner and Marx, 1921.
[7] HÜLSMANN, Jörg Guido & KINSELLA, Stephan (Eds.). **Property, Freedom, and Society**: Essays in Honor of Hans-Hermann Hoppe. Auburn, Ala.: Ludwig von Mises Institute, 2009.

O Capítulo 7, "Teoria dos Preços e Economia Austríaca", desafia o que vejo como o entendimento dominante da tradição austríaca, particularmente em campos aplicados como organização e estratégia. Acadêmicos, tanto dentro quanto fora da Economia, tendem a identificar a Escola Austríaca com as ideias de Hayek sobre o conhecimento tácito e disperso, com a teoria de Kirzner da descoberta empreendedora, e com a ênfase no tempo, na subjetividade, no processo e no desequilíbrio. Apesar do renovado interesse na tradição mengeriana, a abordagem austríaca para a análise econômica "básica" – valor, produção, troca, preços, moeda, capital e intervenção – não tem recebido, em absoluto, muita atenção. De fato, acredita-se extensivamente que a abordagem austríaca para tópicos mundanos, tais como a produtividade dos fatores, o efeito de substituição de uma mudança nos preços, os efeitos do controle de renda ou do salário mínimo, etc., é basicamente a mesma abordagem *mainstream*, mas sem a matemática, ou com a inserção de uns poucos chavões sobre "subjetivismo" ou "processo de mercado". Muitos austríacos contemporâneos parecem sustentar esse ponto de vista. O Capítulo 7 sugere, em vez disso, que os austríacos oferecem uma abordagem distinta e valiosa para as questões econômicas básicas, uma abordagem que deveria ocupar o centro das pesquisas nos tópicos teóricos e aplicados em economia e administração de empresas.

O capítulo final, "Comentários", reúne alguns ensaios breves sobre a natureza e história da Internet, o papel dos intelectuais na sociedade, a relação entre a teoria da administração e o ciclo de negócios, esboços biográficos de Carl Menger e de F. A. Hayek e uma nota sobre as contribuições de Williamson e sua relação com a tradição austríaca. Alguns desses ensaios apareceram como artigos diários no *website* Mises.org, e foram escritos para uma audiência de não-especialistas. Na verdade, creio que acadêmicos de todas as áreas, em particular de Economia e de Administração de Empresas, têm a obrigação de escrever para o público geral, e não somente para seus colegas. "Ideias têm consequências", como disse Richard Weaver, e as ideias econômicas são particularmente importantes.

Ao preparar estes ensaios para publicação, fiz apenas algumas ligeiras revisões no texto, corrigindo pequenos erros, eliminando material redundante e atualizando algumas referências. Creio que funcionam bem em conjunto, e espero que os leitores vejam o resultado final como um todo integrado, e não simplesmente como uma coleção dos "maiores sucessos".

Fui bastante influenciado e ajudado por diversos amigos, professores, colegas e estudantes – muitos para listar aqui. Três pessoas, no entanto, merecem menção especial. De meu pai, Milton M. Klein, um historiador que lecionou na Universidade de Columbia, na Universidade de Long Island, em SUNY-Fredonia, Universidade de New York e Universidade do Tennessee, aprendi o ofício e a disciplina do trabalho acadêmico. Ensinou-me a ler criticamente, a pensar e a escrever de forma clara, e a levar as ideias a sério. Murray Rothbard, o grande libertário polímata cuja vida e obra desempenharam um papel tão crítico no renascimento austríaco moderno, deslumbrou-me com sua erudição, energia e razão de viver. Rothbard é reconhecido como um grande teórico libertário, porém suas contribuições técnicas à Economia Austríaca nem sempre são apreciadas, mesmo nos círculos austríacos. Na minha opinião, ele é um dos mais importantes autores para a análise austríaca "mundana" descrita acima. Oliver Williamson, que orientou minha tese de doutorado em Berkeley, é o mentor imediato mais importante e fonte constante de inspiração. Williamson não é um austríaco; contudo, apreciou e apoiou meu interesse pela Escola Austríaca, e me encorajou a perseguir minhas paixões intelectuais, em vez de seguir a multidão. Seu apoio e incentivo têm sido cruciais para meu desenvolvimento como acadêmico.

Sou profundamente grato ao Contracting and Organizations Research Institute [Instituto de Pesquisa em Contratos e Organizações], à Divisão de Ciências Sociais Aplicadas da Universidade de Missouri, à Fundação de Pesquisa da Universidade de Missouri, à Fundação Coase, à Fundação Kauffman e, acima de tudo, ao Instituto Mises pelo generoso apoio financeiro e moral ao longo dos anos. Tenho aprendido tanto de meus colegas universitários, coautores, companheiros de blogues, participantes de conferências e outros membros da vida acadêmica que seria impossível nomear todos aqueles que têm exercido influência sobre o meu trabalho. Nicolai Foss, meu coautor frequente, que pensa e escreve mais rápido do que posso ler ou ouvir, ajuda a manter-me focado. Tenho aprendido muito a respeito da Economia Austríaca, estratégia de firmas, organização econômica e uma variedade de outros assuntos com Joseph Salerno, Lasse Lien, Joseph Mahoney, Dick Langlois, Michael Cook, Michael Sykuta. Também ofereceram importantes comentários e sugestões específicas sobre versões anteriores destes capítulos Sharon Alvarez, Jay Barney, Randy Beard, Don Boudreaux, Per Bylund, John Chapman, Todd Chiles, Jerry Ellig, David Gordon, Jeff Herbener, Stavros Ioannides, Dan Klein, Mario Mondelli, Jennie Raymond, David Robinson, Fabio

Rojas, Ron Sanchez, Ivo Sarjanovic, Narin Smith, Sid Winter e Ulrich Witt. Meus colegas tentaram me ensinar a respeito de prazos, mas ainda estou trabalhando nisso. Concordo com Douglas Adams: "Amo prazos. Gosto do chiado que fazem quando passam voando".

Agradecimentos especiais vão para Doug French, por ter sugerido este projeto, e para Jeff Tucker, Arlene Oost-Zinner, Paul Foley e Per Bylund, por vê-lo ser concretizado. O que é mais importante: agradeço à minha esposa Sandy e a meus filhos, por aturarem minhas frequentes ausências, as intermináveis horas diante de uma tela de computador, e minha ocasional irritabilidade. Eles são minha maior inspiração.

Peter G. Klein
Columbia, Missouri
Março de 2010

Capítulo I
O CÁLCULO ECONÔMICO E OS LIMITES DA ORGANIZAÇÃO[1]

Economistas têm ficado cada vez mais frustrados com a teoria dos livros-texto sobre a firma. A "firma" da microeconomia intermediária é uma função de produção, uma "caixa-preta" misteriosa cujos mecanismos internos ultrapassam os limites da teoria econômica respeitável (o que a deixa relegada, portanto, às disciplinas menores da Administração, da Teoria da Organização, da Psicologia Industrial e similares). Apesar de ser útil em certos contextos, o modelo dos livros-texto se mostrou incapaz de explicar uma variedade de práticas de negócios do mundo real: integração vertical e horizontal, diversificação geográfica e de linha de produtos, franquias, contratos comerciais de longo prazo, preços de transferência, *joint ventures* de pesquisa e muitas outras. Como alternativa ao tratamento da firma como uma função de produção, os economistas estão se voltando para um novo corpo de literatura que considera a firma como uma organização, ela mesma digna de análise econômica. Essa bibliografia emergente é a parte mais desenvolvida do que veio a se chamar "nova economia institucional"[2]. A nova

---

[1] Publicado originalmente em: **Review of Austrian Economics**, vol. 9, n. 2, p. 51-77, 1996.
[2] Para visões gerais da nova economia institucional e da teoria da firma, ver: COASE, Ronald H. The Institutional Structure of Production. **American Economic Review**, v. 82 (1991): p. 713-19; HOLMSTRÖM, Bengt R. & TIROLE, Jean. The Theory of the Firm. In: SCHMALENSEE, Richard & WILLIG, Robert D. (Eds.). **Handbook of Industrial Organization**. Vol. 1. Amsterdam: North-Holland, 1989; LANGLOIS, Richard N. The 'New' Institutional Economics. In: BOETTKE, Peter J. (Ed.). **The Elgar Companion to Austrian Economics**. Aldershot, UK: Edward Elgar, 1994b; FURUBOTN, Eirik & RICHTER, Rudolf. **Institutions and Economic Theory**: The Contribution of the New Institutional Economics. Ann Arbor: University of Michigan Press, 1997; WILLIAMSON, Oliver E. The New Institutional Economics: Taking Stock, Looking Ahead. **Journal of Economic Literature**, v. 38 (2000): p. 595-613; MÉNARD, Claude & SHIRLEY, M. (Eds.). **Handbook of New Institutional Economics**. New York: Springer, 2005; BROUSSEAU, Eric & GLACHANT, Jean-Michel. (Eds.). **New Institutional Economics**: A Guidebook. Cambridge: Cambridge University Press, 2008. Para revisões de trabalhos empíricos

perspectiva tem melhorado e enriquecido bastante o nosso entendimento a respeito das firmas e outras organizações, de modo que não podemos mais concordar com a afirmação de Ronald Coase: *"por que as firmas existem, o que determina o número de firmas, o que determina aquilo que as firmas fazem* [...] *não são questões que interessam à maior parte dos economistas"*[3]. Mas a nova teoria não é desprovida de críticos. Richard Nelson[4], por exemplo, contesta uma tendência da nova economia institucional a minimizar as diferenças discricionárias entre firmas. Entretanto, a nova economia institucional – em particular a teoria da agência e a economia dos custos de transação – é objeto de atenção crescente nos estudos da organização industrial, nas finanças corporativas, na gestão estratégica e na história dos negócios[5].

Este capítulo destaca algumas contribuições austríacas exclusivas para a teoria da firma, contribuições que têm sido amplamente negligenciadas, tanto dentro quanto fora da literatura austríaca. Em particular, desenvolvo o argumento de que o conceito de cálculo econômico de Mises – o meio pelo qual os empreendedores ajustam a estrutura da produção de acordo com os desejos dos consumidores – pertence à linha de frente da pesquisa austríaca sobre a natureza e o desenho de organizações. Há uma perspectiva austríaca ímpar sobre o planejamento econômico, uma visão que foi desenvolvida no decorrer do debate sobre

---

relacionados ver SHELANSKI, Howard A. & KLEIN, Peter G. Empirical Research in Transaction Cost Economics: A review and Assessment. **Journal of Law, Economics, and Organization**, v. 11 (1995), p. 335-61; KLEIN, Peter G. The Make-or-Buy Decision: Lessons from Empirical Studies. In: MÉNARD, Claude & SHIRLEY, M. (Eds.). **Handbook of New Institutional Economics**. Op. cit.; e MACHER, Jeffrey T. & RICHMAN, Barak D. Transaction and Cost Economics: An Assessment of Empirical Research in the Social Sciences. **Business and Politics**, v. 10 (2008): Article 1.

[3] COASE, Ronald. **The Firm, The Market, and the Law**. Chicago: University of Chicago Press, 1988. p. 5.

[4] NELSON, Richard R. Why do Firms Differ, and how does it Matter? **Strategic Management Journal**, v. 12 (1991): p. 61-74.

[5] A estrutura da economia dos custos de transação já atingiu a forma de livro-texto. A esse respeito, ver: KREPS, David M. **A Course in Microeconomic Theory**. Princeton, N.J.: Princeton University Press, 1990. p. 744-90; RUBIN, Paul H. **Managing Business Transactions**: Controlling the Cost of Coordinating, Communicating, and Decisionmaking. New York: Macmillan, 1990; MILGROM, Paul A. & ROBERTS, John. **Economics, Organization, and Management**. Englewood Cliffs, N.J.: Prentice-Hall, 1992; ACS, Zoltan J. & GERLOWSKI, Daniel A. **Managerial Economics and Organization**. Englewood Cliffs, N.J.: Prentice-Hall, 1996; BRICKLEY, James; SMITH, Clifford W. & ZIMMERMAN, Jerold. **Managerial Economics and Organizational Architecture**. Chicago: Irwin-McGraw-Hill, 1997; e BESANKO, David; DRANOVE, David & SHANLEY, Mark. **Economics of Strategy**. New York: Wiley, 1998.

o cálculo econômico socialista. Como foi reconhecido nas primeiras reinterpretações austríacas do debate do cálculo[6], a concepção de Mises do problema enfrentado pelos planejadores socialistas é um componente essencial de sua compreensão de como os recursos são alocados em um sistema de mercado. O próprio Mises enfatizou que o planejamento é onipresente: *"Toda ação humana envolve planejamento. O que é defendido por aqueles que se dizem planejadores não é trocar coisas que acontecem independente de planejamento por ações planejadas. É a substituição dos planos das pessoas pelos planos dos próprios planejadores"*[7]. Todos os planos de organizações, e todas as organizações, públicas e privadas, realizam o cálculo econômico. Neste sentido, o problema do cálculo é muito mais abrangente do que tem sido, em geral, percebido.

Com uma perspectiva invulgar a respeito dos mercados e das dificuldades para a alocação de recursos sob planejamento central, economistas austríacos da terceira e da quarta geração sempre entenderam, de modo implícito, a economia da organização. Nesse contexto, como observa Nicolai Juul Foss[8], "*é uma espécie de enigma doutrinal que os austríacos nunca tenham formulado uma teoria da firma*". Fuss assinala que muitos elementos da teoria moderna da firma – direitos de propriedade, ativos específicos de relacionamento, informação assimétrica, o problema do agente-principal – apareceram, ao menos de forma elementar, em trabalhos austríacos, já desde os estágios intermediários do debate sobre o cálculo. De fato, o tratamento de Rothbard acerca do tamanho da firma em *Man, Economy, and State*[9] esteve entre as primeiras discussões a adotar explicitamente o arcabouço proposto por Ronald Coase, em 1937[10], uma estrutura que subjaz à maior parte das teorizações contemporâneas sobre a firma. A discussão de Mises, no livro *Ação Humana*[11], sobre o papel dos mercados financeiros,

---

[6] LAVOIE, Don. **Rivalry and Central Planning**: The Socialist Calculation Debate Reconsidered. Cambridge: Cambridge University Press, 1985; KIRZNER, Israel M. The Economic Calculation Debate: Lessons for Austrians. **Review of Austrian Economics**, v. 2 (1988a): p. 1-18.
[7] MISES, Ludwig von. **Planned Chaos**. Irvington-on-Hudson, N.Y.: Foundation for Economic Education, 1947. p. 493.
[8] FOSS, Nicolai J. The Theory of the Firm: The Austrians as Precursors and Critics of Contemporary History. **Review of Austrian Economics**, v. 7 (1994a): p. 31-65. p. 32.
[9] ROTHBARD, Murray N. **Man, Economy, and State**: A Treatise on Economic Principles. Scholar's edition. Auburn, Ala.: Ludwig von Mises Institute, 2004 [1962].
[10] COASE, Ronald H. The Nature of the Firm. **Economica**, NS 4 (1937): p. 386-405.
[11] MISES, Ludwig von. **Ação Humana**: Um Tratado de Economia. Trad. Donald Stewart Jr. São Paulo: Instituto Ludwig von Mises Brasil, 3a. Ed., 2010 [1949].

prenuncia o artigo seminal de 1965 de Henry Manne[12] sobre o mercado para controle corporativo, juntamente com o reconhecimento recente das finanças como uma parte essencial da economia.

Além de anteciparem porções da literatura moderna, Mises e Rothbard também introduziram inovações significativas, ainda que isso ainda não seja reconhecido, de modo geral. As contribuições, apesar de não constituirem parte de uma teoria da firma explícita e totalmente articulada, merecem atenção e incremento, especialmente por parte dos que estão trabalhando nesses assuntos a partir da Escola Austríaca[13]. Essas contribuições são a aplicação de Rothbard do problema do cálculo aos limites da firma, e a discussão de Mises sobre como os mercados financeiros limitam a discricionariedade administrativa e realizam a tarefa final da alocação de recursos em uma economia de mercado.

I - A Teoria de Livros-texto sobre a Firma

Na teoria econômica neoclássica, a firma como tal não existe de modo algum. A "firma" é uma função de produção, ou um conjunto de possibilidades de produção, um meio de transformar insumos em produtos. Uma vez considerada a tecnologia disponível, um vetor de preços de insumos e uma relação de demanda, a firma maximiza lucros monetários, sujeita à restrição de que os planos de produção devem ser tecnologicamente factíveis. Isso é tudo sobre essa questão. A firma é modelada como um ator único, enfrentando uma série de decisões relativamente descomplicadas: que nível de produtos deve produzir, quanto contratar de cada fator e assim por diante. Essas "decisões", obviamente, não são em absoluto decisões verdadeiras; elas são cálculos matemáticos comuns, implícitos nos dados subjacentes. No longo prazo, a firma também pode escolher um tamanho ótimo e a cesta de produtos, mas até mesmo estes são determinados pelas características da função de produção (economias de escala, escopo e sequência). Em resumo: a firma é um conjunto de curvas de custo e a "teoria da firma" é um problema de cálculo.

---

[12] MANNE, Henry G. Mergers and the Market for Corporate Control. **Journal of Political Economy**, v. 73 (1965): p. 110-20.
[13] Alguma coisa a respeito desta literatura é apresentada em FOSS, Nicolai J. & KLEIN, Peter G. Austrian Economics and the Theory of the Firm. In: KLEIN, Peter G. & SYKUTA, Michael E. (Eds.). **The Elgar Companion to Transaction Cost Economics**. Aldershot, UK: Edward Elger, 2010.

Na verdade, tais modelos não são anunciados como descrições realistas de verdadeiras firmas comerciais; sua utilização é puramente instrumental. Conforme colocado por David Kreps[14] – ele mesmo muito menos otimista do que a maioria acerca dos méritos do modelo tradicional: se as firmas do mundo real não maximizam lucros tal como sustentado pela teoria tradicional, *"isso não significa que a maximização de lucros não seja um modelo positivo. Somente os dados podem estabelecer isso e, portanto, só depois poderemos ver as implicações da maximização de lucros para o comportamento observável"*. Entretanto, mesmo concedendo ao instrumentalismo duvidosos méritos[15], a abordagem da função de produção não é satisfatória, pois não é útil para entender uma variedade de fenômenos econômicos. O modelo da caixa-preta é realmente uma teoria sobre uma *planta* ou processo de produção, não sobre uma *firma*. Uma única firma pode possuir e operar múltiplos processos de produção. De forma similar, duas ou mais firmas podem estabelecer um contrato para operar em conjunto num único processo de produção (como em uma *joint venture* de pesquisa). Se desejamos entender a escala e a esfera de ação da firma como entidade legal, então, nosso olhar precisa transcender o modelo dos livros-texto.

---

[14] KREPS, David M. Corporate Culture and Economic Theory. In: ALT, James E. & SHEPSLE, Kenneth A. (Eds.). **Perspectives on Positive Political Economy**. New York: Cambridge University Press, 1990a. p. 233.

[15] Para críticas ao instrumentalismo, ver RIZZO, Mario J. Praxeology and Econometrics: A Critique of Positivist Economics. In: SPADARO, Louis M. (Ed.). **New Directions in Austrian Economics**. Kansas City, Mo.: Sheed Andrews and McMeel, 1978; e BATEMARCO, Robert. Positive Economics and Praxeology: The Clash of Prediction and Explanation. **Atlantic Economic Journal**, v. 13 (1985): p. 31-37. Para referências sobre a literatura interpretativa a respeito do ensaio de Milton Friedman de 1953 acerca da "economia positiva" (FRIEDMAN, Milton. The Methodology of Positive Economics. In: FRIEDMAN, Milton. **Essays in Positive Economics**. Chicago: University of Chicago Press, 1953) – a fonte da perspectiva da maior parte dos economistas sobre o método – ver BOLAND, Lawrence A. A Critique of Friedman's Critics. **Journal of Economic Literature**, v. 17 (1979): p. 503-22; CALDWELL, Bruce J. A Critique of Friedman's Methodological Instrumentalism. **Southern Economic Journal**, v. 47 (1980): p. 366-74; e MUSGRAVE, Alan. 'Unreal Assumptions' in Economic Theory: The F-twist Untwisted **Kyklos**, v. 34 (1981): p. 377-87; todos reimpressos em CALDWELL, Bruce J. **Appraisal and Criticism in Economics**: A Book of Readings. Boston: Allen and Unwin, 1984, juntamente com DE MARCHI, Neil (Ed.). **The Popperian Legacy in Economics**. Cambridge: Cambridge University Press, 1988.

II - COASE E OS CUSTOS DE TRANSAÇÃO

Ronald Coase, no célebre artigo de 1937, "The Nature of the Firm"[16], foi o primeiro a explicar que as fronteiras da organização dependem não somente da tecnologia de produção, mas dos custos para fazer negócios. Na estrutura coasiana, conforme desenvolvida e ampliada por Williamson[17], Klein, Crawford e Alchian[18], Grossman e Hart[19], a decisão para organizar transações dentro da firma ao invés de organizá-las no mercado aberto – a "decisão de fabricar ou comprar" – depende dos custos relativos das transações internas em comparação com as transações externas. O mecanismo de mercado acarreta certos custos: descobrir os preços relevantes, negociar e garantir o cumprimento de contratos e assim por diante. Dentro da firma, o empreendedor pode ser capaz de reduzir esses "custos de transação" coordenando, ele mesmo, tais atividades. No entanto, a organização interna envolve outros tipos de custos de transação, mais especificamente problemas de fluxos de informação, incentivos, monitoramento e avaliação de desempenho. O limite da firma, portanto, é determinado pelo *trade-off*, na margem, entre os custos relativos das transações internas e externas. Nesse sentido, os limites da firma dependem não só da tecnologia, mas de considerações organizacionais; isto é, dos custos e benefícios de contratação.

Os custos relativos das transações internas e externas dependem de características peculiares das transações: o grau de especificidade de ativos envolvidos, a quantidade de incerteza sobre o futuro e sobre as ações dos parceiros comerciais, a complexidade dos acordos comerciais e a frequência com que ocorrem as transações. Cada uma dessas características é importante na determinação do arranjo institucional preferido (isto é, produção interna em oposição à externa), apesar de a primeira – "especificidade de ativos" – ser considerada particularmente importante. Williamson define a especificidade de ativos como *"investimentos*

---

[16] COASE, Ronald H. The Nature of the Firm. Op. cit.
[17] WILLIAMSON, Oliver E. **Markets and Hierarchies**: Analysis and Antitrust Implications. New York: Free Press, 1975; Idem. **The Economic Institutions of Capitalism**. New York: Free Press, 1985; Idem. **The Mechanisms of Governance**. New York: Oxford University Press, 1996.
[18] KLEIN, Benjamin; CRAWFORD, Robert A. & ALCHIAN, Armen A. Vertical Integration, Appropriable Rents, and the Competitive Contracting Process. **Journal of Law and Economics**, v. 21 (1978): p. 297-326.
[19] GROSSMAN, Sanford J. & HART, Oliver D. The Costs and Benefits of Ownership: A Theory of Vertical and Lateral Integration. **Journal of Political Economy**, v. 94 (1986): p. 691-719.

duráveis realizados para apoiar transações específicas, cujos custos de oportunidade são muito mais baixos em utilizações alternativas melhores, ou por outros usuários caso a transação original tivesse terminado prematuramente"[20]. Isso descreve uma variedade de investimentos específicos de relacionamento, incluindo capital físico e humano especializado, juntamente com intangíveis tais como P&D e conhecimento, ou capacidades específicas de firma.

III - Cálculo Econômico e os Limites ao Tamanho da Firma

Infelizmente, a crescente literatura econômica sobre a teoria da firma concentra-se em sua maior parte sobre os custos das trocas de mercado, e muito menos nos custos de governança das trocas internas. Novas pesquisas ainda precisam produzir uma explicação plenamente satisfatória dos limites para o tamanho da firma[21]. Nas palavras de Coase, *"por que o empreendedor não organiza uma transação a mais ou uma a menos?"*, ou, mais de modo mais geral, *"por que a totalidade da produção não é levada a cabo em uma única firma grande?"*[22]. A teoria dos limites da firma é, possivelmente, a parte mais difícil e menos desenvolvida da nova economia da organização. Explicações contratuais existentes fiam-se em problemas de autoridade e responsabilidade[23]; de distorções de incentivos provocadas por direitos de posse residuais[24]; e dos custos das tentativas de reproduzir características de governança do mercado no interior da firma[25]. É aqui que a teoria austríaca tem uma contribuição óbvia a fazer, por meio da aplicação do teorema de Mises sobre a impossibilidade do cálculo econômico no socialismo. Rothbard mostra como a necessidade de cálculo monetário em termos dos preços reais não somente explica as falhas do planejamento central sob o socialismo, mas também estabelece um limite superior para o tamanho da firma.

---

[20] WILLIAMSON, Oliver E. **The Economic Institutions of Capitalism**. Op. cit. p. 55.
[21] Idem, cap. 6.
[22] COASE, Ronald H. The Nature of the Firm. Op. cit. p. 393-94.
[23] ARROW, Kenneth J. **The Limits of Organization**. New York: W. W. Norton, 1974.
[24] GROSSMAN, Sanford J. & HART, Oliver D. The Costs and Benefits of Ownership: A Theory of Vertical and Lateral Integration. Op. cit.; HART, Oliver D. & MOORE, John. Property Rights and the Nature of the Firm. **Journal of Political Economy**, v. 98 (1990): p. 1119-58; HART, Oliver. **Firms, Contracts and Financial Structure**. Oxford: Clarendon Press, 1995.
[25] WILLIAMSON, Oliver E. **The Economic Institutions of Capitalism**. Op. cit. Cap. 6.

IV - O Debate do Cálculo Socialista: Um Breve Retrospecto

Para entender a posição de Mises no debate do cálculo, precisamos perceber que seu argumento não é, exclusiva ou mesmo primordialmente, sobre o socialismo. É sobre o papel dos preços para os bens de capital. Empreendedores tomam decisões sobre a alocação de recursos com base nas expectativas sobre preços futuros e na informação contida nos preços presentes. Para obter lucros, precisam de informações sobre todos os preços, não só os preços dos bens de consumo, mas também os preços dos fatores de produção. Na ausência de mercados para bens de capital, esses bens podem não ter preços e, portanto, os empreendedores não podem fazer julgamentos sobre a escassez relativa desses fatores. Em suma, os recursos não podem ser alocados com eficiência. Em qualquer ambiente, portanto (socialista ou não), em que um fator de produção não possui preço de mercado, um usuário potencial desse fator será incapaz de tomar decisões racionais sobre sua utilização. Apresentada dessa maneira, a afirmação de Mises é simplesmente que a alocação eficiente de recursos em uma economia de mercado requer o bom funcionamento dos mercados de ativos. Como os acadêmicos divergem a respeito do que Mises "realmente queria dizer", pode ser útil, todavia, proporcionar aqui uma breve revisão do debate.

Antes de 1920, segundo a narrativa padrão[26], teóricos socialistas deram pouca atenção para como uma economia socialista funcionaria na prática, a maioria atendendo à admoestação de Marx de evitar tais especulações "utópicas". Então Mises, conhecido à época principalmente como um teórico monetário, publicou seu sensacional artigo traduzido posteriormente como *Economic Calculation in the Socialist Commonwealth*[27].

---

[26] Para exemplos da "narrativa padrão" sobre o debate do cálculo ver SCHUMPETER, Joseph A. **Capitalism, Socialism and Democracy**. New York: Harper and Row, 1942, p. 172-86, e BERGSON, Abram. Socialist Economics. In: ELLIS, Howard S. (Ed.). **A Survey of Contemporary Economics**. Vol. 1. Homewood, Ill.: Richard D. Irwin, 1948. Minha discussão da "posição revisionista" segue HOFF, Trygve J. B. **Economic Calculation in the Socialist Society**. Indianapolis: Liberty Press, 1981 [1949]; SALERNO, Joseph T. Postscript: Why a Socialist Economy is 'Impossible'. In: MISES, Ludwig von. **Economic Calculation in the Socialist Commonwealth**. Op. cit.; e ROTHBARD, Murray N. The End of Socialism and the Calculation Debate Revisited. **Review of Austrian Economics**, v. 5 (1991): p. 51-76.

[27] MISES, Ludwig von. **Economic Calculation in the Socialism Commonwealth**. Op. cit. Outras obras com argumentos similares ao de Mises incluem: PIERSON, N. G.

Mises afirmou que, sem a propriedade privada dos meios de produção, não haveria preços de mercado para bens de capital, e portanto os tomadores de decisões não teriam como avaliar a eficiência relativa de várias técnicas de produção. Antecipando o argumento posterior em favor de um "socialismo de mercado", Mises argumentou que, mesmo havendo mercados para bens de consumo, um planejador central não poderia "imputar" preços significativos para os bens de capital utilizados para produzi-los. Em suma, sem preços gerados no mercado, tanto para bens de capital quanto para bens de consumo, mesmo para o mais devotado planejador seria "impossível" alocar os recursos de acordo com os desejos dos consumidores.

Ao longo dos anos 1920 e no início dos anos 1930, o argumento de Mises se tornou o centro de intenso debate na literatura econômica de língua alemã. Por fim, ficou acordado que Mises estava correto ao menos por chamar atenção para o fato de uma sociedade socialista não poder funcionar sem coisas como dinheiro e preços, assim como alguns dos primeiros socialistas sugeriram, e que não havia maneira factível de definir os preços de acordo, por exemplo, com as quantidades de tempo de trabalho. No entanto, notaram que Vilfredo Pareto e seu discípulo Enrico Barone[28] tinham mostrado que não havia nada "teoricamente" errado no socialismo, pois o número necessário de equações de oferta e demanda para tornar o sistema "determinado" existiria tanto no capitalismo quanto no socialismo. Se os planejadores pudessem, de algum modo, obter a informação necessária sobre as preferências e a tecnologia, poderiam, em princípio, computar uma alocação de equilíbrio para os bens finais.

A resposta mais importante a Mises, contudo, e a que foi quase universalmente aceita pelos economistas, foi a que se tornou conhecida como "socialismo de mercado" ou a "solução matemática", desenvolvida

---

The Problem of Value in the Socialist Community. In: HAYEK, F. A. (Ed.). **Collective Economic Planning**. Clifton, N.J.: Augustus M. Kelley, 1975; e partes de WEBER, Max. **Economy and Society**. Berkeley: University of California Press, 1978 [1921].
[28] BARONE, Enrico. The Ministry of Production in the Collectivist State. In: HAYEK, F. A. (Ed.). **Collectivist Economic Planning**. Op. cit. [1908].

por Fred Taylor[29], H. D. Dickinson[30], Abba Lerner[31] e Oskar Lange[32]. Em um sistema de socialismo de mercado, bens de capital são de propriedade coletiva, mas os indivíduos são livres para possuir e trocar bens finais e serviços. O sistema funcionaria da seguinte maneira. Primeiro, o Comitê de Planejamento Central escolhe preços arbitrários para os bens de consumo e de capital. A esses preços, os administradores das diversas empresas estatais são instruídos a produzir até o ponto em que o custo marginal de cada bem final é igual a seu preço, e então devem escolher a combinação de insumos que minimiza o custo médio para produzir essa quantidade. Então, aos preços dos bens de consumo é permitido flutuar, e o Comitê de Planejamento Central ajusta os preços dos bens de capital à medida que se mostram as faltas e os excedentes dos bens finais. Assim, os recursos seriam alocados de acordo com a oferta e demanda, via processo de "tentativa e erro", essencialmente o mesmo praticado pelos administradores das firmas capitalistas. A contribuição de Lange, como tem sido geralmente defendido, foi mostrar que a produção sob o socialismo de mercado poderia ser tão eficiente quanto a produção sob o capitalismo, dado que os planejadores socialistas *receberiam exatamente a mesma informação de um sistema econômico socializado, como os empreendedores em um sistema de mercado*"[33].

O socialismo de mercado era visto como uma resposta não somente ao problema do cálculo de Mises, mas também à questão do "aspecto prático" levantada por Hayek e Lionel Robbins. Hayek, nas contribuições ao *Collectivist Economic Planning*[34], posteriormente ampliado para "The

---

[29] TAYLOR, Fred. The Guidance of Production in a Socialist State. In: LIPPINCOTT, Benjamin E. (Ed.). **On the Economic Theory of Socialism**. New York: McGraw-Hill, 1964 [1929].
[30] DICKINSON, Henry Douglas. Price Formation in a Socialist Community. **Economic Journal**, v. 43 (1933): p. 237-50.
[31] LERNER, Abba. Economic Theory and Socialist Economy. **Review of Economic Studies**, v. 2 (1934): p. 51-61.
[32] LANGE, Oskar. On the Economic Theory of Socialist. **Review of Economic Studies**, v. 4 (1936;1937): p. 53-71; 123-42.
[33] HEILBRONER, Robert L. **Between Capitalism and Socialism**: Essays in Political Economics. New York: Random House, 1970. É sem dúvida interessante observar que, desde o colapso do planejamento central na Europa Oriental, o autor desse comentário mudou de opinião e escreveu que, embora há cinquenta anos se tivesse a impressão de que Lange tinha vencido decisivamente o argumento em prol do planejamento socialista, "agora parece, obviamente, que Mises estava certo" (Idem. Reflections after Communism. **The New Yorker**, 1990. p. 91-100).
[34] HAYEK, F. A. (Ed.). **Collectivist Economic Planning**. Op. cit. [1935].

Competitive Solution"[35] e nos bem conhecidos artigos "Economics and Knowledge"[36] e "The Use of Knowledge in Society"[37], e Robbins, em seu *The Great Depression*[38], modificaram os termos do debate ao se concentrarem não no problema do cálculo, mas no problema do conhecimento. Para Hayek e Robbins, o erro na organização socialista se deve a um problema de desenho de mecanismos, dado que os planejadores não podem alocar recursos eficientemente, visto não poderem obter informações completas sobre as preferências dos consumidores e a disponibilidade de recursos. Ademais, mesmo que os planejadores fossem de alguma forma capazes de obter tais dados, seriam necessários anos para computar os milhões de preços utilizados por uma economia moderna. A abordagem de Lange-Lerner-Taylor afirmava resolver esse problema de revelação de preferências por tentativa e erro, de modo que cômputos reais não seriam necessários[39].

Com a ampla aceitação da teoria do socialismo de mercado, desenvolveu-se uma "linha ortodoxa" no debate do cálculo socialista, nitidamente sintetizada na bem conhecida revisão de Abram Bergson do *Socialist Economics*[40] e em *Capitalism, Socialism and Democracy*, de Joseph Schumpeter[41]. De acordo com esta linha, Mises primeiramente levantou o problema da possibilidade de cálculo econômico sob o socialismo, para ser

---

[35] Idem. The Competitive Solution. In: HAYEK, F. A. **Individualism and Economic Order**. Chicago: University of Chicago Press, 1948 [1940].
[36] Idem. Economics and Knowledge. **Economica**, NS 4 (1937): p. 33-54.
[37] Idem. The Use of Knowledge in Society. **American Economic Review**, v. 35 (1945): p. 519-30.
[38] ROBBINS, Lionel. **The Great Depression**. New York: Macmillan, 1934.
[39] Lange realmente afirmou, anos mais tarde, que mesmo o socialismo de mercado tornar-se-ia obsoleto com o advento dos computadores de alta velocidade, que poderiam resolver instantaneamente o enorme sistema de equações simultâneas para o planejador central. *"Se eu fosse reescrever meu ensaio [LANGE, Oskar. On the Economic Theory of Socialism. Op. cit.] hoje, minha tarefa teria sido muito mais simples. Minha resposta a Hayek e Robbins seria: Então qual é o problema? Vamos colocar as equações simultâneas em um computador eletrônico e obteremos a solução em menos de um segundo. O processo de mercado, com suas complicadas adivinhações, parece antiquado. De fato, ele pode ser considerado como um dispositivo de computação da era pré-eletrônica"* (Idem. The Computer and the Market. In: NOVE, Alec & NUTI, D. M. (Eds.). **Socialist Economics**. London: Penguin Books, 1972 [1965]. p. 401-02). Obviamente, Lange não tinha muita experiência com computadores. Além disso, durante a época em que foi presidente do Conselho Econômico Polonês, nos anos 1950, Lange nunca tentou colocar o socialismo de mercado em prática (ver Idem. The Role of Planning in Socialist Economy. In: BORNSTEIN, Morris (Ed.). **Comparative Economic Systems**. Homewood, Ill.: Richard D. Irwin, 1969 [1958]).
[40] BERGSON, Abram. Socialist Economics. Op. cit.
[41] SCHUMPETER, Joseph A. **Capitalism, Socialism and Democracy**. Op. cit. p. 172-86.

então refutado por Pareto e Barone; Hayek e Robbins então "recuaram" à posição de que os planejadores socialistas poderiam, em teoria, calcular, mas na prática o problema da informação tornaria isso muito difícil; então, os socialistas de mercado mostraram que a tentativa e erro eliminaria a necessidade de informação completa por parte dos planejadores. Portanto, segue o argumento, a teoria econômica *per se* não pode dizer nada de conclusivo sobre a viabilidade do planejamento central e a escolha entre capitalismo e socialismo deve ser puramente política.

V - Cálculo *versus* Incentivos

A linha ortodoxa no planejamento socialista tem sido modificada nos últimos anos, com o desenvolvimento da teoria dos incentivos e da informação. As diferenças entre o capitalismo e o socialismo, como agora é tipicamente defendido, residem nas diferentes propriedades de incentivos dos dois sistemas. Acredita-se que sistemas de direção centralizada estão sujeitos a maiores custos de agência – discricionariedade gerencial, esquivas e assim por diante – do que os sistemas de mercado (ver, por exemplo, Winiecki[42]). Afinal de contas, o próprio Lange advertiu que "*o problema real do socialismo é o da burocratização da vida econômica*"[43].

Como foi salientado noutro lugar[44], entretanto, o debate do cálculo não foi primariamente sobre agência ou incentivos gerenciais. O problema dos incentivos é conhecido há muito tempo[45] (apesar de não estar totalmente elaborado) e era expresso na famosa questão: "No socialismo, quem recolherá o lixo?" Ou seja, se todos são compensados "de acordo com as necessidades", qual será o incentivo para fazer as tarefas sujas e desprazerosas – ou mesmo quaisquer tarefas? A resposta socialista tradicional era que o autointeresse é um produto do capitalismo, e que o socialismo traria uma mudança na natureza humana. No paraíso dos

---

[42] WINIECKI, Jan. Why Economic Reforms Fail in the Soviet Union. **Economic Inquiry**, v. 28 (1990): p. 195-221.

[43] LANGE, Oskar. On the Economic Theory of Socialism. Op. cit. p. 109. Itálicos no original.

[44] ROTHBARD, Murray N. The End of Socialism and the Calculation Debate Revisited. Op. cit. p. 51-52.

[45] Tendemos a esquecer como é velha a ideia do socialismo, que não é uma invenção do século XX; o subtítulo do famoso livro de Alexander Gray, *The Socialist Tradition*, é "De Moisés a Lênin". Ver: GRAY, Alexander. **The Socialist Tradition: Moses to Lenin**. London: Longmans, Green, 1946.

trabalhadores, emergeria um "Novo Homem Socialista", ansioso para servir e motivado somente pelas necessidades dos companheiros. Esses primeiros socialistas parecem ter admitido, para utilizar a expressão de Oliver Williamson[46] em uma crítica a uma proposta socialista mais recente, *"a abolição do oportunismo pelas agências do Estado"*. A experiência tornou evidente a encantadora ingenuidade dessas noções.

O desafio que Mises lança ao socialismo, contudo, é diferente desse bem conhecido problema de incentivos[47]. Imaginemos, por um momento, que todos estão dispostos a trabalhar sob uma direção central tão arduamente quanto sob um sistema de mercado. Ainda resta o problema acerca de quais diretivas emitirá, exatamente, o Comitê de Planejamento Central. O Comitê terá de decidir quais bens e serviços devem ser produzidos, quanto produzir de cada bem, quais bens intermediários são necessários para produzir cada bem final e assim por diante. Em uma economia moderna e complexa, com múltiplos estágios de produção, a alocação de recursos requer a existência de preços monetários para bens de capital, preços que, sob o capitalismo, surgem a partir de um processo contínuo de ofertas competitivas, da parte dos empreendedores, pelos fatores de produção. Esse processo não pode ser replicado por uma análise insumo-produto, simulações computacionais ou qualquer outro tipo de mercado artificial. O argumento principal de Mises era o de que o socialismo falha porque os tomadores de decisão exigem preços expressivos para todos esses fatores, de modo a poderem escolher dentre a vasta gama de combinações possíveis dos fatores. *"Sem poder calcular e comparar os benefícios e os custos da produção utilizando a estrutura de preços monetários determinada a cada momento no mercado, a mente humana é capaz somente de examinar, avaliar e direcionar processos de produção cujo escopo é drasticamente reduzido ao limite da economia doméstica primitiva"*[48].

A distinção entre cálculo e incentivos é importante pois a literatura econômica moderna sobre projeto de organizações – das explicações de

---

[46] WILLIAMSON, Oliver E. Private Ownership and the Capital Market. In: SIEBERT, Horst (Ed.). **Privatization**: Symposium in Honor of Herbert Giersch. Tübingen: J. C. B. Mohr, 1992 [1991a]. p. 18.

[47] Mises dedica uma seção do artigo de 1920 à "Responsabilidade e Iniciativa em Empresas Comunais", mas ele claramente considera isso um problema secundário para os planejadores socialistas, e não o problema principal. Em seu tratamento mais extenso, *Socialism*, Mises discute o problema dos incentivos com mais detalhes (MISES, Ludwig von. **Socialism**: An Economic and Sociological Analysis. Trans. J. Kahane. New Haven: Yale University Press, 1951 [1922]. p. 163-84).

[48] SALERNO, Joseph T. Postscript: Why a Socialist Economy is 'Impossible'. Op. cit. p. 52.

custos de transação para o tamanho da firma e das teorias de burocracia da escolha pública, até os trabalhos recentes sobre socialismo de mercado e a "restrição orçamentária suave"[49] – concentra-se essencialmente nos problemas de incentivos (possivelmente encorajados pela famosa advertência de Lange sobre a burocracia). A teoria dos incentivos questiona como, dentro de uma relação específica, um dirigente pode conseguir que um agente faça o que deseja. O problema de Mises, contudo, era diferente: como o dirigente sabe o que pedir para o agente? Isto é, exatamente quais são as atividades que devem ser realizadas? Quais investimentos devem ser feitos? Quais linhas de produção devem ser expandidas e quais devem ser contraídas? As ideias desenvolvidas no debate do cálculo sugerem que, quando as organizações são grandes o suficiente para conduzir atividades que são exclusivamente internas – de tal modo que não há referências disponíveis ao mercado externo – elas enfrentarão tanto um problema de cálculo quanto um problema de incentivos.

Nesse sentido, as propostas socialistas de mercado são, em sua maioria, irrelevantes para os problemas reais da organização socialista. Esse é o ponto que o próprio Mises procurou sustentar na crítica do socialismo de mercado em *Ação Humana*[50]. Na obra, Mises reclamou que os socialistas de mercado – e, aliás, todos os teóricos do equilíbrio geral – compreendem mal a natureza do "problema econômico". Lange, Lerner e Taylor olharam primariamente para o problema dos preços dos bens de consumo, enquanto o problema principal que uma economia moderna enfrenta diz respeito à estrutura de capital: ou seja, de que maneira o capital deve ser alocado entre as diversas atividades? A economia de mercado, argumentou Mises, não é conduzida por "gestão" – o desempenho em tarefas específicas, dentro de uma estrutura dada ao administrador – mas pelo *empreendedorismo*, a especulação, a arbitragem e outras atividades sujeitas a risco que determinam justamente quais devem ser as tarefas administrativas. Não são os administradores, mas sim os empreendedores – agindo nos mercados monetário e de capital – que estabelecem e dissolvem corporações, criam e destroem linhas de produção e assim por diante. Essas são, precisamente, as atividades que mesmo o socialismo de mercado procura abolir. Em outras palavras, visto que os incentivos são importantes, o que o socialismo não pode preservar são os incentivos de alta dinâmica, não na administração, mas nas previsões e na tomada de decisões empresariais.

---

[49] KORNAI, János. 1986. The Soft Budget Constraint. **Kyklos**, v. 39 (1986): p. 3-30.
[50] MISES, Ludwig von. **Ação Humana**. Op. cit. p. 795-812.

Mises é retratado como alguém que disse não ser razoável esperar que administradores socialistas "brinquem de mercado", para agirem como se fossem administradores de empresas privadas, onde os próprios interesses diretos estivessem em jogo. Isso pode ser verdade, mas a principal preocupação de Mises era que não se pedisse aos empreendedores que brincassem "de especulação e de investimento"[51]. O relevante problema dos incentivos não é o do administrador (o agente) subordinado, que considera como dado o problema a ser resolvido, mas sim o do especulador e investidor (o principal), que decide justamente qual é o problema que precisa ser resolvido. Lange, Lerner e Taylor veem o mercado através de uma lente neoclássica, estritamente estática, na qual todos os parâmetros do sistema são dados e um problema puramente computacional precisa ser resolvido. De fato, a economia de mercado é um processo dinâmico, criativo e em evolução, no qual empreendedores – utilizando o cálculo econômico – fazem as indústrias crescerem e encolherem, fazem com que métodos de produção novos e diferentes sejam testados enquanto outros são abandonados, e mudam constantemente a variedade de produtos disponíveis. Essas são as características do capitalismo de mercado – e não os incentivos dos agentes para trabalhar duro – que são perdidas quando não há propriedade privada.

De fato, economias de estilo de comando tradicionais, tais como a da antiga União Soviética, parecem capazes somente de imitar as tarefas que as economias de mercado realizaram anteriormente; elas são incapazes de estabelecer e executar tarefas originais.

> O sistema [soviético] tem sido particularmente efetivo quando as prioridades centrais envolvem recuperação, pois então os problemas de saber o que fazer, quando e como fazer, e de se foi feito adequadamente, são resolvidos em referência a um modelo que funciona, explorando o que Gerschenkron [...] chamou de "vantagem do atraso". [...] Acompanhando essas vantagens há deficiências, inerentes à natureza do sistema. Quando o sistema busca uns poucos objetivos prioritários, independentemente de sacrifícios ou perdas em áreas menos prioritárias, aqueles que são, em última análise, responsáveis, não podem saber se valeu a pena ou não atingir o sucesso. As autoridades centrais não possuem capacidades físicas e de informação para

---

[51] Idem. p. 806.

monitorar todos os custos importantes – em particular, os custos de oportunidade – e, no entanto, elas são as únicas, dada a lógica do sistema, com real interesse em conhecer tais custos.[52]

Sem cálculo econômico, não há como descobrir se as tarefas foram realizadas de maneira eficiente. Logo, sem mercados para o capital físico e financeiro – os quais determinam quais tarefas serão realizadas e se têm sido realizadas adequadamente – um sistema econômico enfrenta dificuldades para gerar qualquer coisa *nova*, e deve depender de referências externas para dizer-lhe o que fazer. Obviamente, a única razão para que a União Soviética e as nações comunistas da Europa Oriental possam ter existido é que nunca obtiveram sucesso total no estabelecimento do socialismo mundial, então puderam utilizar os preços dos mercados mundiais para estabelecer preços tácitos para os bens que compravam e vendiam internamente[53]. Nas palavras de Mises, essas economias

> não eram sistemas socialistas isolados. Funcionavam num contexto em que o sistema de preços ainda existia. Podiam recorrer ao cálculo econômico com base nos preços internacionais. Sem a ajuda desses preços, suas ações teriam sido desnorteadas e sem objetivo. Se não fossem os preços internacionais, não lhes teria sido possível calcular, contabilizar e nem elaborar seus tão decantados planos[54].

Como veremos abaixo, a firma está na mesma situação: precisa de preços de mercado externos para planejar e avaliar suas ações.

VI - Rothbard e os Limites da Organização

A principal contribuição de Rothbard à teoria da firma foi generalizar a análise de Mises a respeito do problema da alocação de recursos sob o socialismo para o contexto da integração vertical e do tamanho da organização. Rothbard escreve em *Man, Economy, and State* que, até um

---

[52] ERICSON, Richard E. The Classical Soviet-Type Economy: Nature of the System and Implications for Reform. **Journal of Economic Perspectives**, v. 5 (1991): p. 11-27. p. 21.
[53] ROTHBARD, Murray N. The End of Socialism and the Calculation Debate Revisited. Op. cit. p. 73-74.
[54] MISES, Ludwig von. **Ação Humana**. Op. cit. p. 799-800.

certo ponto, o tamanho da firma é determinado por custos, tal como no modelo dos livros-texto. Mas *"há limites finais para o tamanho relativo da firma devido à necessidade da existência de mercados para cada fator, de modo a permitir que a firma possa calcular seus lucros e perdas"*[55]. Este argumento baseia-se na noção de "custos implícitos". O valor de mercado dos custos de oportunidade por serviços de fatores – o que Rothbard chama de "estimativas de rendimentos implícitos" – pode ser determinado somente se há mercados externos para esses fatores[56]. Por exemplo, se um empreendedor se contrata para gerenciar o negócio, o custo de oportunidade do seu trabalho deve ser incluído nos custos da firma. Mas, sem um mercado real para os serviços gerenciais do empreendedor, ele não será capaz de descobrir qual é seu custo de oportunidade; os balancetes serão, portanto, menos precisos do que seriam se ele pudesse medir o seu custo de oportunidade.

O mesmo problema afeta uma firma que possui múltiplos estágios de produção. Uma empresa grande e integrada é tipicamente organizada como grupos de unidades de negócios semiautônomas, ou "centros de lucros", com cada unidade ou divisão se especializando em um determinado produto final ou intermediário. A administração central utiliza os rendimentos implícitos das unidades de negócios, tais como refletidos em demonstrações de lucros e perdas divisionais, para alocar capital físico e financeiro ao longo das divisões. Divisões mais lucrativas são expandidas, enquanto as menos lucrativas são reduzidas. Suponhamos que a firma tenha uma divisão a montante vendendo um componente intermediário para uma divisão a jusante. Para calcular os lucros e perdas divisionais, a firma precisa de um "preço de transferência" expresse sentido para o componente em questão. Se existe um mercado externo para o componente, a firma pode usar esse preço de mercado como o preço de transferência[57].

---

[55] ROTHBARD, Murray N. **Man, Economy, and State**. Op. cit. p. 599.
[56] Idem. p. 607-09.
[57] Rothbard nota que o preço de transferência implícito pode ser um tanto a mais ou a menos do que o preço de mercado existente, dado que a entrada, seja da divisão que está comprando ou da que está vendendo no mercado externo, pode influenciar o preço ligeiramente para cima ou para baixo (ROTHBARD, Murray N. **Man, Economy, and State: A Treatise on Economic Principles**. Op. cit. p. 612, n. 56). Diferentemente de Hirshleifer, portanto, Rothbard não requer que o mercado externo seja perfeitamente competitivo para que um preço de transferência baseado no mercado seja economicamente significativo (ver HIRSHLEIFER, Jack. On the Economics of Transfer Pricing. **Journal of Business**, v. 29 (1956): p. 172-89). Para Rothbard, mercados "escassos" são

Sem um preço de mercado, entretanto, o preço de transferência deve ser estimado de alguma outra maneira.

Na prática, isso é tipicamente feito com base de custo majorado; algumas vezes, as divisões compradoras e vendedoras têm liberdade para barganhar os preços[58]. Por último, quaisquer preços de transferência artificiais ou substitutos conterão menos informação do que os preços reais de mercado; Rothbard[59] apresenta isso com mais vigor, chamando o preço substituto de "símbolo meramente arbitrário". Em qualquer caso, as firmas que dependem desses preços sofrerão. *"Não sendo capaz de calcular um preço, a firma não pode alocar racionalmente os fatores e recursos de um estágio [ou divisão] a outro"*[60]. A utilização de bens intermediários transacionados internamente, para os quais nenhuma referência de mercado externo está disponível, introduz distorções que reduzem a eficiência organizacional. Isso nos dá o elemento que falta nas teorias contemporâneas da organização econômica, ou seja, um limite superior: a firma é constrangida pela necessidade de mercados externos para todos os bens transacionados internamente. Em outras palavras, nenhuma firma pode se tornar tão grande a ponto de ser, ao mesmo tempo, a única produtora e usuária de um produto intermediário; pois então os preços de transferência baseados no mercado não estarão disponíveis, a firma será incapaz de calcular lucros e perdas divisionais e, portanto, não conseguirá alocar corretamente os recursos entre as divisões. Conforme exposto por Rothbard:

---

adequados: tudo o que é necessário para haver um "mercado externo" genuíno é a existência de ao menos algum outro produtor (vendedor) do bem intermediário (obviamente, se os preços externos são perfeitamente competitivos, então a economia deve estar em um equilíbrio geral competitivo, no qual a informação é perfeita e todos os contratos são completos, e no qual não há, portanto, a necessidade de firmas). Rothbard não discute o potencial problema de *"hold-up"* que deriva de investimentos específicos de relacionamento de monopólio bilateral, o qual deveria ser considerado como um custo de dependência de um mercado externo com um único fornecedor (ver KLEIN, Benjamin; CRAWFORD, Robert A. & ALCHIAN, Armen A. Vertical Integration, Appropriable Rents, and The Competitive Contracting Process. Op. cit.).

[58] ECCLES, Robert & WHITE, Harrison. Price and Authority in Inter-profit Center Transactions. **American Journal of Sociology**, v. 94 (1988): p. S17-48; SHELANSKI, Howard A. **Transfer Pricing and the Organization of Intrafirm Exchange**. Tese de Doutorado. University of California, Berkeley, Department of Economics, 1993; KING, Elizabeth A. **Transfer Pricing and Valuation in Corporate Taxation**: Federal Legislation vs Administrative Practice. Boston: Klower Academic Publishers, 1994.

[59] ROTHBARD, Murray N. **Man, Economy, and State: A Treatise on Economic Principles**. Op. cit. p. 613.

[60] Idem, p. 613.

Dado que o livre mercado sempre tende a estabelecer o tipo de produção que é mais eficiente e lucrativo (seja por tipo de bem, método de produção, alocação de fatores ou tamanho da firma), devemos concluir que a integração vertical completa para um produto de bem de capital nunca pode ser estabelecida no livre mercado (além do nível primitivo). *Para cada bem de capital, deve existir um mercado definido no qual as firmas compram e vendem esse bem.* É óbvio que esta lei econômica *estabelece um máximo definido para o tamanho relativo de qualquer firma em particular no livre mercado* [...]. O cálculo econômico torna-se ainda mais importante enquanto a economia de mercado se desenvolve e progride, à medida que os estágios e as complexidades de tipo e variedade de bens de capital aumentam. Ainda mais importante para a manutenção de uma economia avançada, portanto, é a preservação dos mercados para todos os bens de capital assim como bens dos outros produtores[61].

Tal como a economia centralmente planejada, a firma precisa de sinais do mercado para orientar suas ações; sem elas, a firma não pode sobreviver. Note-se que, em geral, Rothbard faz uma afirmação que se refere somente ao limite superior da firma, e não sobre o custo incremental de expandir as atividades (contanto que referências do mercado externo estejam disponíveis). Entretanto, assim que a firma se expande ao ponto em que ao menos um mercado externo desaparece, o problema do cálculo passa a existir. As dificuldades tornam-se piores na medida em que mais e mais mercados externos desaparecem, quando *"ilhas de caos incalculável crescem até assumirem a proporção de massas e continentes. Enquanto a área de incalculabilidade aumenta, os graus de irracionalidade, alocação inadequada, perdas, empobrecimento, etc., tornam-se maiores"*[62]. Em outras palavras, a firma é limitada pela medida em que existem mercados para os bens que ela aloca internamente. Sem preços de mercado para esses bens, a firma precisa depender de métodos relativamente custosos e ineficientes para gerar seus próprios preços contábeis para realizar cálculos internos[63].

---

[61] Ibidem, p. 613. Itálicos no original.
[62] Idem, p. 548.
[63] Isto não significa que, por causa dos preços externos serem necessários para que as grandes firmas possam funcionar de maneira eficiente, as firmas necessariamente se tornarão maiores onde os mercados externos são "amplos" ou melhor desenvolvidos. Pelo contrário, tipicamente as firmas maiores surgem precisamente onde os mercados

Significativamente, é neste ponto em *Man, Economy, and State* que Rothbard lança-se a uma discussão do debate do cálculo socialista, tornando claro que os dois assuntos estão inextricavelmente conectados[64]. A razão pela qual uma economia socialista não pode calcular não é por ela ser socialista, mas porque um único agente possui e direciona todos os recursos. Desenvolvendo a respeito deste ponto em seu ensaio de 1976, Ludwig *von Mises and Economic Calculation Under Socialism*[65], Rothbard explica:

> Há uma área vital, porém negligenciada, na qual a análise de Mises sobre o cálculo econômico precisa ser expandida. Pois, em um sentido profundo, a teoria não é em absoluto sobre o socialismo! Ao invés disso, ela se aplica a qualquer situação na qual um grupo adquiriu o controle dos meios de produção sobre uma grande área – ou, em um sentido estrito, em todo o mundo. Sobre este aspecto particular do socialismo, não importa se este controle unitário surgiu através da expropriação coerciva trazida pelo socialismo, ou por processos voluntários no livre mercado. Pois a teoria de Mises não se concentra somente nas numerosas ineficiências do político em comparação com o processo de mercado com fins lucrativos, mas no fato do desaparecimento de um mercado para bens de capital. Isto significa que, assim como o planejamento central socialista não pode calcular economicamente, Uma Grande Firma não poderia possuir ou controlar toda a economia. A análise de Mises aplica-se a qualquer situação na qual um mercado para bens de capital desapareceu em uma economia industrial complexa, seja devido ao socialismo, seja devido a uma fusão gigante resultando em Uma Grande Firma ou em Um Grande Cartel[66].

A análise de Mises aplica-se, portanto, a qualquer situação na qual o mercado para um bem de capital particular desaparece porque uma

---

externos são insuficientemente desenvolvidos ou são prejudicados pela intervenção governamental; esse são os tipos de circunstâncias que dão aos empreendedores uma vantagem para coordenarem as atividades internamente. Entretanto, tais firmas ainda são constrangidas pela necessidade de alguma referência do mercado externo.

[64] Idem, p. 548.
[65] Idem. Ludwig von Mises and Economic Calculation under Socialism. In: MOSS, Laurence S. (Ed.). **The Economics of Ludwig von Mises**: Toward a Critical Reappraisal. Kansas City: Sheed and Ward, 1976.
[66] Idem, p. 75.

firma tornou-se tão grande a ponto de ser a única produtora e usuária desse bem de capital. Como temos visto, tal firma não seria viável.

É surpreendente que a extensão de Rothbard do argumento de Mises não tenha recebido praticamente nenhuma atenção na literatura austríaca, mesmo apesar de tal ponto aparecer quatro vezes em *Man, Economy, and State*[67], e novamente no ensaio de 1976[68]. O argumento precisa de mais desenvolvimento e elaboração, o que se provaria um exercício útil, dado que a literatura contemporânea sobre o tamanho da firma carece de uma explicação adequada para os limites da organização. A análise de Rothbard também sugere uma linha de pesquisa em estratégia de negócios: todo o resto constante, firmas capazes de utilizar preços de transferência baseados no mercado devem superar, no longo prazo, as firmas que utilizam preços de transferência administrados ou negociados[69]. Até o momento, há poucos trabalhos empíricos sobre este tópico, apesar de um interesse crescente pela economia austríaca de parte do campo da gestão estratégica[70].

---

[67] Idem. **Man, Economy, and State**: A Treatise on Economic Principles. Op. cit. p. 536, p. 543, p. 547-48 e p. 585

[68] Lavoie nota brevemente a análise de Rothbard (LAVOIE, Don. **Rivalry and Central Planning**. Op. cit. p. 62n). Fritz Machlup, em um comentário acerca do ensaio de Rothbard de 1976, afirma-se *"intrigado" pela analogia entre o problema do planejador central e o problema da firma, chamando-o de "um assunto que tentei vender em muitas de minhas publicações... mas, infelizmente, não com sucesso suficiente"* (MACHLUP, Fritz. Discussion of the Four Papers. In: MOSS, Lawrence S. (Ed.). **The Economics of Ludwig von Mises**: Toward a Critical Reappraisal. Op. cit. p. 114). Ele cita um livro anterior (Idem. **Führer durch die Krisenpolitik**. Vienna: J. Springer, 1934, esp. p. 209-14) e um artigo posterior (Idem. Integrationshemmende integrationspolitik. In: GIERSCH, Herbert (Ed.). **Bernhard-Harms-Vorlesungen**. Kiel: Institut für Weltwirtschaft, 1974, esp. p. 42-45 e 52-54), ambos publicados em alemão, sobre o problema dos preços de transferência "artificiais". O argumento também é prenunciado por Hayek em *Prices and Production* (HAYEK, F. A. **Prices and Production**. Second revised edition. London: Routledge and Kegan Paul, 1935 [1931]. p. 63) em uma discussão sobre integração vertical.

[69] Esta linha de raciocínio apresenta implicações interessantes para o estudo da inovação. Dado que a firma inovadora apresenta maior probabilidade de utilizar bens intermediários exclusivos, particularmente em indústrias onde poucas das capacidades de manufatura relevantes existem no mercado (LANGLOIS, Richard N. & ROBERTSON, Paul L. **Firms, Markets, and Economic Change**: A Dynamic Theory of Business Institutions. London and New York: Routledge, 1995), a inovação traz, juntamente com seus benefícios, o custo de distorções internas mais severas. O cálculo econômico é, então, mais um obstáculo que o inovador deve superar.

[70] JACOBSON, Robert. The 'Austrian' School of Strategy. **Academy of Management Review**, v. 17 (1992): p. 782-807; LEWIN, Peter & PHELAN, Steven E. Firms, Strategies, and Resources: Contributions from Austrian Economics. **Quarterly Journal of Austrian Economics**, v. 2 (1999): p. 3-18; FOSS, Nicolai J. & MAHNKE, Volker. Strategy and

Um assunto relacionado que tem recebido atenção considerável, contudo, é a dificuldade de atribuir despesas gerais ou custos fixos às divisões. Se um insumo é essencialmente indivisível (ou não excludente), então não há forma de computar o custo de oportunidade de somente a porção do insumo utilizada por uma divisão específica[71]. Firmas com grandes custos em despesas gerais devem, portanto, estar em desvantagem com relação a firmas capazes de alocar custos com mais precisão entre as unidades de negócios. De fato, na literatura sobre contabilidade de custos, há um certo interesse recente em "contabilidade de simulações de mercado"[72], por meio da qual firmas tentam avaliar o preço pelo qual um ativo seria transacionado em um mercado ativo, com base nos preços de mercado observados e em informações relacionadas. A posição rothbardiana sobre os limites para o tamanho da firma sugere que a abordagem da simulação de mercado pode ser uma técnica útil de contabilidade.

Na época do artigo de 1976, Rothbard tinha adotado um marco explicitamente coasiano em sua discussão sobre os limites ao tamanho da firma. Seu próprio tratamento, diz Rothbard,

> serve para ampliar a notável análise do professor Coase sobre os determinantes de mercado para o tamanho da firma, ou a extensão relativa do planejamento corporativo dentro da firma em oposição à utilização das trocas e do mecanismo de preços. Coase apontou que há benefícios decrescentes e custos crescentes para cada uma

---

the Market Process Perspective. In: KRAFFT, Jackie (Ed.). **The Process of Competition**. Aldershot: Edward Elgar, 2000; LANGLOIS, Richard N. Strategy and the Market Process: Introduction to the Special Issue. **Managerial and Decision Economics**, v. 22 (2001): p. 163-68; ROBERTS, Peter W. & EISENHARDT, Kathleen M. Austrian Insights on Strategic Organization: from Market Insights to Implications for Firms. **Strategic Organization**, 2003, p. 345-352; YU, Tony Fu-Lai. A Subjectivist Approach to Strategic Management. **Managerial and Decision Economics**, v. 24 (2003): p. 335-45; NG, Desmond. Strategic entrepreneurship: An Austrian Economic Approach to Competitive Strategy. **Journal of International Business Strategy**, v. 1 (2005): p. 75-84; MATHEWS, John A. Ricardian Rents or Knightian Profits? More on Austrian Insights on Strategic Organization. **Strategic Organization**, v. 4 (2006): p. 97-108.

[71] Para uma discussão destes problemas, ver: ROGERSON, William P. **Overhead Allocation and Incentives for Cost Minimization in Defense Procurement**. Santa Monica, Calif.: Rand Corporation, 1992. Mises reconheceu o problema de alocar custos fixos, mencionando isto como uma exceção possível à noção de que os custos de contabilidade divisional podem refletir *custos* "verdadeiros" (MISES, Ludwig von. **Bureaucracy**. New Haven: Yale University Press, 1944. p. 32).

[72] STAUBUS, George J. The Market Simulation Theory of Accounting Measurement. **Accounting and Business Research**, v. 16 (1986): p. 117-32.

dessas duas alternativas, resultando, como ele coloca, em uma "quantidade 'ótima' de planejamento" no sistema de livre mercado. Nossa tese acrescenta que os custos de planejamento corporativo interno tornam-se proibitivos assim que os mercados para bens de capital começam a desaparecer, de maneira que o ótimo de livre mercado sempre irá parar bem antes, não somente de Uma Grande Firma que ocupa todo o mercado mundial, mas também antes de qualquer desaparecimento de mercados específicos e, portanto, do cálculo econômico para esse produto ou recurso[73].

Isto é digno de nota, pois décadas mais tarde, em 1972, Coase descreveu seu paper de 1937 como "muito citado e pouco utilizado"[74]. "Production, Information Costs, and Economic Organization", de Alchian e Demsetz, apareceu somente em 1972[75], e o *Markets and Hierarchies* de Williamson apareceu somente em 1975[76]. Rothbard esteve, portanto, entre os primeiros autores a desenvolver e ampliar a perspectiva coasiana.

VII - Abordagens Austríacas Alternativas

Há um debate entre os escritores austríacos a respeito de se a abordagem coasiana básica é compatível ou não com a economia austríaca. O'Driscoll e Rizzo[77], apesar de reconhecerem a abordagem de Coase como uma *"excelente conceitualização estática do problema"*, argumentam que um arcabouço mais evolutivo é necessário para entender como as firmas respondem à mudança. Alguns economistas austríacos têm sugerido que o arcabouço coasiano pode ser muito estreito e limitado à tradição do equilíbrio geral para poder lidar adequadamente com as preocupações dos austríacos[78]. Os autores contestam que a teoria contemporânea

---

[73] ROTHBARD, Murray N. Ludwig von Mises and Economic Calculation under Socialism. Op. cit. p. 76.
[74] COASE, Ronald H. Industrial Organization: A Proposal for Research. In: Idem. **The Firm, The Market, and the Law**. Op. cit. [1972]. p. 62.
[75] ALCHIAN, Armen A. & DEMSETZ, Harold. Production, Information Costs, and Economic Organization. **American Economic Review**, v. 62 (1972): p. 777-95.
[76] WILLIAMSON, Oliver E. **Markets and Hierarchies**. Op. cit.
[77] O'DRISCOLL, Gerald P. & RIZZO, Mario J. **The Economics of Time and Ignorance**. London: Basil Blackwell, 1985. p. 124.
[78] BOUDREAUX, Donald J. & HOLCOMBE, Randall G. The Coasian and Knightian

da firma, seguindo Coase, retém a perspectiva da análise de equilíbrio estático e maximização de lucros sobre um conjunto fixo de resultados com probabilidades conhecidas. Como uma alternativa, alguns autores propõem o esboço encontrado em *Risk, Uncertainty, and Profit*, de Frank Knight[79]. A estrutura knightiana, argumentam eles, oferece incerteza genuína, desequilíbrio e análise do processo, e, portanto, um escopo para o empreendedorismo real – aspectos que são, supostamente, mais agradáveis aos austríacos. *"As teorias coasiana e knightiana da firma lidam com a questão [da existência de firmas] a partir de dois pontos de vista diferentes. A teoria coasiana considera como dados os insumos e produtos no processo de produção da firma, e modela a firma como uma organização que age para minimizar os custos de transformar esses insumos em produtos... Entretanto, no modelo de Knight, a principal função da firma é o empreendedorismo"*[80]. A economia dos custos de transação de Williamson, tal como caracterizada por Langlois[81], amplia a noção de minimização de custos para incluir tanto os custos de transação quanto os custos de produção, mas permanece um exercício essencialmente estático, com um limitado papel para as expectativas: *"Raramente a teoria refletiu sobre a possibilidade de que as formas organizacionais possam ser influenciadas por ambientes que existem somente como possibilidades futuras, imaginadas ou temidas"*.

Para termos certeza, o conceito knightiano de empreendedor voltado para o lucro, que investe recursos sob incerteza, é uma das grandes contribuições para a teoria da firma. Tal como discutido nos Capítulos 4, 5 e 6, é um conceito próximo ao conceito de Mises de empreendedor (mais próximo, na minha visão, que do entendimento de empreendedorismo de Israel Kirzner). Mais ainda, as críticas do arcabouço coasiano dão pouca atenção às variações individuais; como assinala Foss[82], há "duas tradições coasianas". Uma tradição, o ramo do nexo de contratos, associada a Alchian e Demsetz[83], estuda o desenho de mecanismos *ex ante* para

---

Theories of the Firm. **Managerial and Decision Economics**, v. 10 (1989): p. 147-54; LANGLOIS, Richard N. The Boundaries of the Firm. In: BOETTKE, Peter J. (Ed.). **The Elgar Companion to Austrian Economics**. Aldershot, UK: Edward Elgar, 1994a.
[79] KNIGHT, Frank H. **Risk, Uncertainty, and Profit**. Op. cit.
[80] BOUDREAUX, Donald J. & HOLCOMBE, Randall G. The Coasian and Knightian Theories of the Firm. Op. cit. p. 152.
[81] LANGLOIS, Richard N. The Boundaries of the Firm. Op. cit. p. 175.
[82] FOSS, Nicolai J. The Two Coasian Traditions. **Review of Political Economy**, v. 4 (1993c): p. 508-32.
[83] ALCHIAN, Armen A. & DEMSETZ, Harold. Production, Information Costs, and Economic Organization. Op. cit.

limitar falta de esforço (*shirking*) quando a supervisão é custosa. Aqui, a ênfase é colocada no monitoramento e nos incentivos em uma relação de risco moral (determinada exogenamente). As críticas supramencionadas podem aplicar-se a este ramo da literatura econômica moderna, mas elas não se aplicam à outra tradição, o ramo da governança ou da especificidade de ativos, especialmente na formulação mais heterodoxa de Williamson. O marco dos custos de transação de Williamson incorpora o comportamento não maximizador (racionalidade limitada); a incerteza verdadeira, "estrutural", ou surpresa genuína (contratos completos não são considerados factíveis, significando que todas as contingências *ex post* não podem ser contratadas *ex ante*); e o processo ou adaptação no transcurso do tempo (relações comerciais desenvolvem-se no tempo, passando tipicamente por uma "transformação fundamental" que modifica os termos de troca). Em suma, *"ao menos algumas teorias modernas da firma não pressupõem em absoluto o universo econômico 'fechado' – com todos os insumos e produtos relevantes como dados, a ação humana conceitualizada como maximização, etc., o que [alguns críticos] afirmam estar subjacente à teoria contemporânea da firma"*[84]. Colocado de forma diferente, é possível adotar uma perspectiva essencialmente coasiana sem abandonar a visão knightiana ou austríaca do empreendedor como um tomador de decisões inovador que arca com incertezas[85].

De forma semelhante, a abordagem descrita neste capítulo difere daquela que é desenvolvida na literatura a respeito da "gestão baseada no mercado"[86]. A gestão baseada no mercado é a filosofia de que o sucesso

---

[84] FOSS, Nicolai J. More on Knight and the Theory of the Firm. Managerial and Decision Economics, v. 14 (1993a): p. 269-76. p. 274.
[85] Nem tampouco todas as perspectivas coasianas negam a importância de linhas de conhecimento especializadas para determinar as capacidades ou a "competência central" de uma firma. A economia dos custos de transação, por exemplo, sustenta simplesmente que a necessidade de governança *ex post* dos contratos na presença de investimentos específicos de relacionamento, e não "conhecimento tácito" *per se*, é a maneira mais útil de pensar a respeito das fronteiras da firma. Para o caso em que a economia austríaca é mais compatível com a literatura de capacidades (por razões substantivas, e não somente metodológicas), ver MINKLER, Analson O. The Problem with Dispersed Knowledge: Firms in Theory and Practice. **Kyklos**, v. 46 (1993b): p. 569-587; e LANGLOIS, Richard N. The Boundaries of the Firm. Op. cit.
[86] ELLIG, Jerry. **Internal Pricing for Corporate Services**. Working Paper. Center for the Study of Market Processes, George Mason University, 1993; ELLIG, Jerry & GABLE, Wayne. **Introduction to Market-Based Management**. Fairfax, Va.: Center for Market Processes, 1993; KOCH, Charles G. **The Science of Success**: How Market-Based Management Built the World's Largest Private Company. New York: Wiley, 2007.

da firma depende criticamente da habilidade para replicar características de mercado dentro da organização. Uma dessas características é a de "mercados internos" para bens intermediários (e serviços tais como financeiros, jurídicos, contabilísticos e de suporte à P&D), juntamente com o estabelecimento de divisões que são, estritamente, centros de lucros. Assim como os preços de mercado, esses preços internos transmitem informações sobre circunstâncias locais. Outras características incluem uma "missão" explícita ou reconhecimento da competência central da firma, regras e responsabilidades claramente definidas para funcionários de níveis mais baixos (análogas aos direitos de propriedade em uma economia de mercado), recompensas baseadas na performance para os funcionários (um sistema de lucro e perda), uma "cultura corporativa" bem definida (costumes, normas de comportamento) e tomada de decisões descentralizada.

Subjacente à gestão baseada no mercado está o modelo da firma de produção em equipe, ou do nexo de contratos, avançado por Alchian e Demsetz[87], e suplementado com a "teoria das capacidades" de Edith Penrose, G. B. Richardson, David Teece[88] e outros. Mas a literatura da gestão baseada no mercado, assim como outros escritos na tradição do nexo de contratos, parece descaracterizar a natureza do "planejamento" no interior da firma. Por exemplo, ela atribui à tradição de Coase-Williamson a perspectiva de que *"mercados internos estão fadados ao fracasso, porque a firma de negócios é, por natureza, uma hierarquia de comando"*[89]. A tradição coasiana, entretanto, não implica que as firmas adotam ou deveriam adotar uma estrutura de comando-e-controle; pelo contrário, conforme já vimos, a firma moderna tenderá a ser significativamente descentralizada, de modo que administradores e trabalhadores, em todos os níveis operacionais, podem fazer uso do conhecimento local. Todas as decisões não são feitas a partir de cima, por decreto executivo; a corporação de "forma-M" descrita por Williamson e Chandler é uma combinação de mercado e hierarquia, de centralização e descentralização.

---

[87] ALCHIAN, Armen A. & DEMSETZ, Harold. Production, Information Costs, and Economic Organization. Op. cit.
[88] PENROSE, Edith. **The Theory of the Growth of the Firm**. Third edition. New York: Oxford University Press, 1995 [1959]; RICHARDSON, G. B. The Organization of Industry. **Economic Journal**, v. 82 (1972): p. 883-96; TEECE, David J. Economies of Scope and the Scope of the Enterprise. **Journal of Economic Behavior and Organization**, v. 1 (1980): p. 223-47; Idem. Towards an Economic Theory of the Multi-Product Firm. **Journal of Economic Behavior and Organization**, v. 3 (1982): p. 39-64.
[89] ELLIG, Jerry. **Internal Pricing for Corporate Services**. Op. cit. p. 9.

Em outras palavras, o empreendedor toma algumas decisões por "decreto"; a firma é, definitivamente, uma *taxis* ao invés de um *cosmos* (para utilizar a terminologia esotérica de Hayek)[90]. Isto não implica, entretanto, que todas as decisões devem ser feitas desde o topo; podemos concordar com a bibliografia da gestão baseada no mercado em que *"nem o planejamento central, nem o comando-e-controle,* são as características definidoras de uma firma de negócios"[91]. De fato, dada a competição nos mercados de produtos e fatores, as firmas sempre tenderão a selecionar a quantidade ótima de características "de mercado". O problema da firma, portanto, não é tanto o planejamento "consciente"; a questão crucial é se esses planos são feitos, e testados, a partir de dentro de um ambiente de mercado maior. Os planos do empreendedor podem ser realizados, como vimos acima, somente quando há mercados definidos para todos os bens ou atividades negociadas internamente. A firma não precisa necessariamente de mercados internos, mas sim da informação gerada pelos preços de mercado.

VIII - Conclusão

Este Capítulo destacou algumas contribuições austríacas à teoria da firma e sugeriu direções para pesquisas futuras ao longo das mesmas linhas. Em particular, o argumento de Rothbard sobre a necessidade de mercados para os bens intermediários, e de como isso coloca limites à escala e escopo da organização, merece mais desenvolvimento. Também aponta o caminho na direção de uma abordagem austríaca que torna o empreendedor – juntamente com suas ações de alocação de recursos baseadas no cálculo monetário – central para a teoria da firma.

---

[90] Ver também TULLOCK, Gordon. The New Theory of Corporations. In: STREISSLER, Erich (Ed.). **Roads to Freedom**: Essays in Honor of Friedrich A. von Hayek. Routledge and Kegan Paul, 1969.
[91] ELLIG, Jerry. **Internal Pricing for Corporate Services.** Op. cit. p. 11.

Capítulo II
Empreendedorismo e Governança Corporativa[1]

No "encerramento magistral" de sua participação no debate sobre o cálculo econômico socialista, Ludwig von Mises argumentou que os socialistas de mercado enganaram-se na compreensão do papel que os mercados financeiros desempenham em uma economia industrial[2]. Mesmo que possua mercados para bens de consumo, explicou, o socialismo falharia pois substituiu os mercados privados de capital pela propriedade coletiva dos meios de produção. Através desses mercados, os detentores do capital financeiro decidem quais firmas e quais indústrias receberão os recursos para produzir os bens de consumo. Em uma economia moderna a maior parte da produção ocorre em corporações de capital aberto. O problema da governança corporativa é, portanto, de primordial importância: como os detentores do capital financeiro estruturam os arranjos com aqueles que recebem esse capital, para impedir a sua utilização inapropriada? Infelizmente, há poucas pesquisas nesta área a partir de uma perspectiva austríaca.

Neste capítulo, concentro-me no empreendedor do mercado financeiro – aquele que Murray Rothbard chama de empreendedor capitalista[3] – para delinear algumas características de uma teoria austríaca da governança corporativa. Começo revisando a teoria da firma tradicional, baseada na função de produção, e então sugiro duas perspectivas alternativas: a do empreendedor e a do capitalista. A seguir, discuto a abordagem coasiana – ou contratual – da firma, e argumento que ela proporciona um substrato organizacional útil para pesquisas austríacas sobre a firma. A seção subsequente propõe o empreendedorismo e o cálculo econômico como alicerces para

---
[1] Publicado originalmente em: **Quarterly Journal of Austrian Economics**, v. 2, n. 2, Summer 1999: p. 19-42. Uma tradução ao espanhol, "Función Empresarial y Control de la Dirección de la Empresa" apareceu em Libertas, v. 16, n. 31, out. 1999: p. 3-49.
[2] MISES, Ludwig von. **Ação Humana**. Op. cit. p. 795-812.
[3] ROTHBARD, Murray N. **Man, Economy, and State**. Op. cit.; Idem. "Professor Hébert on Entrepreneurship". **Journal of Libertarian Studies**, Vol. 7 (1985): 281-86.

uma teoria austríaca da firma. Finalmente, após um breve retrospecto do comportamento do mercado de capitais e do papel disciplinador das aquisições, delineio quatro áreas para a pesquisa austríaca em governança corporativa: firmas como investimentos, mercados de capital interno, governança corporativa comparativa e financistas como empreendedores.

I - Os Limites da Abordagem Padrão da Firma

Como vimos no Capítulo 1, a "firma" dos compêndios de economia não é realmente uma firma. A firma é tratada como uma função de produção ou como um conjunto de possibilidades de produção, uma "caixa preta" que transforma insumos em produtos. Apesar de descritivamente vazia, a abordagem da função de produção possui o apelo da tratabilidade analítica juntamente com o elegante paralelo com a teoria neoclássica do consumidor (a maximização de lucros equivale à maximização de utilidade, as isoquantas são curvas de indiferença, e assim por diante). Não obstante, muitos economistas consideram atualmente essa abordagem cada vez mais insatisfatória, porquanto incapaz de lidar com uma variedade de práticas de negócios do mundo real: integração vertical e lateral, fusões, diversificação geográfica e de linha de produtos, franquias, contratos comerciais de longo prazo, preços de transferência, *joint ventures* de pesquisa, e muitas outras. A inadequação da teoria tradicional da firma explica grande parte do interesse recente em "teoria da agência" ou "teoria do agente-principal", economia dos custos de transação, abordagem das capacidades e outras facetas da "nova economia institucional"[4]. Um problema mais sério que ocorre com a teoria tradicional, contudo, tem recebido pouca atenção. A teoria da maximização de lucros é quase sempre apresentada a partir da perspectiva do administrador, o agente que opera a planta, e não do proprietário, que fornece o capital para financiar a planta. E, no entanto, como são os proprietários

---

[4] A nova economia institucional é revisada e criticada em: FURUBOTN, Eirik & RICHTER, Rudolf. **Institutions and Economic Theory**. Op. cit.; KLEIN, Peter G. New Institutional Economics. In: BOUCKEART, Boudewin & GEEST, Gerrit de (Eds.). **Encyclopedia of Law and Economics**. Cheltenham, U.K.: Edward Elgar, 2000; WILLIAMSON, Oliver E. The New Institutional Economics: Taking Stock, Looking Ahead. Op. cit.; MÉNARD, Carl & SHIRLEY, M. (Eds.). **Handbook of New Institutional Economics**. Op. cit.; e BROUSSEAU, Eric & GLACHANT, Jean-Michel (Eds.). **New Institutional Economics**. Op. cit.

que controlam quanta autoridade delegar aos administradores operacionais, os capitalistas são os tomadores finais de decisões. Para entender a firma, portanto, devemos concentrar-nos nas ações e planos dos fornecedores de capital financeiro.

Focar nos mercados de capitais e no problema da governança corporativa coloca em destaque um problema analítico fundamental da abordagem tradicional da teoria da firma. Na abordagem da função de produção, o capital monetário é tratado como um fator de produção. O objetivo do administrador é maximizar a diferença entre as receitas totais e os custos totais, com o custo do capital tratado simplesmente como outro custo (e tipicamente presumido como exógeno). O residual, ou "lucro", é retido pelo administrador. Portanto, o capital financeiro recebe escassa atenção. Conforme discutido a seguir, isto pode ser uma falha grave.

II - Duas Abordagens Alternativas

Qual é, então, a maneira adequada de entender a firma comercial? Duas perspectivas alternativas merecem consideração. A primeira perspectiva, que tem recebido substancial atenção na literatura austríaca, é a do empreendedor, ou aquele que Mises chama de "empreendedor-promotor"[5]. O empreendedorismo, no sentido misesiano, é o ato de lidar com a incerteza. A produção se desenvolve ao longo do tempo e, portanto, o empreendedor deve comprar os fatores de produção no presente (pagando os preços de hoje, que são conhecidos), em previsão das receitas da venda do produto no futuro (aos preços de amanhã, que são incertos). O lucro ou perda empresarial é a diferença entre essas receitas e os gastos iniciais, menos a taxa geral de juros. Como tal, o lucro é a recompensa pelo sucesso para lidar com a incerteza. Promotores bem sucedidos realizam previsões precisas dos preços futuros e recebem retornos maiores do que os gastos. Aqueles cujas previsões são menos precisas sofrem perdas. Promotores que fazem previsões piores de maneira sistemática encontram-se rapidamente incapazes de garantir quaisquer recursos adicionais para investimentos e, por fim, retiram-se do mercado[6].

---

[5] MISES, Ludwig von. **Ação Humana**. Op. cit., p. 311. [N. do T.: Na tradução brasileira da obra o termo utilizado foi "empresário-promotor"].
[6] Mises define a função empreendedora de maneira ampla, referindo-se ao *"ângulo da*

A segunda perspectiva é a do capitalista, o proprietário da firma. A propriedade também pode ser pensada como um fator de produção – o que Rothbard chama de "fator de tomada de decisões"[7] –, mas é diferente dos outros fatores. Na abordagem da propriedade, o capital monetário é tratado como um fator de produção singular, o "fator de controle"; o investidor é tanto o tomador final de decisões quanto o requerente residual. O objetivo da firma é maximizar o retorno do investimento do proprietário. Por que o proprietário delega certas funções aos administradores, o problema da governança corporativa ocupa um lugar central na teoria da firma: como os fornecedores de capital estruturam os arranjos com os administradores de modo a maximizar os retornos?

Este capítulo argumenta que os problemas mais interessantes na teoria da firma relacionam-se com a interseção entre a função empresarial e a função capitalista. De fato, como Mises argumentou, a força motriz por trás da economia de mercado é um tipo particular de empreendedor, o empreendedor-capitalista, que arrisca o seu capital monetário em previsão de retornos futuros e incertos. Mais ainda, como discutido abaixo, o empreendedor é quase sempre também um capitalista, e o capitalista é também um empreendedor.

Os economistas atualmente reconhecem cada vez mais a importância do capitalista na direção dos assuntos da firma. Na introdução do influente livro *Strong Managers, Weak Owners*, Mark Roe esclarece de maneira sucinta:

> A teoria econômica já tratou a firma como um conjunto de maquinário, tecnologia, inventário, trabalhadores e capital. Despeje os insumos em uma caixa preta, misture bem e obterá como resultado produtos e lucros. Atualmente, a teoria vê a firma como mais do que isso – como uma estrutura de gestão. A firma terá êxito caso os

---

incerteza inerente a qualquer ação" (MISES, Ludwig von. **Ação Humana**. Op. cit., p. 309). Ele cita a expressão idiomática inglesa: "do prato à boca muita coisa pode acontecer" [*there's many a slip 'twixt cup and lip*]. Ele define empreendedores-promotores de forma mais estreita, como tomadores de incerteza, *"aqueles que estão ansiosos por lucrar com o ajustamento da produção às prováveis mudanças de situação, aqueles que têm mais iniciativa, maior espírito de aventura, maior rapidez de percepção que a maioria das pessoas, enfim, todos os pioneiros dinâmicos que promovem o progresso econômico"* (p. 311). Lamenta que a mesma palavra, "empreendedorismo", tenha sido utilizada tanto para o conceito geral de apreensão de incertezas quanto para o papel mais restrito do empresário corajoso, ativo e criativo.

[7] ROTHBARD, Murray N. **Man, Economy, and State**. Op. cit. p. 601-605.

administradores consigam coordenar com sucesso suas atividades; falhará se os administradores não conseguirem coordenar e combinar as pessoas e os insumos com as tecnologias correntes e os mercados. No topo estão as relações entre os acionistas, os diretores e os gerentes seniores. Caso as relações sejam disfuncionais, a empresa terá mais chances de falhar[8].

Conforme a sugestão de Roe, as relações entre os proprietários da empresa (acionistas) e os principais administradores têm importância central na determinação do desempenho[9].

III - A Abordagem Contratual

Tanto a perspectiva empreendedora quanto a perspectiva da propriedade podem ser entendidas a partir do arcabouço "contratual" associado a Coase[10]. Na estrutura coasiana, tal como desenvolvida e expandida por Williamson[11], Klein *et al*[12], Grossman e Hart[13], Hart e Moore[14], entre outros, a fronteira da firma é determinada pelo *trade-off*, na margem, entre os custos de transação relativos das trocas externas e internas. Nesse contexto, as fronteiras da empresa dependem não somente da tecnologia, mas também de considerações organizacionais; isto é, de custos e benefícios das diversas alternativas de contratação.

Ademais, a organização econômica, tanto interna quanto externa, impõe custos, porque contratos complexos são, em geral, incompletos.

---

[8] ROE, Mark J. **Strong Managers, Weak Owners**: The Political Roots of American Corporate Finance. Princeton: Princeton University Press, 1994. p. vii.
[9] Para revisões da literatura sobre governança corporativa, ver: GILSON, Ronald J. Corporate Governance and Economic Efficiency: When do Institutions Matter? **Washington University Law Quarterly**, v. 74 (1996): p. 327-45; SHLEIFER, Andrei & VISHNY, Robert W. A Survey of Corporate Governance. **Journal of Finance**, v. 52 (1997): p. 737-83; e ZINGALES, Luigi. Corporate Governance. In: EATWELL, John; MILGATE, Murray & NEWMAN, Peter (Eds.). **The New Palgrave Dictionary of Law and Economics**. London: Macmillan, 1998.
[10] COASE, Ronald H. The Nature of the Firm. Op. cit.
[11] WILLIAMSON, Oliver E. **Markets and Hierarchies**. Op. cit.; Idem. **The Economic Institutions of Capitalism**. Op.cit.; Idem. **The Mechanisms of Governance**. Op. cit.
[12] KLEIN, Benjamin; CRAWFORD, Robert A. & ALCHIAN, Armen A. Vertical Integration, Appropriable Rents, and the Competitive Contracting Process. Op. cit.
[13] GROSSMAN, Sanford J. & HART, Oliver D. The Costs and Benefits of Ownership. Op. cit.
[14] HART, Oliver D. & MOORE, John. Property Rights and the Nature of the Firm. Op.cit.

A literatura dos custos de transação dá muita importância à distinção entre contratos completos e incompletos. Um contrato completo especifica um curso de ação, uma decisão, ou termos de troca contingentes para cada estado de coisas possível no futuro. Nos modelos de equilíbrio geral competitivo dos manuais de Economia se presume que todos os contratos são completos. O futuro não é conhecido com certeza, mas são conhecidas as distribuições de probabilidade de todos os eventos futuros possíveis[15]. Em uma importante acepção, o modelo é "atemporal": todas as contingências futuras relevantes são consideradas na fase de contratação *ex ante*, portanto não há decisões que devam ser tomadas no futuro.

A abordagem coasiana abranda esse pressuposto e sustenta que contratos completos e contingentes não são sempre factíveis. Num mundo de incerteza "verdadeira" (estrutural, e não paramétrica), o futuro guarda surpresas genuínas[16], o que limita as opções de contratação disponíveis. Em transações simples – por exemplo, a aquisição de um componente pronto para uso – a incerteza pode ser relativamente insignificante e as contratações no mercado à vista funcionam bem. Para transações mais complexas, tais como a compra e instalação de equipamento especializado, os acordos básicos terão como característica a incompletude – o contrato oferecerá soluções somente para algumas das possíveis contingências futuras[17]. Um exemplo é um contrato relacional, um acordo que descreve objetivos compartilhados e um conjunto de princípios gerais que regem o relacionamento[18]. Um outro é o contrato implícito – um acordo que, apesar de não declarado, é presumivelmente entendido por todas as partes[19]. Independentemente, a incompletude contratual expõe

---

[15] O que Knight descreveria como "risco" em vez de "incerteza". Ver KNIGHT, Frank H. **Risk, Uncertainty, and Profit**. Op. cit.

[16] FOSS, Nicolai J. More on Knight and the Theory of the Firm. Op. cit.

[17] Williamson atribui a incompletude contratual a limitações cognitivas ou à "racionalidade limitada", seguindo a interpretação de Simon da ação humana como "intencionalmente racional, mas apenas de modo restrito". Outros economistas são mais agnósticos, supondo que só algumas quantidades ou resultados são não observáveis (ou não verificáveis por terceiros, tais como os tribunais), nesses casos os contratos não podem ser contingentes nas variáveis ou resultados. Ver WILLIAMSON, Oliver E. **Markets and Hierarchies**. Op. cit.; Idem. **The Economic Institutions of Capitalism**. Op. cit.; Idem. **The Mechanisms of Governance**. Op. cit.; e SIMON, Herbert A. **Administrative Behavior**. 2a ed. New York: Macmillan, 1961. p. xxiv.

[18] GOLDBERG, Victor. Relational Exchange: Economics and Complex Contracts. **American Behavioral Scientist**, v. 23 (1980): p. 337-52.

[19] Este é o sentido em que Kreps entende a "cultura corporativa". Ver KREPS, David M. Corporate Culture and Economic Theory. Op. cit. p. 233.

as partes contratantes a certos riscos. Em particular, investimentos em ativos específicos de relacionamento expõem os agentes a um problema de *hold-up* potencial: se as circunstâncias mudam, seus parceiros comerciais podem tentar expropriar as rendas resultantes dos ativos específicos. Suponha que um fornecedor à montante adapte o equipamento para servir a um cliente em particular. Após o equipamento estar no lugar, o cliente pode demandar um preço mais baixo, sabendo que o valor de salvamento do equipamento especializado é mais baixo do que o pagamento líquido que ele oferece. Antecipando esta possibilidade, o fornecedor não estará disposto a instalar a maquinaria customizada sem proteção para tal contingência, mesmo que a tecnologia especializada torne o relacionamento mais rentável para ambas as partes.

Uma forma de salvaguardar rendas resultantes para ativos específicos é a integração vertical (ou lateral), na qual uma fusão elimina quaisquer interesses contraditórios. Opções menos extremas incluem os contratos de longo prazo[20], contratos de propriedade parcial[21] ou acordos para ambas as partes investirem na compensação dos investimentos específicos de relacionamento[22]. Em geral, as partes podem empregar diversas estruturas de governança. A literatura coasiana tenta combinar a estrutura de governança apropriada com as características particulares da transação[23].

---

[20] JOSKOW, Paul L. Vertical Integration and Long-term Contracts: The Case of Coal-burning Electric Generating Plants. **Journal of Law, Economics, and Organization**, v. 1 (1985): p. 33-80; Idem. Contract Duration and Relationship-specific Investments: Empirical Evidence from Coal Markets. **American Economic Review**, v. 77 (1987): p. 168-85; Idem. Price Adjustment in Long-term Contracts: The Case of Coal. **Journal of Law and Economics**, v. 31 (1988): p. 47-83; Idem. The performance of Long-term Contracts: Further Evidence from the Coal Markets. **Rand Journal of Economics**, v. 21 (1990): p. 251-74.
[21] PISANO, Gary P.; RUSSO, Michael V. & TEECE, David J. Joint Ventures and Collaborative Arrangements in the Telecommunications Equipment Industry. In: MOWERY, David (Ed.). **International Collaborative Ventures in U.S. Manufacturing**. Cambridge, Mass.: Ballinger, 1998; PISANO, Gary P. Using Equity Participation to Support Exchange: Evidence from the Biotechnology Industry. **Journal of Law, Economics, and Organization**, v. 5 (1990): p. 109-26.
[22] HEIDE, Jan B. & JOHN, George. The Role of Dependence Balancing in Safeguarding Transaction-specific Assets. **Journal of Marketing**, v. 52 (1988): p. 20-35.
[23] Tal como observado no Capítulo 1 (p. 16-18), alguns austríacos questionam a abordagem contratual coasiana como fundamento apropriado para uma teoria austríaca da firma. Não compartilho dessas preocupações, contudo, por considerar o arcabouço de Coase como uma heurística geral que pode acomodar várias noções das *origens* dos custos de transação internos e externos, inclusive aqueles enfatizados na literatura austríaca.

IV - ALICERCES PARA UMA TEORIA AUSTRÍACA DA FIRMA

Começando com o arcabouço coasiano ou contratual básico, podemos acrescentar dois elementos como alicerces para uma teoria austríaca da firma: empreendedorismo e cálculo econômico. O empreendedorismo representa o ato de arcar com incertezas. O cálculo econômico é a ferramenta que os empreendedores utilizam para avaliar custos e benefícios futuros esperados. Consideraremos um de cada vez.

IV.1 - Empreendedorismo

O empreendedorismo, no sentido misesiano, é o ato de arcar com incertezas. Em um mundo em mudança constante, as decisões devem ser tomadas com base nas expectativas de eventos futuros. Como a produção toma tempo, os recursos devem ser investidos antes de que os retornos sobre esses investimentos se realizem. Se a previsão dos retornos futuros for imprecisa, os lucros esperados passarão a ser perdas. Isto é, obviamente, verdadeiro, não somente a respeito dos investidores financeiros, mas a respeito de todos os atores humanos. Se o futuro fosse conhecido com certeza, os homens não agiriam, dado que suas ações não modificariam o futuro. Logo, toda ação humana propositada carrega consigo algum risco de que os meios escolhidos não tragam os resultados desejados. Neste sentido, todos os atores humanos são empreendedores.

Os austríacos tendem a se concentrar neste tipo puro de empreendedorismo, o aspecto empreendedor de todo o comportamento humano. Ao fazerem isso, entretanto, negligenciam frequentemente um caso particular de empreendedorismo, a força motriz por trás da estrutura de produção: o capitalista-empreendedor, que arrisca seu capital monetário em antecipação a eventos futuros. A influente interpretação de Kirzner[24] sobre Mises indentifica o "estado de alerta" ou a "descoberta" em vez do ato de arcar com incertezas como a propriedade definidora do empreendedorismo. No arcabouço de Kirzner, o lucro empreendedor é a recompensa para um estado de alerta superior com respeito às oportunidades de lucro. O caso mais simples é aquele do arbitrador, que descobre uma discrepância nos preços presentes que pode ser explorada para a

---

[24] KIRZNER, Israel M. **Competição e Atividade Empresarial**. Rio de Janeiro: Instituto Liberal, 1986 [1973]; Idem. **Perception, Opportunity, and Profit**: Studies in the Theory of Entrepreneurship. Chicago and London: University of Chicago Press, 1983 [1979].

obtenção de ganho financeiro. Em um caso mais típico, o empreendedor está alerta a um novo produto ou a um processo de produção superior e entra em cena para preencher esta lacuna do mercado antes dos demais.

A formulação de Kirzner tem sido criticada, entretanto, por sua falta de atenção à incerteza. De acordo com esta crítica, o mero estado de alerta a uma oportunidade de lucro não é suficiente para a concretização desses lucros. Para obter ganhos financeiros, o empreendedor deve investir recursos para realizar a oportunidade de lucro que foi descoberta. *"Ideias empresariais sem dinheiro são meros jogos de salão até que o dinheiro seja obtido e comprometido com os projetos"*[25]. Mais ainda, com exceção dos poucos casos nos quais a compra a preços baixos e a venda a preços altos é quase instantânea (ou seja, a transação eletrônica de moedas ou futuros de mercadorias), mesmo as transações de arbitragem requerem algum tempo para ser completadas. O preço de venda pode cair antes de que o arbitrador faça a venda e, portanto, mesmo o arbitrador puro enfrenta alguma probabilidade de perda. Na formulação de Kirzner, o pior que pode acontecer a um empreendedor é o fracasso em descobrir uma oportunidade de lucro existente. Empreendedores ou obtêm lucros, ou equiparam os custos, mas não é claro como eles sofrem perdas[26].

Mises, em contrapartida, identifica consistentemente o empreendedorismo tanto com o lucro quanto com a perda. *"Há uma regra simples para diferenciar empreendedores de não-empreendedores. Os empreendedores são aqueles sobre os quais incidem as perdas sobre o capital empregado"*[27]. Enquanto Mises reconhece o elemento de empreendedorismo em toda ação humana, é claro que as perdas potenciais dos capitalistas-empreendedores são particularmente importantes:

> Mises aplica o conceito de empreendedor a todos os casos que envolvem arcar com incertezas, e, dado que os trabalhadores enfrentam incerteza para decidir para onde ir ou a qual ocupação dedicar-se, os trabalhadores também são empreendedores. Mas o caso mais importante de empreendedorismo, a força motriz que molda a estrutura real e os padrões de produção na economia de mercado, são os capitalistas-empreendedores, aqueles que comprometem e arriscam seu capital ao decidirem onde, o quê e quanto

---

[25] ROTHBARD, Murray N. Professor Hébert on Entrepreneurship. Op. cit. p. 283.
[26] Ver o Capítulo 5 para mais discussões sobre este ponto.
[27] MISES, Ludwig von. Profit and Loss. In: MISES, Ludwig von. **Planning for Freedom**. 4a Ed. Spring Mills, Penn.: Libertarian Press, 1980 [1951]. p. 112.

produzir. Os capitalistas estão também muito mais sujeitos a perdas monetárias reais do que os trabalhadores[28].

Mises é cuidadoso ao distinguir o empreendedorismo da gestão, a realização das tarefas especificadas pelo capitalista-empreendedor. *"Quem confunde atividade empreendedora com gerência ignora o verdadeiro problema econômico"*[29]. É o capitalista-empreendedor quem controla a alocação de capital aos vários ramos do setor industrial.

A partir desta formulação, fica claro que o capitalista-empreendedor deve possuir propriedade. Ele não pode investir sem possuir, anteriormente, o capital financeiro. O tratamento de Menger[30] da produção inclui como funções empresariais o cálculo econômico, o "ato de vontade" e a *"supervisão da execução do plano de produção"*. Essas funções *"implicam a posse de propriedade e, portanto, caracterizam o empreendedor mengeriano como capitalista-empreendedor"*[31]. Menger descreve *"o comando dos serviços de capital"* como um *"pré-requisito necessário"* para a atividade econômica. Mesmo em firmas grandes, apesar de poderem empregar *"diversos auxiliares"*, o próprio empreendedor continua a arcar com a incerteza, a realizar o cálculo econômico e a supervisionar a produção, mesmo se essas funções *"são em última análise confinadas"* [...] *"a determinar a alocação de porções de riqueza a propósitos produtivos particulares somente por categorias gerais, e à seleção e controle das pessoas"*[32]. Uma teoria austríaca da firma, portanto, é essencialmente uma teoria sobre a propriedade e utilização do capital. Como colocado por Yu, *"a firma austríaca é uma coleção de recursos de capital"*[33].

Infelizmente, a literatura austríaca sobre a firma em geral confunde empreendedorismo com inovação, planejamento estratégico, liderança e outras funções mais adequadas à gestão do que à propriedade. Witt, por exemplo, descreve o empreendedorismo como uma forma de *"liderança*

---

[28] ROTHBARD, Murray N. Professor Hébert on Entrepreneurship. Op. cit. p. 282.
[29] MISES, Ludwig von. **Ação Humana**. Op. cit. p. 806.
[30] MENGER, Carl. **Principles of Economics**. Trans. James Dingwall and Bert Hoselitz. Auburn, Ala.: Ludwig von Mises Institute, 2006 [1871]. p. 159-61.
[31] SALERNO, Joseph T. Postscript: Why a Socialist Economy Is 'Impossible'. Op. cit. p. 30.
[32] MENGER, Carl. **Principles of Economics**. Op. cit. p. 160-61. Citado em SALERNO, Joseph T. Postscript: Why a Socialist Economy Is 'Impossible'. Op. cit. p. 30. Para mais detalhes sobre o empreendedorismo misesiano e as várias interpretações, ver o Capítulo 5 abaixo.
[33] YU, Tony Fu-Lai. Toward a Praxeological Theory of the Firm. **Review of Austrian Economics**, v. 12 (1999): p. 25-41. p. 7.

cognitiva"[34]. Witt delineia uma potencial teoria austríaca da firma combinando literatura recente sobre psicologia cognitiva com o conceito de Kirzner de empreendedorismo. Empreendedores requerem fatores de produção complementares, argumenta, os quais são coordenados no interior da firma. Para que a firma tenha sucesso, o empreendedor deve estabelecer um marco compartilhado tácito de objetivos – o que a literatura de gestão chama de "liderança". Uma teoria austríaca adequada da firma, portanto, precisa levar em consideração as maneiras pelas quais os empreendedores comunicam suas concepções de negócios no interior da organização.

O problema com este argumento é que, enquanto a liderança organizacional é sem dúvida importante, ela não é particularmente "empreendedora". O empreendedorismo tem necessariamente pouco que ver com ter um plano de negócios, comunicar uma "cultura corporativa", ou outras dimensões da liderança de negócios; esses são atributos do administrador bem-sucedido, que pode ou não ser um empreendedor[35]. Mais ainda, mesmo que as habilidades administrativas de nível superior sejam as mesmas do empreendedorismo, não é claro por que a "liderança cognitiva" – a comunicação tácita de modos compartilhados de pensamento, capacidades centrais, e similares – deveriam ser mais empreendedoras do que outras tarefas administrativas, comparativamente mundanas, tais como a estruturação de incentivos, a limitação de oportunismo, a administração de recompensas e assim por diante.

IV.2 - Cálculo Econômico

Todos os empreendedores, em particular os capitalistas-empreendedores, utilizam o cálculo econômico como sua principal ferramenta de tomada de decisões. Por cálculo econômico, simplesmente queremos dizer a utilização dos preços presentes e preços futuros antecipados para comparar os custos presentes com os benefícios futuros esperados. Assim, o empreendedor decide quais bens e serviços devem ser produzidos, e

---

[34] WITT, Ulrich. Imagination and Leadership: The Neglected Dimension of an Evolutionary Theory of the Firm. **Journal of Economic Behavior and Organization**, v. 35 (1998): p. 161-77.
[35] Uma distinção entre empreendedorismo (como o ato de arcar com incertezas) e gestão é que as funções administrativas podem ser compradas no mercado: a inovação pode ser terceirizada para laboratórios de P&D; o planejamento estratégico pode ser contratado de consultores; identidades corporativas, tanto internas quanto externas, podem ser desenvolvidas e comunicadas por especialistas externos; e assim por diante.

que métodos de produção devem ser empregados para produzi-los. *"O papel do empreendedor não é meramente experimentar com novos métodos tecnológicos, mas sim selecionar, a partir de uma variedade de métodos tecnologicamente factíveis, aqueles que são mais adequados para fornecer ao público, da maneira mais barata, as coisas que eles estão pedindo com mais urgência"*[36]. Para fazer esta seleção, o empreendedor deve ser capaz de ponderar os custos e benefícios esperados das várias linhas de ação possíveis.

Conforme discutido no capítulo anterior, a necessidade do cálculo econômico estabelece limites definitivos para o tamanho da organização. De fato, muitos escritores têm reconhecido as conexões entre o debate do cálculo socialista e os problemas da organização interna[37]. Kirzner, por exemplo, interpreta os custos de organização interna em termos do problema do conhecimento de Hayek:

> Em um mercado livre, quaisquer vantagens que possam resultar do "planejamento central" [...] são compradas ao preço de um problema do conhecimento maior. Podemos esperar que as firmas se expandam espontaneamente até o ponto no qual as vantagens adicionais do planejamento "central" são exatamente compensadas pelas dificuldades incrementais de conhecimento que decorrem da informação dispersa[38].

O que, precisamente, impulsiona este problema de conhecimento? A literatura *mainstream* sobre a firma concentra-se, em sua maior parte, nos custos das trocas de mercado, e muito menos nos custos de governar as trocas internas. Novas pesquisas ainda precisam produzir uma explicação plenamente satisfatória dos limites do tamanho da firma[39]. Nas palavras de Coase, *"por que o empreendedor não organiza uma transação a mais ou uma a menos?"* Ou, de maneira mais geral, *"por que a totalidade da produção não é levada a cabo em uma única grande empresa?"*[40] Explicações contratuais existentes dependem de problemas de autoridade e responsabilidade[41];

---

[36] MISES, Ludwig von. Profit and Loss. Op. cit. p. 110.
[37] MONTIAS, J. Michael. **The Structure of Economic Systems**. New Haven, Conn.: Yale University Press, 1976; WILLIAMSON, Oliver E. Economic Institutions: Spontaneous and Intentional Governance. **Journal of Law, Economics, and Organization**, v. 1 (1991c): p. 159-87.
[38] KIRZNER, Israel M. **The Meaning of Market Process**. London: Routledge, 1992. p. 162.
[39] WILLIAMSON, Oliver E. **The Economic Institutions of Capitalism**. Op. cit. Cap. 6.
[40] COASE, Ronald H. The Nature of the Firm. Op cit. p. 393-94.
[41] ARROW, Kenneth J. **The Limits of Organization**. Op. cit.

distorções de incentivos causadas por direitos de propriedade residuais[42]; e dos custos das tentativas de reproduzir características da governança de mercado no interior da firma[43]. Rothbard ofereceu uma explicação para as fronteiras verticais da firma baseado na afirmação de Mises de que o cálculo econômico sob o socialismo é impossível[44]. Rothbard argumentou que a necessidade do cálculo monetário em termos dos preços reais não somente explica as falhas do planejamento central sob o socialismo, mas também estabelece um limite superior para o tamanho da firma.

A abordagem de Rothbard começa com o reconhecimento de que a posição de Mises sobre o cálculo econômico socialista não é exclusivamente, ou mesmo principalmente, sobre o socialismo, mas sobre o papel dos preços dos bens de capital. Os empreendedores alocam recursos com base em suas expectativas sobre preços futuros e na informação contida nos preços presentes. Para obter lucros, precisam de informações sobre todos os preços; não somente os preços dos bens de consumo, mas também os preços dos fatores de produção. Na ausência de mercados para bens de capital, esses bens podem não ter preços e, portanto, os empreendedores não podem fazer julgamentos sobre a escassez relativa desses fatores. Em qualquer ambiente – socialista ou não – no qual um fator de produção não possua preço de mercado, um usuário potencial desse fator será incapaz de tomar decisões racionais sobre sua utilização. Colocada desta forma, a afirmação de Mises diz simplesmente que a alocação eficiente de recursos em uma economia de mercado requer o bom funcionamento dos mercados de ativos. Para que tais mercados possam existir, os fatores de produção devem ser de propriedade privada.

A contribuição de Rothbard, descrita com mais detalhes no Capítulo 1, consiste em generalizar a análise de Mises deste problema sob o socialismo para o contexto da integração vertical e do tamanho da organização. Rothbard escreve em *Man, Economy, and State* que, até certo ponto, o tamanho da empresa é determinado pelos custos, tal como no modelo dos livros-texto. Entretanto, *"os limites definitivos são estabelecidos no tamanho relativo da firma pela necessidade de existência de mercados para cada fator, de modo a tornar possível calcular seus lucros e perdas"*[45].

---

[42] GROSSMAN, Sanford J. & HART, Oliver D. The Costs and Benefits of Ownership. Op. cit.; HART, Oliver D. & MOORE, John. Property Rights and the Nature of the Firm. Op. cit.; HART, Oliver. **Firms, Contracts and Financial Structure**. Op. cit.
[43] WILLIAMSON, Oliver E. **The Economic Institutions of Capitalism**. Op. cit. Cap. 6.
[44] ROTHBARD, Murray N. **Man, Economy, and State.** Op. cit. p. 609-16.
[45] ROTHBARD, Murray N. **Man, Economy, and State.** Op. cit. p. 599.

Considere, por exemplo, uma firma grande e integrada, organizada em centros de lucro semiautônomos, cada qual especializado em um produto final ou intermediário em particular. A administração central utiliza os rendimentos implícitos das unidades de negócios, tal como refletido nas declarações de lucros e perdas divisionais, para alocar o capital físico e financeiro entre as divisões. Para calcular os lucros e perdas divisionais, a firma precisa de um preço de transferência significativo para todos os bens e serviços transferidos internamente. Se existe um mercado externo para o componente, a firma pode usar esse preço de mercado como preço de transferência. Sem um preço de mercado, entretanto, o preço de transferência precisa ser estimado, seja numa base de custo majorado, seja pela barganha entre as divisões de compra e venda[46]. Esses preços de transferência estimados contêm menos informação do que os preços reais de mercado.

A utilização de bens intermediários transacionados internamente, para os quais não há referência de mercado externo disponível, introduz, portanto, distorções que reduzem a eficiência organizacional. Isto nos dá o elemento que faltava nas teorias contemporâneas da organização econômica, ou seja, um limite superior: a firma é constrangida pela necessidade de mercados externos para todos os bens transacionados internamente. Em outras palavras, nenhuma empresa pode tornar-se tão grande a ponto de ser a única produtora e usuária de um produto intermediário, pois então os preços de transferência baseados no mercado não estarão disponíveis, e a firma será incapaz de calcular lucros e perdas divisionais, o que a tornará incapaz de alocar corretamente os recursos entre as divisões. Obviamente, a organização interna não evita o problema da apropriação, que seria enfrentado caso houvesse um único fornecedor externo; concebivelmente, este benefício poderia pesar mais do que o aumento na "incalculabilidade"[47]. Em geral, contudo, os custos com a perda do cálculo provavelmente excederão os custos da governança externa[48].

---

[46] GABOR, André. On the Theory and Practice of Transfer Pricing. In: INGHAM, A. & ULPH, Alistair M. (Eds.). **Demand, Equilibrium, and Trade**: Essays in Honor of Ivor F. Pearce. New York: St. Martin's Press, 1984; ECCLES, Robert & WHITE, Harrison. Price and Authority in Inter-profit Center Transactions. Op. cit.; KING, Elizabeth A. **Transfer Pricing and Valuation in Corporate Taxation.** Op. cit.
[47] ROTHBARD, Murray N. **Man, Economy, and State.** Op. cit. p. 614.
[48] De forma semelhante, a afirmação de Rothbard não é que, devido aos preços externos serem necessários para que as firmas grandes funcionem com eficiência, isso implica em que as firmas tenderão a crescer onde os mercados externos são "robustos" ou mais bem desenvolvidos. Pelo contrário, firmas grandes tipicamente surgem precisamente onde

Tal como Kirzner[49], Rothbard considerava sua contribuição como consistente com o arcabouço coasiano básico, notando que seu tratamento dos limites da firma *"serve para estender a notável análise do professor Coase a respeito dos determinantes de mercado sobre o tamanho da firma, ou a extensão relativa do planejamento empreendedor no interior da firma ao encontro com a utilização das trocas e do mecanismo de preços"*. [...] *"Os custos do planejamento empreendedor interno tornam-se proibitivos assim que os mercados para bens de capital começam a desaparecer, de modo que o ótimo de livre mercado irá parar sempre aquém,* não somente de Uma Grande Firma em todo o mercado mundial, mas também de qualquer desaparecimento de mercados específicos e, portanto, do cálculo econômico nesse produto ou recurso"[50]. O "planejamento central" dentro da companhia, portanto, é possível somente quando ela existe dentro de um contexto maior de mercado.

V - Mercados de Capitais

Se o capitalista-empreendedor é a força motriz por trás da economia industrializada, de mercado, então os economistas deveriam concentrar sua atenção nos mercados financeiros, que são o principal foro de atuação do capitalista-empreendedor. É aqui que ocorre esta forma mais importante de empreendedorismo. Obviamente, na teoria tradicional da firma, a da função de produção, os mercados de capitais pouco fazem além de proporcionar capital financeiro aos administradores, os quais podem obter tanto capital quanto quiserem, ao preço corrente de mercado. Em um entendimento mais sofisticado, os administradores não decidem quanto capital desejam; são os capitalistas que decidem onde o capital deve ser alocado. Fazendo isso, eles proporcionam disciplina essencial ao administrador de nível de planta, a quem Mises[51] chama de "sócio menor" do empreendedor.

---

os mercados externos são fracamente desenvolvidos ou dificultados pela intervenção governamental; esses são os tipos de circunstâncias que dão aos empreendedores uma vantagem na coordenação interna das atividades (ver CHANDLER, Alfred D., Jr. **The Visible Hand**: The Managerial Revolution in American Business. Cambridge, Mass.: Harvard University Press, 1977). Entretanto, tais firmas ainda estão constrangidas pela necessidade de alguma referência de mercado externo.

[49] KIRZNER, Israel M. **The Meaning of Market Process**. Op. cit.
[50] ROTHBARD, Murray N. Ludwig von Mises and Economic Calculation Under Socialism. Op. cit. p. 76.
[51] MISES, Ludwig von. **Ação Humana**. Op. cit. p. 365.

Quando os capitalistas proporcionam recursos às firmas, eles geralmente delegam aos gestores a responsabilidade cotidiana pela utilização desses recursos. Os gestores podem, portanto, ser capazes de utilizar esses recursos para beneficiar-se, em vez de beneficiar o capitalista. O problema da discrição gerencial – o que agora chamamos de problema de agente-principal – ocupa grande parte das pesquisas recentes na teoria da firma. Sob quais condições os administradores podem exercer comportamento discricionário? Que tipos de regras, ou mecanismos, podem ser desenhados para alinhar o interesse do administrador com o do proprietário? Sem regras efetivas, quais serão as ações escolhidas pelos administradores? Uma das primeiras aplicações foi a proposta de "separação entre propriedade e controle" na corporação moderna. Berle e Means argumentaram que a firma moderna não é dirigida pelos proprietários – os acionistas – mas por administradores assalariados, cujos interesses são diferentes daqueles dos acionistas, e que incluem regalias executivas, prestígio e recompensas similares[52]. Se a corporação é mantida difusamente, nenhum acionista individual possui motivação suficiente para engajar-se no (custoso) monitoramento das decisões gerenciais e, portanto, a discrição irá florescer às custas do valor de mercado da firma. Entretanto, Berle e Means não consideraram como os proprietários poderiam limitar esta discrição *ex ante*, sem a necessidade de monitoramentos detalhados *ex post*.

A teoria da agência – que agora é a linguagem padrão das finanças corporativas – lida com esses problemas. Tal como desenvolvida por Jensen e Meckling[53]; Fama[54]; Fama e Jensen[55]; e Jensen[56], a teoria da agência estuda o desenvolvimento de mecanismos incentivo compatíveis *ex ante* para reduzir os custos de agência diante do potencial de risco moral (prevaricação) por parte dos agentes. Custos de agência são definidos por Jensen e Meckling como a soma de *"(1) gastos de monitoramento do*

---

[52] BERLE, Adolph A. & MEANS, Gardiner C. **The Modern Corporation and Private Property**. New York: Macmillan, 1932.
[53] JENSEN, Michael C. & MECKLING, William. Theory of the Firm: Managerial Behaviour, Agency Costs, and Capital Structure. **Journal of Financial Economics**, v. 3 (1976): p. 305-60.
[54] FAMA, Eugene F. Agency Problems and the Theory of the Firm. **Journal of Political Economy**, v. 88 (1980): p. 288-307.
[55] FAMA, Eugene F. & JENSEN, Michael C. Separation of Ownership and Control. **Journal of Law and Economics**, v. 26 (1983): p. 301-26.
[56] JENSEN, Michael C. Agency Costs of Free Cash Flow, Corporate Finance, and Takeovers. **American Economic Review**, v. 76 (1986): p. 323-29.

dirigente, (2) gastos com recompensas ao agente e (3) perda residual"[57]. A perda residual representa os ganhos potenciais do comércio que deixaram de ser realizados, dado que incentivos perfeitos para os agentes não podem ser proporcionados quando as ações dos agentes não são observáveis. Em um modelo de agência típico, um principal atribui alguma tarefa a um agente (produzir um determinado nível de produção, por exemplo), mas tem somente um sinal imperfeito sobre a performance do agente (por exemplo, esforço). O problema de agência é análogo ao problema da extração de sinal popularizado por Lucas em macroeconomia[58]: o quanto do produto observável deve-se ao esforço do agente, e o quanto é devido a fatores que estão além do controle do agente? O contrato ótimo de incentivos equilibra o desejo do principal de proporcionar incentivos para aumentar o esforço do agente (por exemplo, baseando a compensação no produto) com o desejo do agente de estar assegurado para as flutuações na compensação que decorrem da aleatoriedade desses fatores.

Proprietários de corporações (acionistas) utilizam uma variedade de mecanismos de controle ou governança para limitar a discrição gerencial descrita por Berle e Means. Governança tanto "interna" quanto "externa" pode ser empregada. Internamente, proprietários podem estabelecer um conselho de diretores para vigiar as ações dos administradores. Podem utilizar compensação baseada em performance para motivar os administradores a agirem nos interesses dos proprietários (por exemplo, dando aos administradores opções de ações ao invés de bônus em dinheiro). Podem adotar uma forma organizacional em particular, tal como a estrutura "forma-M", na qual a discrição administrativa é mantida sob controle mais facilmente[59]. Finalmente, podem utilizar a concorrência dentro da firma por posições gerenciais de alto nível – o que Fama[60] chama de mercado interno para administradores – para limitar o poder discricionário da administração de alto nível.

Mais importantes ainda são as forças externas que ajudam a alinhar os interesses dos administradores com os dos acionistas. A concorrência no mercado de produtos, por exemplo, assegura que as firmas cujos administradores engajam-se em comportamento discricionário excessivo irão fracassar, custando aos administradores os seus empregos. Em

---

[57] JENSEN, Michael C. & MECKLING, William. Theory of the Firm. Op. cit. p. 308.
[58] LUCAS, Robert E., Jr. Expectations and the Neutrality of Money. **Journal of Economic Theory**, v. 4 (1972): p. 103-24.
[59] WILLIAMSON, Oliver E. **Markets and Hierarchies**. Op. cit.
[60] FAMA, Eugene F. Agency Problems and the Theory of the Firm. Op. cit.

países nos quais bancos universais são permitidos, grandes detentores de capital, tais como os bancos, podem exercer considerável influência sobre o comportamento administrativo. O mecanismo de governança externa que recebe a maior parte da atenção, contudo, é o próprio mercado por propriedade, o "mercado pelo controle corporativo".

O ensaio de Henry Manne, "Mergers and the Market for Corporate Control"[61], respondeu a Berle e Means observando que a discrição administrativa será limitada se existir um mercado ativo pelo controle das corporações. Quando os administradores engajam-se no comportamento discricionário, o preço das ações da firma cai, o que estimula a aquisição e a subsequente substituição da administração incumbente. Dessa maneira, enquanto os administradores podem ser detentores de considerável autonomia nas operações cotidianas da firma, o mercado de ações estabelece limites estritos sobre o seu comportamento.

A percepção central do artigo de Manner também encontra-se no *Ação Humana*, de Mises, na passagem que distingue o que Mises chama de *"gerência que visa ao lucro"* de *"gerência burocrática"*[62]. É verdade, reconhece Mises, que os administradores assalariados de uma corporação possuem autonomia considerável sobre as operações cotidianas da firma. Não obstante, os acionistas tomam as decisões finais sobre a alocação de recursos para a firma, em suas decisões de comprar e vender ações:

> Essa doutrina [de Berle-Means] desconsidera inteiramente o papel que o mercado de capitais e de divisas, a bolsa de valores e de ações – aquilo que numa linguagem pertinente denomina-se simplesmente de "mercado" – desempenha na direção das empresas. As operações neste mercado, em virtude de preconceitos populares anticapitalistas, são rotuladas de jogo de azar, de mera loteria. De fato, as mudanças nos preços das ações ordinárias e preferenciais e dos demais valores mobiliários são o meio utilizado pelos capitalistas para controlar o fluxo de capital. A estrutura de preços resultante das especulações nos mercados de capital e de divisas e nas grandes bolsas de mercadorias não apenas determina o volume de capital disponível para a condução dos negócios de cada companhia; cria, além disso, um estado de coisas ao quais os gerentes têm que se ajustar cuidadosamente[63].

---

[61] MANNE, Henry G. Mergers and the Market for Corporate Control. Op. cit.
[62] MISES, Ludwig von. **Ação Humana**. Op. cit., p. 364-71.
[63] Idem, p. 367.

Mises não identifica o mecanismo de aquisição *per se* como um meio para que os capitalistas exerçam o controle – aquisições eram muito menos populares antes do final dos anos 1950, quando a "oferta pública de aquisição" começou a substituir a "disputa por substituição" como o método de aquisição de escolha –, mas o ponto principal é claro: a verdadeira base do sistema de mercado não é o mercado de produtos, o mercado de trabalho ou o mercado gerencial, mas sim o mercado de capitais, onde os julgamentos dos empreendedores são exercidos e as decisões são tomadas.

VI - Para uma Teoria Austríaca da Governança Corporativa

Dado que o empreendedorismo do mercado financeiro é a característica definidora de uma economia de mercado, que o cálculo econômico é a principal ferramenta do capitalista-empreendedor, e que o cálculo econômico requer mercados de capitais em bom funcionamento, o que os capitalistas-empreendedores podem fazer para governar seus relacionamentos com os administradores de operações? Qual deveria ser a base para uma teoria austríaca da governança corporativa? Esta seção sugere quatro áreas que os austríacos devem abordar: (1) o conceito da firma como um investimento; (2) a relação entre mercados de capitais internos e externos; (3) governança corporativa comparativa; e (4) financistas como empreendedores. Consideraremos uma por uma.

VI.1 - Firmas como Investimentos

Dado que o proprietário, e não o administrador, é o tomador de decisões final, a teoria austríaca da firma deve compreender dois elementos: uma teoria do investimento (finanças corporativas) e uma teoria de como os investidores proporcionam incentivos para os gestores utilizarem eficientemente seus recursos (governança corporativa). Nos livros-texto de microeconomia, em contraste, o que os investidores de capital proporcionam à firma é tratado como somente mais um fator de produção. Seu preço, o "preço de aluguel do capital" – ou juros – é considerado simplesmente como mais um custo para o produtor. Qualquer excesso de receitas sobre custos, inclusive o custo do capital, vai para o administrador (muitas vezes confusamente chamado de "empreendedor"). Este residual é chamado de "lucro", apesar de não ser o lucro no sentido misesiano.

Na perspectiva do proprietário, tal como desenvolvida por Gabor e Pearce[64], Vickers[65], Moroney[66] e outros, a firma é considerada como um investimento. O objetivo da firma é maximizar o retorno sobre o capital investido. Este capital monetário pode ser considerado como um fator de produção, mas é um fator singular, o fator "de controle" que recebe as receitas líquidas da operação. Outros fatores, tais como o trabalho (inclusive o de gestão) e o capital físico são considerados como fatores "contratados" que recebem um pagamento fixo. Os serviços do administrador de alto nível são, portanto, tratados como um custo, enquanto o investidor é considerado o requerente residual. Observe-se também que, dado que o capitalista assume o risco de que o investimento possa fracassar, ao investir o capitalista torna-se um empreendedor. Mais ainda, na medida em que o empreendedor (como um descobridor de oportunidades kirzneriano) contrata-se para o capitalista como um administrador assalariado, sua compensação não é lucro empreendedor; é um custo para o proprietário da firma[67]. Isto tem implicações significativas para o comportamento da empresa. Primeiro, a firma não irá sempre expandir a produção ao ponto no qual a receita marginal iguala-se ao custo marginal, pois se a firma está obtendo retornos líquidos positivos no seu nível de produção corrente, ao invés de aumentar a produção até que os retornos líquidos caiam a zero, poderia simplesmente tomar esses retornos e empregá-los em outro lugar, seja para estabelecer uma nova firma no mesmo setor, seja para diversificar para um novo setor[68]. A escala eficiente de produção é determinada pelas oportunidades de investimento externo, e não simplesmente pelos retornos marginais de produzir um único produto.

De fato, é fácil mostrar que, sob suposições bastante fracas, o nível de produção que maximiza a taxa de lucro é menor do que o nível de

---

[64] GABOR, André & PEARCE, Ivor F. A New Approach to the Theory of the Firm. **Oxford Economic Papers**, v. 4 (1952): p. 252-65; Idem. The Place of Money Capital in the Theory of Production. **Quarterly Journal of Economics**, v. 72 (1958): p. 537-57.
[65] VICKERS, Douglas. The Cost of Capital and the Structure of the Firm. **Journal of Finance**, v. 25 (1970): p. 1061-80; Idem. **Money Capital and the Theory of the Firm Preliminary Analysis**. Cambridge: Cambridge University Press, 1987.
[66] MORONEY, John R. The Current State of Money and Production Theory. **American Economic Review**, v. 62 (1972): p. 335-43.
[67] ROTHBARD, Murray N. Professor Hébert on Entrepreneurship. Op. cit. p. 283.
[68] GABOR, André & PEARCE, Ivor F. A New Approach to the Theory of the Firm. Op. cit. p. 253.

produção que maximiza o nível de lucro. Considere uma função-lucro côncava padrão; acrescente uma "exigência de capital monetário", a quantidade de capital necessária para financiar um dado nível de produção. Enquanto a exigência de capital monetário está aumentando na produção, o nível de produção que maximiza a taxa de lucro – lucro dividido pelo capital monetário necessário para financiar esse nível de produção – é menor do que o nível de produção que maximiza o lucro. A partir da perspectiva do capitalista, a produção deveria ser expandida ao ponto no qual o retorno sobre o último dólar de capital monetário é exatamente igual ao custo de oportunidade desse último dólar de capital dinheiro. Mas, enquanto o gerente da fábrica não for livre para investir seu capital financeiro em outro setor, as curvas de custo do gerente não refletem este custo de oportunidade. Portanto, o administrador escolhe um nível de produção maior do que aquele que maximiza o retorno do capitalista.

Significativamente, para propósitos de contabilidade interna, as firmas são tipicamente estruturadas de tal modo que o objetivo de qualquer unidade de operações seja maximizar o retorno sobre o capital investido. De fato, não somente as firmas estabelecem divisões como centros de lucros, tal como discutido acima, mas grupos de centros de lucros são frequentemente agrupados conjuntamente como "centros de investimento" dentro da própria firma. Reece e Cool[69] estudaram 620 das maiores firmas norte-americanas em 1978 e concluiram que 74% delas possuíam centros de investimento. Essas subunidades são geralmente avaliadas de acordo com um critério de retorno sobre o investimento (ROI = *return on investment*), tal como a razão entre a receita líquida contábil gerada pelo centro de investimento dividida pelos ativos totais investidos no centro de investimento. Mais recentemente, medidas tais como a receita residual e o "valor econômico agregado" (EVA = *economic value added*) têm se tornado populares como uma alternativa ao ROI[70]. O ponto é que divisões individuais estão sendo avaliadas sobre a mesma base que a própria corporação, ou seja, sobre o tipo de retorno que está sendo gerado a partir dos recursos financeiros investidos.

Em segundo lugar, o conceito de firma como investimento relaciona-se estreitamente a uma literatura emergente sobre as fusões como uma

---

[69] REECE, James S. & COOL, William R. Measuring Investment Center Performance. **Harvard Business Review**, v. 56 (1978): p. 28-30.
[70] STERN, Joel M.; STEWART III, Bennett & CHEW, Donald H. Jr. The EVA Financial Management System. **Journal of Applied Corporate Finance**, v. 8 (1995): p. 32-46.

forma de investimento no nível da firma[71]. Uma vez que os administradores adquiriram recursos financeiros dos capitalistas, esses administradores possuem alguma discrição a respeito de como investir esses recursos. Para suplementar as formas "normais" de investimento no nível da firma – despesas de capital e P&D – os administradores podem escolher comprar ativos de firmas existentes através de fusões. A fusão pode ser uma forma diferente de investimento. Andrade e Strafford[72] descobriram, por exemplo, que fusões em indústrias particulares tendem a agrupar-se ao longo do tempo, enquanto as posições das formas de investimento de não-fusão por parte das indústrias tendem a permanecer constantes. Isto sugere que a atividade de fusão é encorajada por choques setoriais ou políticos específicos, tais como a desregulamentação, a emergência de financiamentos de títulos de alto risco e o aumento da competição externa[73]. Não obstante, fusões são avaliadas pelos retornos que elas proporcionam, tal como acontece com qualquer outro investimento.

VI.2 - Mercados Internos de Capitais

Em sua extensão do arcabouço coasiano, Williamson[74] descreve a corporação multidivisional moderna, ou "forma-M", como um meio de alocação de capital intrafirma. Mercados de capitais alocam recursos entre firmas autônomas, de um único produto. Na firma diversificada, multidivisional, em contraste, os recursos são alocados internamente, enquanto o empreendedor distribui os fundos entre as divisões de centro de lucro. Este "mercado interno de capitais" reproduz os papéis de alocação e disciplina dos mercados financeiros, direcionando os recursos para as linhas de produção mais lucrativas[75]. Coase afirmou que as firmas

---

[71] BITTLINGMAYER, George. Merger as a Form of Investment. **Kyklos**, v. 49 (1996): p. 127-53; ANDRADE, Gregor & STAFFORD, Erik. Investigating the Economic Role of Mergers. Journal of Corporate Finance, v. 10 (2004): p. 1-36.
[72] Idem.
[73] MITCHELL, Mark & MULHERIN, Harold J. The Impact of Industry Shocks on Takeover and Restructuring Activity. **Journal of Financial Economics**, v. 41 (1996): p. 193-229.
[74] WILLIAMSON, Oliver E. **Markets and Hierarchies**. Op. cit.; Idem. **The Modern Corporation**: Origins, Evolution, Attributes. Journal of Economic Literature, v. 19 (1981): p 1537-68.
[75] Tal processo é descrito explicitamente no *Annual Report*, da Fuqua Industries, de 1977, uma firma diversificada com interesses em equipamentos para gramados e jardins, esportes e recreação, entretenimento, acabamento fotográfico, transporte, moradia e alimentos e bebidas:
A estratégia da Fuqua é alocar recursos nos segmentos de negócios com pers-

"suplantam" os mercados quando os custos de transação das trocas de mercado excedem os da produção interna. Williamson acrescenta que firmas diversificadas, multidivisionais, "suplantam" mercados de capitais quando os custos de financiamento externo excedem os custos de alocação interna de recursos.

De acordo com a teoria dos mercados de capitais internos, firmas diversificadas surgem quando limites no mercado de capitais permitem que o gerenciamento interno possa alocar e gerenciar fundos de maneira mais eficiente do que o mercado externo de capitais. Tais eficiências podem vir de diversas fontes. Primeiro, a sede central da firma tipicamente possui acesso a informações indisponíveis às entidades externas, as quais são extraídas a partir de seus próprios procedimentos internos de auditoria e relatórios[76]. Em segundo lugar, administradores internos à firma podem estar mais dispostos a revelar informações à sede central do que a elementos externos, dado que revelar as mesmas informações ao mercado de capitais também as revelaria às suas firmas rivais, prejudicando potencialmente a posição competitiva da firma. Terceiro, a sede central também pode intervir seletivamente, realizando mudanças marginais nos procedimentos operativos divisionais, enquanto o mercado externo pode disciplinar uma divisão somente elevando ou diminuindo o preço das ações da firma como um todo. Quarto, a sede central possui direitos residuais de controle que os provedores externos de financiamento não possuem, o que torna mais fácil redistribuir os ativos das divisões de baixo desempenho[77]. De maneira mais

---

pectivas de retornos mais elevados sobre os investimentos e extrair recursos de áreas onde os retornos futuros sobre os investimentos não satisfazem às necessidades em curso. [...] O mesmo princípio de expandir áreas de alto retorno e contrair áreas de baixo retorno é constantemente estendido às linhas de produção e aos mercados nas operações individuais da Fuqua. Somente com uma estrutura de negócios diversificada a aplicação desta moderna política de investimentos de negócios fundamental torna-se prática.

Outra firma altamente diversificada, a Bangor Punta Corporation, explica que o papel da sede corporativa é "agir como um banco central proporcionando, às unidades operativas, capital de giro e fundos de capital" (*Annual Report* de 1966).

[76] WILLIAMSON, Oliver E. **Markets and Hierarchies**. Op. cit. p. 145-47. Myers e Majluf mostram que, se a assimetria de informação entre uma firma autônoma e investidores externos potenciais for grande o suficiente, a firma pode renunciar a investimentos com valor presente líquido positivo ao invés de emitir títulos de risco para financiá-los. Ver MYERS, Stewart C.; & MAJLUF, Nicholas S. Corporate Financing and Investment Decisions when Firms Have Information that Investors do not Have. **Journal of Financial Economics**, v. 13 (1984): p. 187-221.

[77] GERTNER, Robert H.; SCHARFTEIN, David S. & STEIN, Jeremy C. Internal versus

geral, esses direitos de controle permitem que a sede central possa agregar valor engajando-se em uma estratégia de "*winner picking*" (seleção de vencedores) entre projetos concorrentes quando o crédito para a forma como um todo está restrito[78]. Em quinto lugar, o mercado interno de capitais pode reagir de maneira mais "racional" a novas informações: aqueles que distribuem os fundos precisam levar em consideração somente suas próprias expectativas sobre os retornos para um investimento em particular, e não suas expectativas sobre as expectativas de outros investidores. Assim, não haverá ondas ou bolhas especulativas.

Bhidé utiliza o arcabouço dos mercados de capitais internos para explicar tanto a onda de fusões de conglomerados dos anos 1960 quanto as alienações dos anos 1980, considerando tais desenvolvimentos como respostas às mudanças na eficiência relativa das finanças internas e externas[79]. Por exemplo, a reorientação empreendedora pode ser explicada como consequência do aumento das aquisições por ofertas públicas em vez de por disputas por substituições, da emergência de novas técnicas e instrumentos financeiros tais como aquisições alavancadas e títulos de alto rendimento, bem como do aparecimento de especialistas de aquisições e dissoluções, tais como Kohlberg Kravis Roberts, que realizaram eles próprios muitas funções da sede central do conglomerado[80]. Mais ainda, a emergência do conglomerado nos anos 1960 pode, ela própria, ser atribuída à emergência da corporação de forma-M. Dado que a estrutura multidivisional trata as unidades de negócios como centros semi-independentes de lucro ou de investimento, é mais fácil para uma corporação de forma-M expandir-se via aquisição do que para a antiga estrutura unitária. Novas aquisições podem ser integradas suavemente, podendo preservar muito de sua estrutura interna e mantendo o controle sobre as operações cotidianas. Neste sentido, o conglomerado poderia surgir somente após a ampla difusão da estrutura multidivisional através do setor corporativo.

As vantagens dos mercados de capitais internos, portanto, explicam por que a diversificação pode aumentar o valor da firma. Durante os anos

---

External Capital Markets. **Quarterly Journal of Economics**, v. 109 (1994): p. 1211-30.
[78] STEIN, Jeremy C. Internal Capital Markets and the Competition for Corporate Resources. **Journal of Finance**, v. 52 (1997): p. 111-33.
[79] BHIDÉ, Amar. Reversing Corporate Diversification. **Journal of Applied Corporate Finance**. v. 3 (1990): p. 70-81.
[80] WILLIAMSON, Oliver E. Markets, Hierarchies, and the Modern Corporation: An Unfolding Perspective. **Journal of Economic Behavior and Organization**, v. 17 (1992): p. 335-52.

1960, empreendedores aproveitaram as imperfeições do mercado financeiro (muitas delas decorrentes de interferências de regulamentação) para formar firmas grandes e altamente diversificadas[81]. Eles também se beneficiaram dos gastos do governo em alta tecnologia e outros negócios relacionados à defesa, os quais eram particularemente adequados para aquisição. Nas duas décadas subsequentes, a performance do mercado financeiro melhorou, reduzindo as vantagens dos mercados de capitais internos das firmas conglomeradas.

Se os empreendedores possuem uma habilidade especial para gerenciar a informação e alocar recursos financeiros dentro da firma – se as firmas diversificadas "suplantam" os mercados externos de capitais –, então por que os mercados de capitais são, afinal de contas, importantes? Por que não podemos, parafraseando a segunda questão de Coase[82], organizar a economia inteira como um único conglomerado gigante? A resposta é que o argumento em favor dos mercados de capitais internos não é "escalável"; ele se aplica somente a firmas que estão, elas próprias, engajadas em rivalidade competitiva. Essa situação, por sua vez, sugere limites estritos ao tamanho da firma, mesmo para grandes conglomerados.

O argumento em prol da eficiência dos mercados de capitais internos é que, em comparação com os investidores externos, o empreendedor pode extrair informação adicional a respeito das exigências e performance divisionais. Não se trata da possibilidade do conhecimento do empreendedor substituir o conhecimento incorporado nos preços de mercado. Para avaliar o mérito de um investimento proposto, a administração central de um conglomerado diversificado ainda se baseia nos preços de mercado para calcular os custos e benefícios monetários esperados. A contabilidade interna não substitui os preços monetários; meramente utiliza a informação contida nos preços de uma maneira particular. Quando os preços dos bens de capital são distorcidos – por exemplo, devido a regulações no mercado financeiro – então o conhecimento adicional do empreendedor é tanto mais valioso. Então, sob essas condições, pode-se esperar um aumento nas corporações de forma-M, alocando recursos via mercados de capitais internos. Durante os anos 1960, isto corresponde exatamente ao que observamos.

---

[81] HUBBARD, R. Glenn & PALIA, Darius A. A Re-examination of the Conglomerate Merger Wave in the 1960s: An Internal Capital Markets View. **Journal of Finance**, v. 54 (1999): p. 1131-52; KLEIN, Peter G. Were the Acquisitive Conglomerates Inefficient? **RAND Journal of Economics**, v. 32 (2001): p. 745-61.

[82] COASE, Ronald H. The Nature of the Firm. Op. cit. p. 393-94

Entendida da maneira correta, a hipótese dos mercados de capitais internos não estabelece que esses mercados suplantam os mercados financeiros. Ela estabelece que os mercados de capitais internos suplementam os mercados financeiros. Mesmo Harold Geneen da ITT, James Ling da LTV, "Tex" Thornton da Litton e os outros conglomeradores dos anos 1960 enfrentavam constrangimentos devido à necessidade de realizar cálculos econômicos em termos dos preços monetários. Os *"Whiz Kids"* (Garotos Maravilha) de Thornton têm sido criticados pela sua defesa da "administração científica" ou "administração pelos números". Ainda assim, as técnicas de Thornton foram bem-sucedidas na Litton. Foi somente quando seu discípulo Robert McNamara tentou aplicar as mesmas técnicas a um ambiente que não era o de mercado – a Guerra do Vietnã – que as limitações da "administração científica" foram reveladas[83].

VI.3 - Governança Corporativa Comparativa

Quão bem funcionam diversos sistemas de governança corporativa? Nos últimos anos, testemunhamos o crescimento de uma nova literatura sobre "governança corporativa", o estudo de meios alternativos para governar as relações entre os proprietários e os administradores das empresas. A comparação típica é entre os sistemas de mercado de ações, tais como aqueles nos Estados Unidos e no Reino Unido, e os sistemas centrados em bancos, tais como os da Alemanha e Japão[84]. De acordo com Roe, o fenômeno que ele chama de *"administradores fortes, proprietários fracos"* é uma consequência natural não do processo de mercado, mas de restrições legais sobre a propriedade e o controle da firma. Nos Estados Unidos, por exemplo, bancos e outras instituições são proibidas de possuírem firmas; leis antitruste proíbem combinações industriais tais como a *keiretsu* japonesa; e restrições antiaquisições diluem os efeitos do mecanismo de aquisições. Leis que exigem propriedade difusa criam o que Roe chama de "corporação

---

[83] Para mais detalhes sobre a relação entre Thornton e McNamara, ver SHAPLEY, Deborah. **Promise and Power**: The Life and Times of Robert McNamara. Boston, MA: Little, Brown and Company, 1993; e BYRNE, John A. **The "Whiz Kids"**: Ten Founding Fathers of American Business and the Legacy They Left Us. New York, NY: Doubleday, 1993.
[84] ROE, Mark J. **Strong Managers, Weak Owners**. Op. cit.; GILSON, Ronald J. & BLACK, Bernard S. Venture Capital and the Structure of Capital Markets: Banks versus Stock Markets. **Journal of Financial Economics**, v. 47 (1998): p. 243-77; MILHAUPT, Curtis J. The Market for Innovation in the United States and Japan: Venture Capital and the Comparative Governance Debate. **Northwestern University Law Review**, v. 91 (1997): p. 865-98.

Berle-Means", nas quais *"a propriedade fragmentada transfere o poder nas empresas aos administradores"*[85].

Mises desenvolve um argumento muito similar em *Ação Humana*. Observa que *"a emergência de uma classe gerencial onipotente não é um fenômeno do livre funcionamento do mercado"*, mas um resultado de políticas do governo[86]. Aqui, expande a partir de sua análise anterior em *Bureaucracy*[87], na qual ataca a afirmação de que a burocracia decorre naturalmente do tamanho da firma. Mises concebe a burocracia como comportamento de seguimento de regras, em oposição à busca de lucros. Reserva o termo "gerência burocrática" para o controle de atividades que não têm valor em dinheiro no mercado. Assim que os insumos e produtos da firma são comprados e vendidos, a administração central terá a informação proporcionada pelos preços de mercado para avaliar a eficiência das várias ramificações e divisões dentro da firma. Então, os administradores subordinados podem receber ampla discrição para tomar decisões operacionais diárias sem a busca do lucro[88]. Se uma organização produz um bem ou serviço que não possui preço de mercado – o produto de uma agência do governo, por exemplo – então os administradores subordinados devem receber instruções específicas a respeito de como realizar suas tarefas.

O fato de que os administradores, em uma empresa privada, têm liberdade para tomar decisões no dia-a-dia, argumenta Mises, não torna a firma "burocrática".

> Nenhuma empresa que busca lucros, não importando a grandeza, está susceptível a tornar-se burocrática, desde que as mãos dos administradores não estejam amarradas por interferência governamental. A tendência rumo à rigidez burocrática não é inerente à evolução dos negócios. É um resultado da intromissão do governo nos negócios[89].

---

[85] ROE, Mark J. **Strong Managers, Weak Owners**. Op. cit. p. 93.
[86] MISES, Ludwig von. **Ação Humana**. Op. cit. p. 367.
[87] Idem. **Bureaucracy**. New Have: Yale University Press, 1944. p. 12.
[88] O capítulo 1 de *Bureaucracy*, sobre o gerenciamento do lucro e as fontes do lucro empreendedor, contém uma abordagem notavelmente lúcida do cálculo econômico sob o capitalismo, bem como de sua impossibilidade sob o socialismo. *"Para o empreendedor da sociedade capitalista, um fator de produção, através de seu preço, transmite uma advertência: Não me toque, estou destinado para uma outra necessidade mais urgente. Mas, sob o socialismo, esses fatores de produção são mudos"* (MISES, Ludwig von. **Bureaucracy**. Op. cit. p. 29). Mises também proporciona uma discussão muito parecida com a de Coase sobre a decisão de fabricar ou comprar, apesar de não fazer a citação (p. 33).
[89] Idem, p. 12.

Com isso, o que Mises quer dizer é que a interferência do governo impede que o empreendedor utilize o cálculo econômico e a tentativa de usar os preços para impor disciplina administrativa. Mises dá três exemplos[90]: impostos e regulamentações de preços que interferem com os lucros corporativos (distorcendo um importante sinal de desempenho gerencial); leis que interferem com contratações e promoções (até mesmo a necessidade de contratar equipes de relações públicas e pessoal jurídico e de contabilidade para cumprir com as exigências de relatórios do governo); e a ameaça onipresente de atividades antitruste ou regulamentares arbitrárias, em resposta às quais os empreendedores devem se tornar adeptos da "diplomacia e suborno"[91]. Na ausência de tais restrições legais, Mises argumenta, a autonomia administrativa não é ineficiência; é uma ferramenta essencial para operar uma organização grande e descentralizada. Mas a firma deve possuir demonstrações contábeis divisionais precisas para avaliar a performance da administração, e para isto precisa da informação contida nos preços de mercado.

VI.4 - *Financistas como Empreendedores*

Tal como mencionado acima, grande parte das pesquisas correntes na teoria da firma concentram-se no problema do agente-principal. Sob quais condições os administradores podem exercer comportamento discricionário? Que tipos de regras ou mecanismos podem ser desenvolvidos para alinhar os interesses dos administradores com os dos proprietários? Na ausência de regras efetivas, quais serão as ações escolhidas pelos administradores? Mises estava bem ciente dos problemas de agência, ou conflitos de interesse, que aparecem nas organizações[92]. Mas, como temos visto, ele via o proprietário ou os proprietários da firma como desempenhando o principal papel empreendedor, e dedicou especial atenção aos mecanismos disponíveis para os proprietários para limitar esta discrição. Financistas, agindo nos mercados de ações e de títulos – se escrevesse nos dias de hoje, Mises provavelmente também teria discutido os mercados de fundos de participação privados – são os tomadores finais de decisões da grande firma. Rothbard coloca da seguinte maneira:

---

[90] Idem, p. 64-73.
[91] Idem, p. 72.
[92] Idem, p. 42-47.

Administradores contratados podem direcionar a produção ou escolher os processos produtivos com sucesso. Mas a responsabilidade final e o controle da produção repousa inevitavelmente no proprietário, no homem de negócios que é proprietário do produto até que seja vendido. São os proprietários que tomam as decisões com respeito a quanto capital investir e em quais processos particulares. E, em particular, são os proprietários que devem escolher os administradores. As decisões finais que dizem respeito à utilização de sua propriedade e à escolha dos homens para gerenciá-la devem ser, portanto, feitas pelos proprietários, e por mais ninguém[93].

Kirzner faz um ponto semelhante sobre o estado de alerta: nunca pode ser totalmente delegado.

É verdade que também o "estado de alerta" pode ser contratado; mas quem contrata um empregado alerta, atento às possibilidades de descobrir conhecimento, dá, ele próprio, mostras de um espírito alerta em grau ainda mais elevado. [...] A decisão empreendedora de contratar é assim a decisão última de contratar, responsável em última instância por todos os fatores que são direta ou indiretamente contratados para o projeto[94].

Kirzner segue citando Knight: *"O que nós chamamos de 'controle' consiste principalmente na seleção de alguém para fazer o 'controle'"*[95].

Significativamente, o tratamento de Mises da importância dos mercados financeiros é crucial para a refutação definitiva, em *Ação Humana*, de Lange, Lerner e os outros socialistas de mercado, críticos de seu argumento do cálculo[96]. Os socialistas de mercado, argumentou, fracassaram em entender que a principal tarefa desempenhada por um sistema de mercado não é a precificação dos bens de consumo, mas sim a alocação do capital entre vários ramos da indústria. Ao se concentrarem nas decisões de produção e de preços dentro de uma dada estrutura do capital, os socialistas ignoram o papel vital dos mercados de capitais. Rothbard nota que a mesma crítica pode ser aplicada ao

---
[93] ROTHBARD, Murray N. **Man, Economy, and State**. Op. cit. p. 602.
[94] KIRZNER, Israel M. **Competição e Atividade Empresarial**. Op cit. p. 49-50.
[95] KNIGHT, Frank H. **Risk, Uncertainty, and Profit**. Op. cit. p. 291.
[96] MISES, Ludwig von. **Ação Humana**. Op. cit. p. 795-812.

modelo da firma de livro-texto, da função de produção, onde o capital também é dado como garantido[97].

> A teoria microeconômica neoclássica fala sobre 'administradores' produzindo até o ponto no qual RMg = CMg, sem jamais falar de quem ou o quê está alocando o capital para eles. Em resumo, assume-se implicitamente que firmas neoclássicas possuem uma quantidade fixa de capital alocado [...] e podem utilizar esse capital somente para investir na própria firma e em nenhum outro lugar. Daqui vem a conclusão absurda de que cada administrador da firma tentará espremer até o último centavo de lucro, empurrando a produção até.

Afortunadamente, a nova literatura sobre determinantes de custos de transação das relações contratuais já começou a trazer o capital de volta para a teoria microeconômica.

A falha na compreensão do papel empreendedor dos fornecedores de capital assola a literatura dominante das finanças corporativas e do controle corporativo. Por exemplo, há um debate considerável sobre a eficiência do mecanismo de aquisição para proporcionar disciplina administrativa. Se os administradores desejam aquisições para aumentar seu próprio prestígio ou amplitude de controle – para engajar-se na "construção de impérios" –, então um mercado não regulamentado irá gerar muitas aquisições. Críticos das fusões, tais como Ravenscraft e Scherer[98], discutidos no Capítulo 3, apoiam o aumento das restrições sobre a atividade de aquisições. Jensen[99] sugere mudanças no código tributário para favorecer recompras de ações e dividendos sobre reinvestimentos diretos, limitando assim a capacidade dos administradores para canalizar o fluxo de caixa livre para aquisições improdutivas.

Entretanto, o fato de que algumas fusões – de fato, muitas fusões, aquisições e reorganizações – resultam não lucrativas não implica em que há falha de mercado ou na necessidade de prescrever quaisquer respostas em termos de formulação de políticas. Erros sempre serão cometidos em

---

[97] ROTHBARD, Murray N. **Letter to Sandra K. Johnson**. 20 jan. 1993.
[98] RAVENSCRAFT, David & SCHERER, F. M. **Mergers, Sell-Offs, and Economic Efficiency**. Washington, D.C.: Brookings Institution, 1987.
[99] JENSEN, Michael C. Agency Costs of Free Cash Flow, Corporate Finance, and Takeovers. Op. cit.; Idem. The Modern Industrial Revolution, Exit, and the Failure of Internal Control Systems. Journal of Finance, v. 48 (1993): p. 831-80.

um mundo de incertezas. Mesmo os mercados financeiros, que agregam a sabedoria coletiva dos capitalistas-empreendedores, algumas vezes farão o julgamento errado sobre uma transação de negócios particular. Algumas vezes o mercado irá recompensar, *ex ante*, uma reestruturação proposta que não tem justificativa de eficiência. Mas isto não se deve a uma falha no mercado de capitais, e sim ao conhecimento imperfeito. Julgamentos finais sobre o sucesso e o fracasso somente podem ser feitos *ex post*, quando o processo de mercado se desenrola. Mais ainda, não há razão para acreditar que tribunais ou autoridades regulamentadoras podem fazer julgamentos melhores do que os mercados financeiros. As decisões dos tribunais e das agências do governo tenderão, na verdade, a ser muito piores: ao contrário dos participantes do mercado, juízes e burocratas buscam uma variedade de agendas privadas, que não têm relação com a eficiência econômica. Mais ainda, o mercado é ágil para penalizar o erro assim que ele é descoberto; não são exigidas audiências, comitês ou comissões para a apuração de fatos. Em resumo, o fato de que as firmas com frequência fracassam é surpreendente somente para aqueles que estão comprometidos com os modelos de competição de livro-texto, nos quais a própria noção de "falha" é desconsiderada.

Outra crítica do mercado para controle corporativo é que mercados financeiros não regulados engajam-se em poucas aquisições, devido a um problema de *free-rider* (carona) associado com as ofertas públicas[100]. Os críticos apontam que, se a diferença entre o preço corrente (subvalorizado) da firma e seu valor de mercado após a aquisição for de conhecimento comum, então os acionistas da firma alvo recusarão ofertar suas ações até que o preço corrente seja elevado, apropriando uma parte dos retornos para a firma adquirente. Esses críticos concluem que a regulação, e não o mercado de aquisições, deveria ser utilizada para disciplinar os administradores.

A falha neste argumento é que assume conhecimento perfeito por parte dos investidores. O acionista típico em geral não terá a mesma informação que os administradores incumbentes, os "invasores" externos, e outros especialistas. Não é do interesse do pequeno acionista aprender esses detalhes; é por isso que ele delega essas responsabilidades aos administradores em primeiro lugar. Como descrito por Hayek[101], existe

---

[100] Ver, por exemplo: SCHARFSTEIN, David. The Disciplinary Role of Takeovers. **Review of Economic Studies**, v. 55 (1988): p. 185-99.
[101] HAYEK, F. A. The Use of Knowledge in Society. Op. cit.

uma "divisão do conhecimento" na sociedade. O invasor que percebe e explora uma diferença entre o valor de mercado corrente de uma firma e o seu valor potencial sob uma nova administração tem uma oportunidade para lucro empresarial (descontando os custos de transação da aquisição). Dado que os acionistas delegam essas responsabilidades, geralmente não obterão uma parte desse lucro. Não obstante, conforme explicado acima, como os acionistas (proprietários) escolhem delegar a responsabilidade operacional aos administradores – contratando para funções gerenciais –, eles próprios retêm os direitos finais de controle.

Mais ainda, o valor de mercado da firma após a aquisição é incerto; o lucro do invasor, se tiver sucesso, será a recompensa por arcar com essa incerteza. Neste sentido, o artista de aquisições é um capitalista-empreendedor misesiano. Esta consideração, entretanto, merece mais elaboração. Por exemplo: como a tomada de incertezas é distribuída entre os participantes das várias formas de reestruturação? Como as barreiras regulatórias prejudicam a capacidade do capitalista-empreendedor de exercer a função empreendedora neste contexto?

VII - Conclusões

A principal mensagem deste capítulo é que os austríacos podem continuar a trabalhar com a abordagem contratual coasiana da firma na elaboração das percepções discutidas acima. Em particular, o problema da governança corporativa, e a visão corolária de que firmas são investimentos, pertencem à vanguarda das pesquisas austríacas sobre a teoria da firma. A ênfase deve ser então colocada sobre os planos e as ações do capitalista-empreendedor.

Uma área particularmente subdesenvolvida diz respeito à provisão de capital para pequenos empreendimentos. Grande parte da literatura sobre governança concentra-se nas grandes corporações e na utilização de mercados de ações e títulos para governar essas organizações. De forma igualmente importante, entretanto, temos as firmas privadas menores, financiadas com capital de risco ou outras formas de investimento. Até agora, a literatura da firma-como-investimento diz pouco sobre essas organizações, apesar de sua importância crescente, particularmente em setores tecnologicamente avançados e de alto crescimento, tais como de *software* e de biotecnologia. Mais pesquisas nesta área são extremamente necessárias.

Capítulo III
OS EMPREENDEDORES COMETEM ERROS PREVISÍVEIS? EVIDÊNCIAS DAS ALIENAÇÕES CORPORATIVAS[1]

com Sandra K. Klein

Após uma breve calmaria no início dos anos 1990, o mercado de controle corporativo tornou-se cada vez mais ativo até o final dessa década. Tanto 1996 quanto 1997 estabeleceram novos recordes para o número de notificações de fusões nos Estados Unidos, e nos anos 1998, 1999 e 2000 ocorreram mega-fusões de alto perfil em serviços financeiros, energia, telecomunicações, indústria farmacêutica e automóveis. Somente no setor bancário, por exemplo, a onda de fusões ao longo da última década levou a uma reestruturação e consolidação generalizada do setor. Enquanto o total da atividade industrial continua a se expandir, o número de bancos e de organizações bancárias norte-americanas caiu quase 30% entre 1988 e 1997[2].

Tal como outras práticas de negócios que não se conformam aos modelos de livro-texto sobre a competição, as fusões, aquisições e reestruturações financeiras vêm sendo vistas há muito tempo com desconfiança por alguns comentadores e pelas autoridades reguladoras. Contudo, a literatura acadêmica claramente sugere que, em média, as reestruturações corporativas criam valor. Estudos de caso de aquisições constataram, de forma consistente, retornos combinados médios positivos para acionistas adquirentes e acionistas-alvo.

---
[1] Publicado originalmente em: **Quarterly Journal of Austrian Economics**, v. 4, n. 2, Summer 2001: p. 3-25. Reimpresso em FOSS, Nicolai J. & KLEIN, Peter G. (Eds.). **Entrepreneurship and the Firm.** Op. Cit.
[2] BERGER, Allen N.; DEMSETZ, Rebecca S. & STRAHAN, Philip E. The Consolidation of the Financial Services Industry: Causes, Consequences, and Implications for the Future. **Journal of Banking and Finance**, v. 23 (1999): p. 135-94.

Tal como sintetizado por Jensen[3], *"as pesquisas acadêmicas mais cuidadosas sugerem fortemente que as aquisições – juntamente com as reestruturações alavancadas por ameaça de aquisição – têm gerado grandes ganhos para os acionistas e para a economia como um todo"*. Esses ganhos, historicamente em torno de 8% do valor combinado das companhias que se fundem, *"representam ganhos para a eficiência econômica, e não uma redistribuição entre as diversas partes"*[4].

Ao mesmo tempo, entretanto, diversos estudos têm indicado uma aguda divergência entre as expectativas dos participantes do mercado, antes da fusão, a respeito da performance pós-fusão das firmas, bem como suas taxas reais de desempenho. O estudo em grande escala das firmas dos setores industriais, realizado por Ravenscraft e Scherer[5], por exemplo, mostrou que, enquanto os preços das ações das firmas que se fundem em média aumentaram com o anúncio das reestruturações propostas, as taxas de lucro pós-fusão foram inexpressivos. De fato, eles descobriram que aproximadamente um terço de todas as aquisições realizadas entre os anos 1960 e 1970 foi alienado. Ravenscraft e Scherer concluíram que as aquisições, em particular as aquisições de diversificação, ao invés de eficiência, promovem tipicamente a "construção de impérios" administrativos. Apesar de reconhecerem que os mercados de produtos e de capital, por fim, disciplinam as firmas de baixo desempenho, forçando alienações e outras reestruturações, Ravenscraft e Scherer[6] argumentam em favor de restrições governamentais mais rigorosas sobre as fusões, em

---

[3] JENSEN, Michael C. Corporate Control and the Politics of Finance. **Journal of Applied Corporate Finance**, v. 6 (1991): p. 13-33. p. 15.
[4] Idem, p. 23. Sobre os ganhos a partir de fusões, aquisições e outras reestruturações, ver também os estudos de JENSEN, Michael C. & RUBACK, Richard S. The Market for Corporate Control: The Scientific Evidence. **Journal of Financial Economics**, v. 11 (1983): p. 5-50; JARRELL, Gregg A.; BRICKLEY, James A. & NETTER, Jeffry M. The Market for Corporate Control: the Empirical Evidence Since 1980. **Journal of Economic Perspectives**, v. 2 (1988): p. 49-68; ROLL, Richard. Empirical Evidence on Takeover Activity and Shareholder Wealth. In: COFEE, John C. Jr., LOWENSTEIN, Louis & ROSE-ACKERMAN, Susan (Eds.). **Knights, Raiders, and Targets**: the Impact of the Hostile Takeover. New York: Oxford University Press, 1988; ROMANO, Roberta. A Guide to Takeovers: Theory, Evidence, and Regulation. **Yale Journal on Regulation**, v. 9 (1992): p. 119-80; e ANDRADE, Gregor; MITCHELL, Mark & STAFFORD, Erik. New Evidence and Perspectives on Mergers. **Journal of Economic Perspectives**, v. 15 (2001): p. 103-20.
[5] RAVENSCRAFT, David & SCHERER, F. M. **Mergers, Sell-Offs, and Economic Efficiency**. Op. Cit.
[6] Idem, p. 217.

particular as aquisições de diversificação e as aquisições financiadas por ações: *"Onde os caminhos estão repletos de destroços, funcionários do governo não podem se contentar com os caminhões de reboque, ambulâncias e carros funerários fazendo um bom trabalho de remoção dos sobreviventes e desimpedindo o direito de passagem"*[7].

Nesta crítica está implícita a ideia de que as alienações de ativos adquiridos anteriormente colocam em evidência os erros do passado, e que esses erros deveriam ter sido previstos (e talvez evitados, caso os reguladores tivessem recebido poder suficiente para tal). Afirma-se que certos tipos de aquisições são mais propensas a serem alienadas posteriormente, então por isso os administradores deveriam, em geral, evitá-las. Se tais aquisições ocorrem, isto é caracterizado como evidência para problemas de agência generalizados. Neste sentido, a onda de aquisições dos anos 1980 é tipicamente entendida como uma "anulação" da onda de fusões conglomeradas anterior, dos anos 1960 e início dos anos 1970. De acordo com a sabedoria convencional, os anos 1980 foram uma época de reespecialização ou "reorientação", evidenciando as falhas da diversificação não-relacionada. As três décadas de 1960 a 1990 representam, portanto, uma "ida e volta da corporação norte-americana"[8].

Este ponto de vista baseia-se parcialmente em evidências de estudos do período de conglomerados realizados por Rumelt[9], Ravenscraft e

---

[7] Jensen argumenta, de forma semelhante, que as aquisições de diversificação resultam de problemas de agência generalizados nas corporações, mas ele não recomenda nenhuma resposta regulatória. Ver JENSEN, Michael C. **Agency Costs of Free Cash Flow, Corporate Finance, and Takeovers**. Op. Cit.; Idem. **The Modern Industrial Revolution, Exit, and the Failure of Internal Control Systems**. Op. Cit. *"O sistema legal/político/regulatório é um instrumento demasiado brusco para lidar de forma eficiente com os problemas do comportamento gerencial de desperdício"* (Idem, p. 850). Ao invés disso, ele defende formas alternativas de organização, tais como associações de aquisições alavancadas com fundos de capital de risco (ver especialmente Idem. Eclipse Of The Public Corporation. **Harvard Business Review** (1989): p. 61-74).
[8] SHLEIFER, Andrei & VISHNY, Robert W. Takeovers in the '60s And '80s: Evidence and Implications. **Strategic Management Journal**, v. 12 (1991): p. 51-59. p. 54.
[9] RUMELT, Richard P. **Strategy, Structure and Economic Performance**. Boston: Graduate School of Business Administration, Harvard University, 1974; Idem. Diversification Strategy and Profitability. **Strategic Management Journal**, v. 3 (1982): p. 359-69.

Scherer[10], Porter[11], Kaplan e Weisbach[12] e outros, que não encontraram evidências de que a diversificação não-relacionada trouxe benefícios de longo prazo às firmas que diversificaram[13]. Ao lado das evidências de retornos negativos no mercado de ações para as diversificações durante os anos 1980[14], muitos observadores concluíram que a diversificação não-relacionada é ineficiente *per se*, e que a era dos conglomerados deve ser melhor entendida como um fenômeno de agência.

A sabedoria convencional sobre liquidações de conglomerados pode ser contestada com base em pelo menos quatro razões. Primeiro, as alienações de ativos adquiridos anteriormente não mostram necessariamente que as aquisições originais foram fracassadas. Weston[15] argumenta que as alienações ocorrem por uma variedade de razões, tais como mudanças nas estratégias corporativas e regras antitruste, e não necessariamente por causa de desempenho fraco. Kaplan e Weisbach[16] estudaram 217 grandes aquisições finalizadas entre 1971 e 1982 e descobriram que, enquanto 43,9% tinham sido alienadas até 1989, apenas

---

[10] RAVENSCRAFT, David & SCHERER, F. M. **Mergers, Sell-Offs, and Economic Efficiency**. Op. cit.; Idem. Divisional Sell-Offs: A Hazard Function Analysis. **Managerial and Decision Economics**, v. 12 (1991): p. 429-38.

[11] PORTER, Michael E. From Competitive Advantage To Corporate Strategy. **Harvard Business Review** (1987): p. 43-59.

[12] KAPLAN, Steven N.; WEISBACH, Michael S. The Success Of Acquisitions: Evidence From Divestitures. **Journal of Finance**, v. 47 (1992): p. 107-38.

[13] Servaes encontra também que firmas conglomeradas nos anos 1960 foram avaliadas com desconto em relação a firmas especializadas. Entretanto, Matsukak e Hubbard e Palia mostram que os participantes do mercado recompesaram as aquisições conglomeradas durante este período, e Klein oferece evidências de avaliação consistentes com os resultados dos estudos de caso. Ver: SERVAES, Henri. The Value of Diversification During The Conglomerate Merger Wave. **Journal of Finance**, v. 51 (1996): p. 1201-25; MATSUSAKA, John G. Takeover Motives During The Conglomerate Merger Wave. **RAND Journal of Economics**, v. 24 (1993): p. 357-379; HUBBARD, R. Glenn & PALIA, Darius A. A Reexamination of the Conglomerate Wave in the 1960s. Op. Cit.; KLEIN, Peter G. Were the Acquisitive Conglomerates Inefficient? Op. cit.

[14] BHAGAT, Sanjai; SHLEIFER, Andrei & VISHNY, Robert W. Hostile Takeovers In The 1980s: The Return to Corporate Specialization. **Brookings Papers on Economic Activity**: Microeconomics. (1990): p. 1-72; LANG, Larry H. P. & STULZ, Rene M. Tobin's q, Corporate Diversification, and Firm Performance. **Journal of Political Economy**, v. 102 (1994): p. 1248-80; BERGER, Philip G. & OFEK, Eli. Diversification's Effect on Firm Value. **Journal of Financial Economics**, v. 37 (1995): p. 39-65. COMMENT, Robert & JARRELL, Gregg A. Corporate Focus and Stock Returns. **Journal of Financial Economics**, v. 37 (1995): p. 67-87.

[15] WESTON, J. Fred. Divestitures: Mistakes or Learning. **Journal of Applied Corporate Finance**, v. 2 (1989): p. 68-76.

[16] KAPLAN, Steven N.; WEISBACH, Michael S. The Success of Acquisitions. Op. cit.

aproximadamente um terço dessas alienações ocorreram em resposta a um desempenho fraco após a fusão[17]. Assim, o mero fato de que aquisições são alienadas posteriormente não demonstra improbidade administrativa generalizada.

Em segundo lugar, o mercado de controle corporativo já está altamente regulado, e é difícil obter, a partir das experiências correntes e recentes, conclusões sólidas a respeito de como funcionariam os mercados de capitais caso não houvesse entraves. Por exemplo, Ravenscraft e Scherer[18], Porter[19] e outros críticos propõem sequências particulares de reestruturações eficientes e ineficientes: diversificações, aquisições de construção de impérios nos anos 1960 e início dos anos 1970, e então alienações eficientes nos anos 1980. Mas por que os empreendedores cometeram erros sistemáticos durante o período dos conglomerados, mas não depois disso? Será que mudanças nos ambientes legal, político e regulatório podem explicar as aglomerações de erros durante períodos específicos?

Terceiro, mesmo se as alienações são consideradas como reveladoras de erros anteriores, o fracasso de uma aquisição em particular não indica, necessariamente, uma falha da *estratégia* de aquisições. Certos tipos de aquisições – por exemplo, aquisições de firmas em setores intensivos em conhecimento e de alta tecnologia – podem ser inerentemente mais arriscadas do que outras. Se os retornos de uma integração bem-sucedida das atividades-alvo com as atividades existentes da firma são suficientemente elevados, então a aquisição tem valor esperado positivo, mesmo se ela apresenta mais chances de fracasso do que uma aquisição mais segura. Matsusaka[20] oferece este tipo de interpretação da diversificação

---

[17] Outros estudos empíricos de vendas de ativos e reestruturações incluem: HITE, Gailen L.; OWENS, James E. & ROGERS, Ronald D. The Market for Interfirm Assett Sales: Partial Sell-Offs and Total Liquidations. **Journal of Financial Economics**, v. 18 (1987): p. 229-52; LANG, Larry H. P.; POULSEN, Annette B. & STULZ, Rene M. Firm Performance, Asset Sales, and the Costs of Managerial Discretion. **Journal of Financial Economics**, v. 37 (1994): p. 3-37; JOHN, Kose & OFEK, Eli. Asset Sales And Increase in Focus. **Journal of Financial Economics**, v. 37 (1995): p. 105-26; e SCHLINGEMANN, Frederik P.; STULZ, Rene M. & WALKLING, Ralph A. Divestitures and the Liquidity of the Market for Corporate Assets. **Journal of Financial Economics**, v. 64 (2002): p. 117-44. Esses artigos analisam as alienações de forma mais geral, e não somente as alienações de ativos adquiridos anteriormente.
[18] RAVENSCRAFT, David & SCHERER, F. M. **Mergers, Sell-Offs, and Economic Efficiency**. Op. cit.; Idem. Divisional Sell-Offs. Op. cit.
[19] PORTER, Michael E. From Competitive Advantage to Corporate Strategy. Op. cit.
[20] MATSUSAKA, John G. Corporate Diversification, Value Maximization, and Organizational Capabilities. **Journal of Business**, v. 74 (2001): p. 409-31.

corporativa. Aquisições de diversificação representam experimentos, dado que as firmas tentam várias combinações de negócios, buscando aquelas que correspondem às suas capacidades (no sentido de Penrose[21]; Nelson e Winter[22]; e Wernerfelt[23]). Depois de aprender mais a respeito de suas capacidades, as firmas alienam as aquisições que resultaram em correspondências fracas. Neste sentido, alienações refletem experimentos bem-sucedidos – o adquirente aprendeu que o setor do alvo não é um bom correspondente para suas capacidades. Tais firmas que "buscam correspondências" irão adquirir e alienar ativamente ao longo do tempo[24].

Este capítulo elabora uma quarta interpretação das alienações corporativas – uma interpretação austríaca, baseada nas três já mencionadas. Os autores austríacos consideram a competição de mercado como um processo dinâmico, de rivalidade, que se desenvolve gradualmente no transcurso do tempo – um "processo de descoberta", na famosa frase de Hayek[25]. O futuro reserva surpresas genuínas, e não meramente um conjunto fechado de eventos cujas probabilidades são desconhecidas. A partir desta perspectiva, o sucesso de uma aquisição no longo prazo, assim como de qualquer ação empreendedora, não

---

[21] PENROSE, Edith T. **The Theory of the Growth of the Firm**. Op.cit.
[22] NELSON, Richard R. & WINTER, Sidney G. **An Evolutionary Theory of Economic Change**. Cambridge, Mass.: Harvard University Press, 1982.
[23] WERNERFELT, Birger. A Resource-Based View of the Firm. **Strategic Management Journal**, v. 5 (1984): p. 171-180.
[24] Sanchez, Heene e Thomas sugerem que o mesmo vale para redes e alianças. Ver SANCHEZ, Ron; HEENE, Aimé & THOMAS, Howard. Introduction: Towards the theory and practice of competence-based competition. In: SANCHEZ, Ron; HEENE, Aimé & THOMAS, Howard (Eds.). **Dynamics of Competence-Based Competition**: **Theory and Practice in the New Strategic Management**. London: Elsevier, 1996.

> Em um contexto de mercado dinâmico, a longevidade das alianças interfirma não é necessariamente um indicador de colaboração bem-sucedida. Uma sucessão de alianças de curto prazo por parte de uma firma, por exemplo, pode sugerir que a firma possui uma capacidade superior de aprender de seus parceiros, ou que ela pode ter uma habilidade superior para reconfigurar rapidamente sua cadeia de recursos acessáveis pela firma (*firm-addressable resources*) em resposta a mudanças nas condições competitivas e do mercado. [N. do T.: a expressão *firm-addressable resources* corresponde aos recursos que a firma não possui, mas que pode acessar quando tiver necessidade de utilizá-los].

Mosakowski também oferece uma teoria da experimentação para a diversificação (sem olhar para alienações posteriores). Ver MOSAKOWSKI, Elaine. Strategy Making Under Causal Ambiguity: Conceptual Issues and Empirical Evidence. **Organization Science**, v. 8 (1997): p. 414-42.
[25] HAYEK, F. A. Coping with Ignorance. **Imprimis**, v. 7 (1978): p. 1-6.

pode ser "previsto". Empreendedores dependem do julgamento, ou daquilo que Mises[26] chama de *entendimento*. O entendimento é intuitivo, subjetivo e qualitativo, e, portanto, inerentemente imperfeito. Por esta razão, alienações de subunidades que apresentam baixo desempenho podem ser consideradas como respostas eficientes a mudanças imprevistas nas condições regulatórias e do setor, ou, em termos mais gerais, como respostas a julgamentos fracos da parte de empreendedores voltados para o lucro. A viabilidade *ex post* não é uma boa indicadora da eficiência *ex ante*.

Começaremos com a teoria do empreendedorismo proposta por Mises[27], apresentando-a como um desafio para a perspectiva da agência a respeito das alienações. Então, apresentaremos evidências empíricas de que a performance de longo prazo das aquisições corporativas não pode, em geral, ser prevista através de medidas de conflitos de agência. Em vez disso, alienações de ativos previamente adquiridos são mais prováveis quando as firmas estão experimentando, aprendendo e, de outras maneiras, tentando lidar com a incerteza a respeito das condições futuras. Também mostraremos que aquisições erradas apresentam maior probabilidade de ocorrer sob certas circunstâncias, mais exatamente durante períodos de intensa atividade de regulação específica no setor. Nossa própria pesquisa sobre reestruturação[28] mostra que taxas de alienação significativamente mais elevadas seguem-se a fusões que ocorrem em um aglomerado de fusões no mesmo setor. Tal como argumentado por Mitchell e Mulherin[29], Andrade *et al*[30], e Andrade e Stafford[31], as fusões ocorrem com frequência em grupos do setor, sugerindo que as fusões são impulsionadas, em parte, por fatores específicos do setor, tais como choques regulatórios. Quando um setor é regulado, desregulado ou regulado novamente, o cálculo econômico torna-se mais difícil e a atividade empreendedora é prejudicada. Não

---

[26] MISES, Ludwig von. **Ação Humana**. Op. cit.
[27] Idem.
[28] KLEIN, Peter G. & KLEIN, Sandra K. Are Divestitures Predictable? A Duration Analysis. Working paper. **Contracting and Organizations Research Institute**, University of Missouri. 2008.
[29] MITCHELL, Mark & MULHERIN, J. Harold. The Impact of Industry Shocks on Takeover And Restructuring Activity. Op. cit.
[30] ANDRADE, Gregor; MITCHELL Mark & STAFFORD, Erik. New Evidence And Perspectives On Mergers. Op. cit.
[31] ANDRADE, Gregor & STAFFORD, Erik. Investigating the Economic Role of Mergers. Op. cit.

deveria surpreender que, sob essas condições, o resultado seja uma performance fraca no longo prazo.

Este último resultado é consistente com o ponto de vista, expressado repetidamente na literatura austríaca, de que o erro empresarial está associado com a intervenção do governo no mercado – em particular, com a posse governamental da propriedade e com a interferência no sistema de preços. Mises[32] notoriamente mostrou que o cálculo econômico não é possível sem propriedade privada em todos os mercados, especialmente nos mercados de fatores de produção. A teoria austríaca sobre ciclos de negócios[33] sugere que erros empreendedores são mais prováveis sob expansão de crédito patrocinada pelo governo. Este capítulo traz um argumento relacionado: decisões empresariais de realizar aquisições que serão posteriormente lamentadas e alienadas são mais prováveis após intervenção do governo em setores específicos.

O restante do capítulo é organizado da seguinte maneira. A primeira seção revisa a literatura austríaca sobre empreendedorismo, incerteza e cálculo econômico, sugerindo que o sucesso *ex post* das ações empreendedoras não pode ser previsto com base em informações geralmente disponíveis. A segunda seção introduz a teoria e evidências recentes sobre as razões para fusões e alienações, contrastando duas perspectivas opostas sobre as liquidações: construção de impérios e experimentação. A terceira seção revisa algumas evidências empíricas sobre as causas da alienação anteriores à fusão, desafiando assim a explicação da construção de impérios, que é a geralmente aceita. A última seção é dedicada às conclusões.

I - Empreendedorismo, Lucro e Perda

Conforme discutido no Capítulo 2, o empreendedorismo misesiano é um fenômeno fundamentalmente dinâmico, que se desdobra no tempo do calendário. O lucro ou perda empresarial é a diferença entre as receitas eventuais, incertas, e os gastos iniciais, menos a taxa geral de juros. Obviamente, o empreendedor-promotor de Mises está ausente dos modelos de livro-texto do equilíbrio geral competitivo, nos

---

[32] MISES, Ludwig von. **Economic Calculation in the Socialist Commonwealth**. Op. cit.
[33] Idem. **The Theory of Money and Credit**. London: Jonathan Cape, 1934 [1912]; HAYEK, F. A. **Prices and Production**. London: Routledge and Kegan Paul, 2ª ed., 1935; GARRISON, Roger W. **Time and Money**: The Macroeconomics of Capital Structure. London: Routledge, 2000.

quais a incerteza é substituída por risco probabilístico. Nesses modelos, é possível antecipar quais ações, em média, seriam lucrativas. Em um mundo de incerteza "verdadeira" (estrutural, em vez de paramétrica), entretanto, as oportunidades de lucro não existem "lá fora", esperando para serem realizadas por alguém disposto a adotar uma determinada ação. Ao invés disso, oportunidades de lucro são criadas através da ação empreendedora. Em concordância com Mises, a habilidade empreendedora não consiste simplesmente de sorte ou "estado de alerta", isto é, da capacidade de reconhecer oportunidades de lucro que aparecem, *ex nihilo*, para o descobridor. Em vez disso, o empreendedorismo é julgamento: *"Estado de alerta é a qualidade mental de estar à procura de algo novo; julgamento é o processo mental de atribuir relevância àquelas coisas que já conhecemos"*[34]. Neste contexto,

> promotores-empreendedores são aqueles que buscam o lucro promovendo ativamente o ajuste à mudança. Não se contentam em ajustar passivamente suas atividades a mudanças facilmente previsíveis ou a mudanças que já ocorreram em suas circunstâncias; em vez disso, eles consideram a mudança como uma oportunidade para aperfeiçoar suas próprias condições e tentam antecipá-la e explorá-la agressivamente.[35]

Todos os empreendedores, em particular aqueles que operam nos mercados financeiros, utilizam o cálculo econômico como sua principal ferramenta de tomada de decisões[36]. Por cálculo econômico Mises queria dizer simplesmente a utilização dos preços presentes e dos preços futuros antecipados para comparar os custos presentes com os benefícios futuros esperados. Desta maneira, o empreendedor decide quais bens e serviços devem ser produzidos, e que métodos de produção devem ser utilizados para produzi-los. *"O papel do empreendedor não é meramente o*

---

[34] HIGH, Jack C. Alertness and Judgment: Comment on Kirzner. In: KIRZNER, Israel (Ed.). **Method, Process, and Austrian Economics**: Essays in Honor of Ludwig von Mises. Lexington, Mass: D.C. Heath, 1980. p. 167.
[35] SALERNO, Joseph T. Mises And Hayek Dehomogenized. **Review of Austrian Economics**, v. 6 (1993): p. 113-46. p. 123. Ver também HÜLSMANN, Jörg Guido. Knowledge, Judgment, And The Use Of Property. **Review of Austrian Economics**, v. 10 (1997): p. 23-48.
[36] O Capítulo2 argumenta que o empreendedorismo do mercado financeiro é um tipo particularmente importante de atividade empreendedora, apesar de ter recebido pouca atenção na bibliografia austríaca.

de experimentar com novos métodos tecnológicos, mas sim selecionar, a partir de uma variedade de métodos tecnologicamente factíveis, aqueles que são mais adequados para fornecer ao público, da maneira mais barata, as coisas que estão pedindo com mais urgência"[37]. Para realizar esta seleção, o empreendedor deve ponderar os custos e benefícios esperados a partir de diversos cursos de ação, e para isso ele precisa dos números cardinais proporcionados pelos preços monetários. O cálculo monetário, portanto, requer propriedade privada e preços monetários.

Como vimos no Capítulo1, o famoso ensaio de Mises, de 1920, sobre o cálculo econômico sob o socialismo não é tanto sobre socialismo *per se*; é um argumento sobre o papel dos preços para os bens de capital[38]. Empreendedores tomam decisões sobre alocação de recursos com base em suas expectativas de preços futuros e na informação contida nos preços presentes. Para obter lucros, eles precisam de informações sobre todos os preços; não somente os preços dos bens de consumo, mas também os preços dos fatores de produção. Sem mercados para os bens de capital, esses bens podem não ter preços, e portanto os empreendedores não podem fazer julgamentos sobre a escassez relativa desses fatores. Em resumo, recursos não podem ser alocados de maneira eficiente. Em qualquer ambiente, portanto – socialista ou não –, onde um fator de produção não possui preço de mercado, um usuário potencial desse fator será incapaz de tomar decisões racionais sobre sua utilização. Colocada desta forma, a afirmação de Mises é simplesmente que a alocação eficiente dos recursos em uma economia de mercado exige que os mercados de ativos estejam em bom funcionamento.

Apesar do foco explícito de Mises no empreendedorismo, grande parte da teoria moderna da produção – de fato, a totalidade da teoria neoclássica da empresa – não se concentra nos empreendedores, mas sim nos administradores. A teoria tradicional da maximização de lucro é quase sempre apresentada a partir da perspectiva do administrador, o agente que opera a planta, e não do proprietário, que fornece o capital para financiar a planta. No entanto, dado que os proprietários controlam quanta autoridade delegar aos administradores operacionais, os capitalistas são, em um sentido importante, os tomadores finais de decisões. Para entender a firma, portanto, precisamos nos concentrar nas ações e planos dos fornecedores de capital financeiro, ou seja, dos capitalistas-empreendedores.

---

[37] MISES, Ludwig von. **Profit and Loss**. Op. cit.
[38] ROTHBARD, Murray N. **Letter to Sandra K. Johnson**. Op. cit.

É verdade, obviamente, que quando os capitalistas-empreendedores proporcionam recursos às firmas, eles geralmente delegam aos administradores a responsabilidade para a utilização desses recursos no dia a dia. A possibilidade de discrição administrativa que resulta disso é, claramente, o problema central da literatura moderna em finanças corporativas e teoria da firma. Tal como discutido no Capítulo 2, a bibliografia de governança corporativa identifica uma variedade de mecanismos por meio dos quais os acionistas podem limitar esta discrição, tais como o estabelecimento de conselhos de diretores, a utilização de pagamentos com base em performance, a adoção de uma estrutura de "forma-M" e a exploração da competição entre os administradores e os administradores potenciais. Fora da empresa, a competição nos mercados de produtos, de trabalho e de capitais ajuda a alinhar os interesses dos administradores com os dos acionistas[39].

Portanto, devemos ser cautelosos em atribuir a alienação eventual de muitas aquisições – em particular durante os anos 1960 e 1970 – a razões administrativas. Mais ainda: a afirmação de que os conglomerados aquisitivos dos anos 1960 e 1970 eram ineficientes é inconsistente com as evidências recentes de que, durante aqueles anos, aquisições de diversificação – em particular aquelas que criaram mercados de capitais internos – tenderam a aumentar os valores de mercado das firmas adquirentes[40]. À luz destas evidências, *"a visão simples de que os 'desentendimentos' dos anos 1980 foram um corretivo aos excessos gerenciais do passado é insustentável"*[41]. Em suma, tanto a teoria quanto a evidência empírica lançam dúvidas sobre a sabedoria convencional, de acordo com a qual os administradores corporativos cometeram erros sistemáticos previsíveis ao adquirirem subunidades (geralmente não relacionadas) durante os anos 1960 e 1970, e os participantes do mercado financeiro cometeram erros sistemáticos com a aprovação dessas aquisições.

---

[39] Jensen argumenta que mecanismos internos de controle geralmente são fracos e ineficientes, enquanto os mecanismos externos de controle – onde permite-se que eles funcionem – são tipicamente superiores. Ver JENSEN, Michael C. **The Modern Industrial Revolution, Exit, and the Failure of Internal Control Systems**. Op. cit.

[40] MATSUKAKA, John G. **Takeover Motives During the Conglomerate Merger Wave**. Op. cit.; HUBBARD, R. Glenn & PALIA, Darius A. **A Reexamination of the Conglomerate Wave in the 1960s**. Op. cit.; KLEIN, Peter G. Were the Acquisitive Conglomerates Inefficient? Op. cit.

[41] MATSUKAKA, John G. **Takeover Motives During the Conglomerate Merger Wave**. Op. cit. p. 376.

II - Fusões, Liquidações e Eficiência: Teoria e Evidência

Por que, em geral, as firmas se expandem e diversificam através de fusões? Por que às vezes elas recuam e "redirecionam o foco" através de alienações? A teoria das fusões é um subconjunto da teoria do tamanho ótimo e do formato da firma, uma área relativamente subdesenvolvida na literatura austríaca. Os Capítulos 1 e 2 argumentam em favor de uma visão coasiana modificada, ou contratual, para as fronteiras da firma, segundo a qual os limites da organização são dados pela necessidade de realizar cálculos econômicos utilizando os preços gerados nos mercados externos. Outros autores veem a abordagem austríaca como mais apropriada para a teoria da firma baseada em recursos, definindo as capacidades da firma em termos do conhecimento tácito hayekiano[42]. Em cada caso, podemos pensar na fusão ou aquisição como uma resposta a uma discrepância na valoração: a aquisição ocorre quando o valor dos ativos existentes da firma é maior para uma parte externa do que para seus proprietários atuais. Colocado de forma diferente, uma fusão pode ser uma resposta a economias de escopo, onde o valor combinado dos ativos das firmas que se fundem excede seus valores conjuntos separadamente[43]. Tal

---

[42] LANGLOIS, Richard N. Transaction cost economics in real time. **Industrial and Corporate Change**, v. 1 (1992): p. 99-127; Idem. The Boundaries of the Firm. Op. cit.; MINKLER, Alanson P. The Problem with Dispersed Knowledge: Firms in Theory and Practice. **Kyklos**, v. 46 (1993a): p. 569-87.

[43] Duas explicações populares para economias multiproduto de escopo concentram-se nos mercados de capitais internos e nos recursos estratégicos. De acordo com a hipótese dos mercados de capitais internos, tal como expressa por Alchian, Williamson, Gertner *et al* e Stein, esses mercados apresentam vantagens onde o acesso a fundos externos é limitado (ver ALCHIAN, Armen A. Corporate Management and Property Rights. In: MANNE, Henry G. (Ed.). **Economic Policy and the Regulation of Corporate Security**. Washington, D.C.: American Enterprise Institute, 1969; WILLIAMSON, Oliver E. **Markets and Hierarchies**. Op. cit.; GERTNER, Robert H.; SCHARFSTEIN, David S. & STEIN, Jeremy C. Internal Versus External Capital Markets. Op. cit.; STEIN, Jeremy C. Internal Capital Markets And The Competition For Corporate Resources. Op. cit.). O escritório central da firma diversificada pode utilizar vantagens informacionais, direitos de controle residual e sua capacidade para intervir de forma seletiva nos assuntos divisionais para alocar recursos dentro da firma melhor do que os mercados de capitais externos fariam se as divisões fossem firmas autônomas. Na perspectiva baseada em recursos, a firma é vista como um estoque de conhecimento, estabelecendo uma variedade de competências que podem estender-se através de múltiplas linhas de produtos. Lucros em excesso ou retornos supranormais são vistos como rendas resultantes para fatores de produção singulares, e as firmas diversificam porque elas possuem excesso de capacidade nesses fatores singulares (ver MONTGOMERY, Cynthia A. & WERNER-

como em qualquer troca voluntária, a transação é (*ex ante*) vantajosa para ambas as partes e deve, portanto, promover bem-estar.

Novas combinações de ativos corporativos podem gerar eficiências ao substituir os administradores que apresentam baixa performance[44], criando sinergias operacionais[45] ou estabelecendo mercados de capitais internos[46]. Em particular, evidências consideráveis sugerem que o mercado para controle corporativo disciplina os administradores incumbentes. Por exemplo, Morck, Shleifer e Vishny[47] descobriram que firmas que apresentam taxas q de Tobin mais baixas são alvos mais prováveis de aquisições. A taxa q de Tobin mede a razão entre o valor de mercado da firma e o custo de reposição (ou o valor contábil) de seus ativos. Dado que as firmas que apresentam uma razão mercado/valor contábil baixa têm fluxos de caixa esperados baixos em relação à quantidade de capital investido, a razão mercado/valor contábil pode ser interpretada como uma medida das oportunidades de investimento da firma[48], ou como uma medida da ineficiência administrativa ou do conflito de agência dentro da firma[49]. Firmas com baixo q são os alvos mais prováveis de aquisições.

FELT, Birger. Diversification, Ricardian Rents, and Tobin's q. **RAND Journal of Economics**, v. 19 (1988): p. 623-32).
[44] JENSEN, Michael C. & RUBACK, Richard S. The Market for Corporate Control. Op. cit.; MITCHELL, Mark L. & LEHN, Kenneth. Do Bad Bidders Become Good Targets? **Journal of Political Economy**, v. 98 (1990): p. 372-98.
[45] WESTON, J. Fred; CHUNG, Kwang S. & HOAG, **Susan E. Mergers, Restructuring, and Corporate Control**. Englewood Cliffs, N.J.: Prentice-Hall, 1990. p. 194-95.
[46] ALCHIAN, Armen A. Corporate Management and Property Rights. Op. cit.; WILLIAMSON, Oliver E. Markets and Hierarchies. Op. cit.; GERTNER, Robert H.; SCHARFSTEIN, David S. & STEIN, Jeremy C. Internal versus External Capital Markets. Op. cit.; e STEIN, Jeremy C. Internal Capital Markets and the Competition for Corporate resources. Op. cit.
[47] MORCK, Randall; SHLEIFER, Andrei & VISHNY, Robert W. Management Ownership and Market Valuation: An Empirical Analysis. **Journal of Financial Economics**, v. 20 (1988): p. 293-315.
[48] SMITH, Clifford W., Jr.; WATTS, Ross L. The Investment Opportunity Set And Corporate Financing, Dividend, and Compensation Policies. **Journal of Financial Economics**, v. 32 (1992): p. 263-92; GAVER, Jennifer J. & GAVER, Kenneth M. Additional Evidence on the Association Between the Investment Opportunity Set and Corporate Financing, Dividend, and Compensation Policies. **Journal of Accounting and Economics**, v. 16 (1993): p. 125-60.
[49] LANG, Larry H. P.; STULZ, René M. & WALKLING, Ralph. A Test of the Free Cash Flow Hypothesis: The Case of Bidder Returns. **Journal of Financial Economics**, v. 28 (1991): p. 315-35.

Dados os benefícios das aquisições, por que tantas fusões são, mais tarde, "revertidas" mediante uma alienação ou cisão? Aqui, distinguimos entre dois pontos de vista básicos. O primeiro, que pode ser chamado de *construção de impérios*, sustenta que administradores entrincheirados fazem aquisições, geralmente pagando com ações (inflacionadas) da firma adquirente, com a motivação primária de aumentar seu próprio poder, prestígio ou controle. Essas aquisições produzem ganhos de eficiência insignificantes, e portanto é mais provável que sejam alienadas *ex post*. E, o que é mais importante, dado que as motivações da firma adquirente são suspeitas, tais aquisições são ineficientes *ex ante*; observadores neutros podem prever, com base nas características pré-fusão, que essas fusões dificilmente serão viáveis no transcurso do tempo. Por permitirem essas aquisições, os participantes do mercado de capitais também são culpados de erro sistemático. Reconhecidamente, na perspectiva da construção de impérios, os mercados por fim corrigiram esses erros com as reestruturações dos anos 1980[50]. Além do mais, reguladores visionários poderiam ter reduzido os custos sociais, limitando tais aquisições em primeiro lugar.

Uma segunda perspectiva, que chamamos de *processo empreendedor de mercado*, reconhece que aquisições não lucrativas poderiam ser erros *ex post*, mas argumenta que a performance fraca no longo prazo não indica ineficiência *ex ante*. Na perspectiva do processo de mercado, uma alienação de ativos previamente adquiridos pode significar simplesmente que empreendedores voltados para o lucro atualizaram suas previsões das condições futuras ou, de outra forma, aprenderam com a experiência. Tal como colocado por Mises, *"o resultado da ação é sempre incerto. Agir é sempre especular"*[51]. Consequentemente, *"o empresário, na realidade, é um especulador, alguém que utiliza sua compreensão do futuro*

---

[50] Isto levanta a questão de por que, se os administradores estavam suficientemente entrincheirados a ponto de poderem realizar aquisições ineficientes em primeiro lugar, eles não permaneceram suficientemente entrincheirados para manter os alvos de baixo desempenho, ao invés de aliená-los e, com isso, correr o risco de revelar seus objetivos subjacentes? Boot argumenta que um administrador entrincheirado não irá alienar porque o mercado externo considerará a alienação como uma admissão de fracasso e uma sinalização negativa de sua habilidade. O argumento de que as alienações indicam problemas de agência assume, portanto, uma mudança no controle corporativo entre as aquisições originais e as posteriores alienações. Ver BOOT, Arnoud W. A. Why Hang On To Losers? Divestitures and Takeovers. **Journal of Finance**, v. 48 (1992): p. 1401-23. p. 1402.

[51] MISES, Ludwig von. **Ação Humana**. Op. cit. p. 309.

estado do mercado para realizar operações comerciais que resultem em lucros. Essa compreensão antecipadora das condições do futuro incerto não é susceptível de qualquer regra ou sistematização"[52].

Conforme discutido acima, esta noção de tomada empreendedora de decisões sob incerteza está de acordo com as teorias recentes das aquisições como uma forma de experimentação[53]. Nesses modelos, empreendedores voltados para o lucro somente podem aprender suas próprias capacidades ao tentarem diversas combinações de atividades, as quais podem incluir a diversificação para novos setores. As firmas podem, portanto, realizar aquisições de diversificação mesmo que elas saibam que tais aquisições provavelmente serão revertidas através de uma alienação. Este processo gera informação útil para rever planos empreendedores, e, portanto, uma estratégia de aquisição pode ser bem-sucedida mesmo se aquisições individuais não o forem. Nesses casos, a viabilidade de longo prazo de uma aquisição pode ser relacionada sistematicamente a características pré-fusão publicamente observáveis e associadas com a experimentação, mas não a características relacionadas à discrição administrativa.

Para explicar o padrão particular de fusões e aquisições observado ao longo das últimas décadas, as explicações baseadas no processo de mercado precisam apelar para mudanças nos ambientes jurídico, político, competitivo ou regulatório, que afetam a habilidade dos empreendedores para anteciparem condições futuras. Por que, por exemplo, foi particularmente difícil para os empreendedores prever o sucesso das aquisições nos anos 1960 e 1970? Por que os empreendedores sentiram uma necessidade maior de experimentar com várias combinações de negócios durante esses anos?

Uma possibilidade é que organizações complexas, com mercados de capitais internos ativos, foram necessárias nos anos 1960, mas tornaram-se menos importantes depois que os mercados de capitais foram desregulamentados nos anos 1970. A comunidade de investimentos nos anos 1960 era descrita como um grupo pequeno e muito unido, no qual a

---

[52] Idem, p. 667, ênfase no original.
[53] MOSAKOWSKI, Elaine. Strategy Making under Causal Ambiguity. Op. cit.; BOOT, Arnoud W. A.; MILBOURN, Todd T. & THAKOR, Anjan V. Mega-Mergers and Expanded Scope: Theories of Bank Size and Activity Diversity. **Journal of Banking and Finance**, v. 23 (1999): p. 195-214; MATSUSAKA, John G. Corporate Diversification, Value Maximization, and Organizational Capabilities. Op. cit.

competição era mínima e a influência dos pares era forte[54]. Como colocado por Bhidé[55], *"mercados de capitais internos... bem podem ter possuído uma fronteira significativa porque os mercados externos não eram altamente desenvolvidos. Naqueles dias, dizia-se que o sucesso de alguém em Wall Street dependia muito mais das conexões pessoais do que da destreza analítica"*. Durante aquele período, os mercados financeiros eram fontes relativamente fracas de capital. Em 1975, o SEC[56] desregulamentou as casas de corretagem e removeu sua regra sobre as comissões de preço fixo. O efeito da desregulamentação, como não é de surpreender, foi aumentar a competição entre fornecedores de serviços de investimento. *"Este processo competitivo resultou em um aumento significativo na habilidade de nossos mercados de capitais externos para monitorar a performance corporativa e alocar recursos"*[57]. Enquanto o custo do financiamento externo caiu, firmas tenderam a depender menos do financiamento interno, e portanto o valor acrescentado a partir das alocações dos mercados de capitais internos diminuiu. Consequentemente, firmas adotaram estruturas mais simples e "focadas", que dependem mais fortemente dos mercados de capitais externos e da terceirização, o que possivelmente explica algumas das alienações observadas nas últimas duas décadas.

III - As Alienações são Previsíveis?
Evidências de um Estudo de Duração

Esta seção sintetiza algumas pesquisas em andamento sobre as causas das alienações[58]. Se as aquisições são, na maioria das vezes, sintomas da construção administrativa de impérios, tal como sugerido por Ravenscraft e Scherer[59], Porter[60] e outros críticos, então as características pré-fusão associadas a altos níveis de discrição administrativa deveriam estar sistematicamente relacionados ao fracasso no longo prazo

---

[54] BERNSTEIN, Peter L. **Capital Ideas**: The Improbable Origins of Modern Wall Street. New York: Free Press, 1992.
[55] BHIDÉ, Amar. Reversing Corporate Diversification. Op. cit. p. 76.
[56] N. do T.: SEC é a sigla da Securities and Exchange Commission (Comissão de Valores Mobiliários) dos Estados Unidos.
[57] Idem, p. 77.
[58] KLEIN, Peter G. & KLEIN, Sandra K. Are Divestitures Predictable? Op. cit.
[59] RAVENSCRAFT, David & SCHERER, F. M. **Mergers, Sell-Offs, and Economic Efficiency**. Op. cit.
[60] PORTER, Michael E. From Competitive Advantage to Corporate Strategy. Op. cit.

e à reversão dessas aquisições. Na perspectiva do processo de mercado, em contraste, a performance de longo prazo deve ser correlacionada somente com as características pré-fusão relacionadas com a experimentação, com ambientes em rápida mudança ou com setores intensivos em conhecimento. Nossa pesquisa empírica encontrou pouca sustentação para a hipótese da construção de impérios, e apoia com muito mais força a perspectiva do processo de mercado. Especificamente, descobrimos que a maior parte das características tipicamente associadas à construção de impérios são preditores fracos para a duração das fusões. A evidência também sugere que a alienação é mais provável quando a aquisição original é impulsionada por choques competitivos ou regulatórios específicos do setor.

Klein e Klein[61] estudaram 222 pares de firmas que se fundiram durante o período de 1977 a 1983. Das 222 aquisições, 64, ou quase 30%, tinham sido alienadas até julho de 1995. Utilizamos um modelo de duração ou de "risco" para estudar os efeitos das características pré-fusão no momento da alienação. Modelos de duração ajudam a explicar como fatores exógenos, fatores não observados, e o próprio tempo afetam a duração média até que ocorra algum evento discreto (em nosso caso, a alienação). A análise de duração nos permite ver, historicamente, como as características das firmas adquirente e adquirida afetam a probabilidade de que a firma adquirida seja posteriormente alienada.

Para estudar os efeitos das características pré-fusão sobre a duração média das fusões, estimamos uma regressão de risco da duração (medida como o logaritmo natural do número de dias) sobre uma constante e sobre uma série de fatores potencialmente exógenos. Para avaliar a hipótese da construção de impérios, incluímos três características associadas a altos níveis de discrição administrativa: relacionalidade entre alvo e adquirente, diferenças nos índices de preço/lucro e o meio de pagamento. A relacionalidade aborda a visão comum de que administradores deliberadamente perseguem alvos não relacionados para expandirem seu controle ou para se tornarem mais valiosos para a firma. Seguindo Kaplan e Weisbach[62], examinamos esta afirmação construindo uma variável binária igual a 1 se as firmas adquirente e alvo compartilham pelo menos um código SIC[63] de dois dígitos; e 0, caso contrário.

---

[61] KLEIN, Peter G. & KLEIN, Sandra K. Are Divestitures Predictable? Op. cit.
[62] KAPLAN, Steven N.; WEISBACH, Michael S. The Success of Acquisitions. Op. cit.
[63] N. do T.: O código SIC (*Standard Industrial Classification*) é um sistema norte-americano de classificação de indústrias.

Diferenças nos índices de preço/lucro são geralmente vistas como outro indicador de razões para fusão. Críticos das fusões têm sugerido frequentemente que as firmas adquirentes crescem e prosperam por *"bootstrapping"*. Isto refere-se à prática por meio da qual as firmas ofertantes buscam alvos com índices de preço/lucro baixos para aumentar seus lucros relatados por ação. É trivial e matematicamente verdadeiro que, quando uma firma com um múltiplo de preço/lucro alto adquire uma firma com um múltiplo de preço/lucro baixo, e paga com suas próprias ações, os lucros por ação da adquirente irão aumentar, simplesmente porque os lucros combinados das duas firmas serão então divididos por um número total menor de ações em circulação. Logo, argumenta-se, firmas adquirentes podem expandir-se rapidamente, com aprovação do mercado, enquanto os administradores aproveitam esta oportunidade contábil[64].

Obviamente, este argumento assume que os participantes do mercado poderiam ser sistematicmente enganados por um simples truque algébrico. Sabe-se que manipulações financeiras e de balanço muito mais complicadas ocorrem frequentemente em operações de controle corporativo: ofertantes, nos anos 1960 e 1970, às vezes financiaram aquisições com títulos conversíveis, ações preferenciais conversíveis e outros instrumentos singulares. Pese a que os investidores poderiam (e eventualmente o fizeram) solicitar que os ganhos fossem relatados em uma base "totalmente diluída", para levar em consideração essas manipulações, Maikel[65] relata que *"a maior parte dos investidores em meados dos anos 1960 ignoravam tais sutilezas e ficavam satisfeitos só em ver os ganhos crescendo de maneira constante e rápida"*. Entretanto, não há evidências de que o *bootstrapping* predominava ou era bem-sucedido[66].

---

[64] Esta é a explicação de Malkiel para o *boom* de conglomerados: *"o maior ímpeto para a onda de conglomerados dos anos 1960 foi que o próprio processo de aquisição poderia ser feito de modo a produzir crescimento nos lucros por ação... Por meio de um pouco de prestidigitação [administradores de conglomerados] poderiam reunir um grupo de companhias sem potencial básico e produzir lucros por ação em aumento constante"*. Ver MALKIEL, Burton G. **A Random Walk Down Wall Street**. New York: W. W. Norton, 1990. p. 58. Para uma discussão mais equilibrada desta prática de *bootstrapping*, ver LYNCH, Harry H. **Financial Performance of Conglomerates**. Boston: Harvard University Press, 1971. p. 55-56.
[65] MALKIEL, Burton G. **A Random Walk Down Wall Street**. Op. cit. p. 61.
[66] BARBER, Brad M.; PALMER, Donald & WALLACE, James. Determinants of Conglomerate and Predatory Acquisitions: Evidence from the 1960s. **Journal of Corporate Finance**, v. 1 (1995): p. 283-318; MATSUSAKA, John G. Takeover Motives During the Conglomerate Merger Wave. Op. cit.

Não obstante, incluímos uma medida dos índices de preço/lucro relativos para ver se os adquirentes que escolhiam alvos com índices de preço/lucro mais baixos eram, historicamente, mais propensos a alienar esses mesmos alvos, implicando em que o *bootstrapping* tende a enganar os investidores, enquanto aumentos nos ganhos relatados disfarçam as aquisições ineficientes.

Também incluímos uma série de variáveis binárias para representar o meio de pagamento utilizado na fusão. Diversas teorias sugerem que a maneira como uma aquisição é financiada pode afetar a performance. Primeiro, a técnica de *bootstrapping* descrita acima funciona somente para fusões financiadas por permuta de ações. Em segundo lugar, Jensen[67] sustenta que o financiamento de aquisições por emissão de dívida serve para disciplinar a administração da firma adquirente mediante a redução da discrição pós-fusão na utilização de fluxo de caixa livre. Se isso for verdade, esperamos que os administradores entrincheirados evitem realizar aquisições utilizando dívidas, optando em vez disso pela permuta de ações.

Na perspectiva do processo de mercado ou da experimentação, em contraste, as alienações ocorrem quando o adquirente recebe informações novas sobre o alvo depois que a fusão já aconteceu. Plausivelmente, algumas características relevantes de firmas-alvo potenciais podem ser aprendidas somente por meio da experiência, forçando os empreendedores a revisarem seus planos de acordo com ela. Que tipos de alvos são mais propensos a apresentarem características desconhecidas? Grandes firmas engajam-se em mais atividades do que firmas menores, então os adquirentes potenciais têm mais a aprender. Por outro lado, firmas menores são menos a propensas a receberem menções na imprensa de negócios, então poderíamos argumentar, de forma plausível, que a informação privada é um problema maior para os alvos menores[68]. Incluímos o tamanho do alvo em nossas regressões para ver se algum aspecto é relevante. Firmas em setores intensivos em conhecimento e de mudança rápida também são propensas a apresentarem características ocultas dos adquirentes potenciais. Para capturar este efeito, criamos uma variável binária baseada em códigos SIC de dois dígitos. A variável assume o valor 1 se o alvo pertence a um dos seguintes setores: computação (sistemas,

---

[67] JENSEN, Michael C. **Agency Costs of Free Cash Flow, Corporate Finance, and Takeovers**. Op. cit.
[68] Entretanto, em nossa amostragem, todos os alvos são, elas próprias, empresas de capital aberto, portanto a falta de exposição midiática dificilmente é um problema.

software e serviços), produtos médicos, comunicações, aeroespacial e indústrias variadas de alta tecnologia. Também incluímos alvos de P&D porque a P&D é difícil de valorar, especiamente para quem está de fora, e portanto as firmas de setores intensivos em P&D são propensas a apresentarem características ocultas. Adquirentes potenciais poderiam conhecer os gastos dos alvos potenciais em P&D (que são relatados), mas isso pode não fornecer aos adquirentes muita informação sobre a qualidade das pesquisas ou mesmo o conteúdo da P&D.

Finalmente, tal como discutido acima, aquisições não relacionadas podem ser uma forma de experimentação, dado que firmas tentam novas combinações de atividades para encontrar aquelas que se encaixam melhor em suas capacidades existentes. Apesar de aquisições que buscam combinações serem mais propensas à alienação, elas ainda podem fazer parte de uma estratégia de aquisição de maximização de valor. Nossa variável de relacionalidade, descrita acima, pode ser uma variável substituta para o comportamento de busca de combinações. Entretanto, a melhor maneira de identificar firmas que buscam combinações é olhar diretamente para o padrão histórico de aquisições e alienações. Uma firma com um histórico de aquisições e alienações repetidas, especiamente aquisições em setores não relacionados, é propensa a ser uma buscadora de combinações, e portanto qualquer aquisição corrente é mais propensa a ser alienada. Infelizmente, nossa amostragem de fusões é muito pequena para possibilitar a compilação de históricos detalhados de aquisições e alienações para adquirentes individuais. Como uma primeira aproximação, procuramos, em nossa amostragem, por firmas adquirentes com pelo menos uma aquisição prévia que foi posteriormente alienada poucos anos após a aquisição. Criamos uma variável binária igual a 1, se a adquirente satisfez a esse critério em uma dada fusão, e 0, caso contrário[69].

Como observado acima, períodos de intensa atividade de fusão em indústrias específicas podem ser respostas para choques competitivos ou regulatórios específicos do setor. Mitchell e Mulherin[70], Andrade et al[71] e

---

[69] Mosakowski sugere que firmas mais jovens enfrentam mais incerteza, ou um nível mais elevado de "ambiguidade causal" a respeito da melhor utilização de seus recursos, o que implica em que a idade da firma também poderia ser um substituto para o comportamento de busca de combinações. Ver MOSAKOWSKI, Elaine. Strategy Making Under Causal Ambiguity. Op. cit.
[70] MITCHELL, Mark & MULHERIN, J. Harold. The Impact of Industry Shocks on Takeover and Restructuring Activity. Op. cit.
[71] ANDRADE, Gregor; MITCHELL Mark & STAFFORD, Erik. New Evidence and Perspectives on Mergers. Op. cit.

Andrade e Stafford[72] argumentam que fusões tendem a ocorrer em aglomerados setoriais, sugerindo assim que fatores específicos do setor são importantes. Mitchell e Mulherin argumentam que as aquisições corporativas são geralmente a maneira que proporciona a melhor relação custo-benefício para que os setores respondam a esses choques. Mais ainda, eles acrescentam: *"como as aquisições são impulsionadas em parte pelos choques setoriais, não é de surpreender que muitas firmas exibam performance volátil após as aquisições, com fracassos reais após alguns choques negativos"*[73].

Para capturar os efeitos dos choques específicos do setor, tais como os regulatórios e as alterações fiscais, incluimos, em nossas regressões, medidas de aglomeração setorial, tanto para as adquirentes quanto para os alvos. Em nossa amostragem, encontramos aglomerações substanciais. Por exemplo, pouco mais da metade das fusões durante o período entre 1977 a 1983 ocorreram em somente cinco dos trinta e sete setores SIC (dois dígitos) em nossa amostragem, tanto para adquirentes quanto para alvos, com três quartos ocorrendo em dez setores. Construímos variáveis de agrupamento contando o número de fusões em cada categoria SIC de dois dígitos a cada ano, e criando variáveis para cada fusão em correspondência ao número de fusões acontecendo (a) dentro do prazo de um ano da fusão sob observação (incluindo o ano antes da fusão, o ano da fusão e o ano após a fusão, para varrer uma janela de três anos), (b) dentro do prazo de dois anos da fusão (uma janela de cinco anos), e (c) dentro da amostragem inteira (uma janela de sete anos). Se aquisições arriscadas ou níveis elevados de experimentação tendem a aparecer durante períodos de choques específicos do setor, então essas variáveis de agrupamento terão efeitos negativos e significativos na duração do tempo até a alienação.

Nossos resultados desafiam a hipótese da construção de impérios e oferecem evidências mais consistentes com a perspectiva do processo de mercado. Das variáveis associadas a problemas de agência, somente a relacionalidade apresenta um efeito estatisticamente significativo sobre a duração das fusões. Nem diferenças no índice de preço/lucro, nem o meio de pagamento apresentaram coeficientes estatisticamente significativos em qualquer uma das diversas especificações. O coeficiente na relacionalidade é positivo, significando que aquisições relacionadas são

---

[72] ANDRADE, Gregor & STAFFORD, Erik. Investigating the Economic Role of Mergers. Op. cit.
[73] MITCHELL, Mark & MULHERIN, J. Harold. The Impact of Industry Shocks on Takeover and Restructuring Activity. Op. cit.

mais propensas, em média, a serem alienadas[74]. Entretanto, o coeficiente na relacionalidade também é consistente com a explicação de processo de mercado. Das cinco variáveis associadas a esta perspectiva, o coeficiente na relacionalidade é positivo e significativo, o coeficiente na P&D do alvo é negativo e significativo, e o coeficiente no indicador de busca de combinações é negativo e significativo, de acordo com o esperado. Os coeficientes no tamanho do alvo e no indicador para setores de alta tecnologia apresentam os sinais esperados (positivo e negativo, respectivamente), mas não são estatisticamente significativos.

Em geral, nossos achados sugerem que as alienações em nossa amostragem não são, em média, o resultado previsível de aquisições imprudentes. Em vez disso, as alienações seguem-se à experimentação e aprendizado, características saudáveis de uma economia de mercado. Mais ainda, agrupamentos setoriais aparentam ter um efeito regular na duração média das fusões. Os coeficientes em nossas variáveis de agrupamento dos adquirentes são consistentemente negativos e estatisticamente significativos (os coeficientes nas variáveis de agrupamento dos alvos, em contraste, não são estatisticamente significativos). Isto sugere que o desempenho volátil segue-se aos choques, conforme sugerido por Mitchell e Mulherin[75].

Este resultado é consistente com a perspectiva de que as firmas realizam aquisições quando enfrentam incerteza crescente[76]. A interferência regulatória poderia ser uma das principais causas de tal incerteza. Tal como discutido acima, a intervenção do governo torna o cálculo econômico mais difícil e pode, em última análise, impossibilitar o cálculo. Quando enfrentam um aumento na interferência regulatória, as firmas aparentemente respondem com experimentações, fazendo aquisições mais arriscadas, e consequentemente comentendo mais erros *ex post*.

---

[74] Tal como em KAPLAN, Steven N.; WEISBACH, Michael S. The Success of Acquisitions. Op. cit.
[75] MITCHELL, Mark & MULHERIN, J. Harold. The Impact of Industry Shocks on Takeover and Restructuring Activity. Op. cit.
[76] Ver SPULBER, Daniel F. Economic Analysis and Management Strategy: A Survey. **Journal of Economics and Management Strategy**, v. 1 (1992): p. 535-74. p. 557-59.

IV - Conclusões

Os empreendedores cometem erros previsíveis? Tanto a teoria quanto as evidências sugerem o contrário. Em oposição à sabedoria convencional sobre fusões e liquidações, as alienações de ativos adquiridos anteriormente não indica, necessariamente, que as aquisições originais foram erros. De fato, motivações de construção de impérios não parecem estar sistematicamente relacionadas à performance de longo prazo das fusões. Em vez disso, as alienações são mais propensas a estarem associadas com a experimentação, o aprendizado e outras atividades socialmente benéficas.

Aquisições são empreendimentos incertos, e o empreendedor-promotor – juntamente com os administradores aos quais ele delega autoridade – é um especulador. Se as consequências de suas ações fossem determinadas, ele não seria um empreendedor, mas sim "um autômato sem alma"[77], como algumas teorias econômicas parecem tratá-lo. Entretanto, o futuro nunca pode ser conhecido com certeza; o lucro e a perda no longo prazo não podem ser previstos com base na informação corrente. Conforme explicado por Mises:

> O que distingue o empresário ou promotor bem-sucedido das outras pessoas é precisamente o fato de ele não se deixar levar pelo que foi ou pelo que é, mas de agir em função da sua opinião sobre o que será. Ele vê o passado e o presente como as outras pessoas; mas sua visão do futuro é diferente.[78]

Conforme discutido acima, dificilmente é de surpreender que esses julgamentos sejam imperfeitos. A questão relevante para a formulação de políticas é se há alguma alternativa factível à governança corporativa baseada no mercado. Nossa leitura da literatura em economia política nos deixa com dúvidas de que tal alternativa possa existir.

---

[77] MISES, Ludwig von. **Ação Humana**. Op. cit. p. 667.
[78] Idem. *Ibidem*. p. 667.

Capítulo IV
A Organização Empreendedora do Capital Heterogêneo[1]

com Kirsten Foss, Nicolai J. Foss e Sandra K. Klein

A teoria do empreendedorismo é apresentada de diversas maneiras. Acadêmicos de administração e economistas consideram o empreendedor como um inovador, um líder, um criador, um descobridor, um equilibrador e muito mais. Contudo, em somente algumas dessas teorias o empreendedorismo é conectado explicitamente com a propriedade de ativos[2]. As teorias sobre o empreendedorismo baseadas na propriedade começam com a proposição de que o julgamento empresarial é caro para ser negociado, uma ideia originalmente sugerida por Knight[3]. Quando o julgamento é complementar a outros ativos, faz sentido para os empreendedores possuírem esses ativos complementares. O papel do empreendedor, portanto, é arranjar ou organizar os bens de capital que possui. O julgamento empresarial é, em última instância, uma avaliação sobre o controle dos recursos.

Em um mundo de bens de capital idênticos, o julgamento empresarial desempenha um papel relativamente menor. Infelizmente,

---

[1] Publicado originalmente em: **Journal of Management Studies**, v. 44, n. 7 (November 2007): p. 1165-86.
[2] Exemplos incluem CASSON, M. C. **The Entrepreneur**: An Economic Theory. Oxford: Martin Robertson, 1982; FOSS, Nicolai J. Theories of the Firm: Contractual and Competence Perspectives. **Journal of Evolutionary Economics**, v. 3 (1993b): p. 127-44; FOSS, Nicolai J. & KLEIN, Peter G. Entrepreneurship and the Economic Theory of the Firm: Any Gains from Trade? In: AGARWAL, Rajshree; ALVAREZ, Sharon A. & SORENSON, Olav (Eds.). **Handbook of Entrepreneurship**: Disciplinary Perspectives. Norwell, Mass: Kluwer, 2005; Knight, Frank H. **Risk, Uncertainty, and Profit**. Op. cit.; LANGLOIS, Richard N. & COSGEL, M. Frank Knight on Risk, Uncertainty, and the Firm: A New Interpretation. **Economic Inquiry**, v. 31 (1993): p. 456-65; MISES, Ludwig von. **Ação Humana**. Op. cit.
[3] Frank H. **Risk, Uncertainty, and Profit**. Op. cit.

a economia neoclássica *mainstream*, sobre a qual se baseia a maior parte das teorias econômicas do empreendedorismo, carece de uma teoria sistemática da heterogeneidade do capital. Fortemente influenciada pelo conceito de Knight[4] do capital como um fundo de valor permanente e homogêneo, ao invés de um estoque discreto de bens de capital heterogêneos, os economistas neoclássicos têm dado pouca atenção à teoria do capital. Por esta razão, as teorias da atividade empresarial baseadas na propriedade, assim como teorias contemporâneas dos limites da firma, da propriedade e da estratégia, não são geralmente fundamentadas em uma teoria sistemática do capital ou dos atributos de ativos. Este capítulo delineia a teoria do capital associada com a Escola Austríaca de economia e deriva implicações para o empreendedorismo e a organização econômica.

A Escola Austríaca de economia[5] é bem conhecida nos estudos de administração por suas contribuições à teoria do empreendedorismo e seu tratamento complementar de "processo de mercado" para a atividade econômica[6]. Outras ideias caracteristicamente austríacas, tais como a estrutura temporal do capital e a teoria do *"malinvestment"* (investimento equivocado) para o ciclo econômico têm recebido muito menos atenção. Para muitos austríacos, a teoria do empreendedorismo relaciona-se estreitamente à teoria do capital. Conforme argumentado por Lachmann: *"Vivemos em um mundo de mudanças inesperadas; logo, as*

---

[4] KNIGHT, Frank H. The Quantity of Capital and the Rate of Interest. **Journal of Political Economy**, v. 44 (1936): p. 612-642.

[5] MENGER, Carl. **Principles of Economics**. Op. cit.; BÖHM-BAWERK, Eugen von. **Positive Theory of Capital**. Vol. 2 of BÖHM-BAWERK, Eugen von. **Capital and Interest**. South Holland, Ill: Libertarian Press, 1959 [1889]; MISES, Ludwig von. **Ação Humana**. Op. cit.; HAYEK, F. A. **Individualism and Economic Orde**r. Chicago: University of Chicago Press, 1948; _____. Competition as a Discovery Procedure. **Quarterly Journal of Austrian Economics**, v. 5 (1968b): p. 9-23. Traduzido por Marcellus S. Snow; KIRZNER, Israel M. **Competição e Atividade Empresarial**. Op. cit.; LACHMANN, Ludwig M. **Capital and its Structure**. Op. cit.; ROTHBARD, Murray N. **Man, Economy, and State**. Op. cit.

[6] CHILES, Todd H. Process Theorizing: Too Important to Ignore in a Kaleidic World. **Academy of Management Learning & Education**, v. 2 (2003): p. 288-91; CHILES, Todd H. & CHOI, Thomas Y. Theorizing TQM: An Austrian and Evolutionary Economics Interpretation. **Journal of Management Studies**, v. 37 (2000): p. 185-212; HILL, Charles W. L. & DEEDS, David L. The Importance of Industry Structure for the Determination of Firm Profitability: A Neo-Austrian Perspective. **Journal of Management Studies**, v. 33 (1996): p. 429-51; JACOBSON, Robert. The 'Austrian' School of Strategy. Op. cit.; LANGLOIS, Richard N. Strategy and the Market Process. Op. cit.; ROBERTS, Peter W. & EISENHARDT, Kathleen M. Austrian Insights on Strategic Organization. Op. cit.

combinações de capital estarão em perpétua mudança, serão dissolvidas e reformadas. Nesta atividade, encontramos a verdadeira função do empreendedor"[7].
Esta é a "verdadeira função" que elaboramos a seguir.

Acadêmicos de administração dificilmente ficarão assustados com a afirmação de que os empreendedores organizam bens de capital heterogêneos. A literatura de administração está repleta de noções tais como "recursos", "competências", "capacidades" e "ativos" heterogêneos. Relacionar esses trabalhos ao empreendedorismo parece ser um empreendimento natural[8]. Entretanto, as teorias modernas da organização econômica não estão construídas sobre uma teoria unificada da heterogeneidade do capital; em vez disso, elas simplesmente invocam especificidades *ad hoc* quando necessário. A Escola Austríaca oferece uma teoria sistemática e compreensiva do capital, e as noções austríacas de heterogeneidade do capital podem comunicar, sintetizar e melhorar o tratamento das especificidades na teoria da firma. Adotar a perspectiva austríaca do capital também revela novas fontes de custos de transação que influenciam a organização econômica.

Este capítulo está organizado da seguinte maneira. Começaremos, com base em Foss e Klein[9], relacionando a teoria do empreendedorismo à teoria da firma. Esta conexão envolve, primeiro, definir o empreendedorismo como o exercício do julgamento sobre a utilização dos recursos sob condições de incerteza e, segundo, considerar a teoria da organização econômica como um subconjunto da teoria da propriedade de ativos. A seguir, discutiremos os "ativos" no contexto específico da teoria do capital, mostrando que o pressuposto do capital heterogêneo é necessário para a teoria da firma. Então, resumiremos a teoria austríaca do capital, elaborando e expandindo as partes da teoria que são mais relevantes para a organização econômica. A seção final entrelaça esses elementos em conjunto, de modo a proporcionar novas percepções para as questões-chave da emergência, fronteiras e organização interna da firma. Concluiremos com algumas sugestões de implicações testáveis que podem ser derivadas de nossa teoria.

---

[7] LACHMANN, Ludwig M. **Capital and its Structure**. Op. cit. p. 13, 16.
[8] Ver, por exemplo, ALVAREZ, Sharon & BUSENITZ, Lowell W. The Entrepreneurship of Resource-based Theory. **Journal of Management**, v. 27 (2001): p. 755-75.
[9] FOSS, Nicolai J. & KLEIN, Peter G. Entrepreneurship and the Economic Theory of the Firm. Op. cit.

I - Empreendedorismo, Julgamento e Propriedade de Ativos

Empreendedores são os fundadores e desenvolvedores das firmas de negócios. De fato, o estabelecimento de um novo negócio de risco é a manifestação quintessencial do empreendedorismo. Contudo, tal como observado por Foss e Klein[10], a teoria do empreendedorismo e a teoria da firma desenvolvem-se, em grande parte, isoladamente. A teoria econômica da firma emergiu e tomou forma à medida que o empreendedor estava sendo banido da análise microeconômica, primeiro nos anos 1930, quando a firma foi subordinada à teoria neoclássica dos preços[11], e novamente nos anos 1980, quando a teoria da firma foi reapresentada usando teoria dos jogos e economia da informação. Contribuições modernas à teoria da firma[12] mencionam o empreendedorismo somente de passagem – quando o fazem.

Foss e Klein mostram como a teoria do empreendedorismo e a teoria da firma podem ser conectadas utilizando o conceito de empreendedorismo como *julgamento*[13]. Este ponto de vista traça suas origens até o primeiro tratamento sistemático do empreendedorismo na economia, o *Essai sur la nature de commerce en géneral* (1755), de Richard Cantillon, que concebe o empreendedorismo como a formulação de decisões de julgamento sob condições de incerteza. O julgamento refere-se principalmente à realização de decisões de negócios quando o escopo dos resultados futuros possíveis, e mesmo a probabilidade de resultados individuais, são em geral desconhecidos (o que Knight chama de incerteza, ao invés do mero risco probabilístico). De maneira mais geral, o julgamento é necessário *"quando não há nenhum modelo ou regra de decisão obviamente correta à disposição, ou quando os dados relevantes são duvidosos ou incompletos"*[14].

---

[10] Idem.
[11] O'BRIEN, Dennis. The Evolution of the Theory of the Firm. In: O'BRIEN, Dennis (Ed.). **Methodology, Money and the Theory of the Firm**. Aldershot: Edward Elgar, 1994.
[12] HART, Oliver. **Firms, Contracts and Financial Structure**. Op. cit.; MILGROM, Paul A. & ROBERTS, John. **Economics, Organization, and Management**. Op. cit.; WILLIAMSON, Oliver E. **Markets and Hierarchies**. Op. cit.; Idem. **The Economic Institutions of Capitalism**. Op. cit.; Idem. **The Mechanisms of Governance**. Op. cit.
[13] Para tratamentos relacionados, no mesmo sentido, ver: CASSON, M. C. **The Entrepreneur**. Op. cit; e LANGLOIS, Richard N. & COSGEL, M. Frank Knight on Risk, Uncertainty, and the Firm. Op. cit.
[14] CASSON, M. C. Entrepreneurship. In: HENDERSON, David A. (Ed.). **The Fortune Encyclopedia of Economics**. New York: Warner Books, 1993.

Como tal, o julgamento é distinto da ousadia, audácia ou imaginação[15], da inovação[16], do estado de alerta[17], da liderança[18] e de outros conceitos de empreendedorismo que aparecem na literatura de economia e administração. O julgamento precisa ser exercido em circunstâncias mundanas, tal como enfatizado por Knight[19], tanto para operações em andamento quanto para novos empreendimentos. O estado de alerta é a habilidade de reagir a oportunidades existentes, enquanto o julgamento refere-se à criação de novas oportunidades[20]. Aqueles que se especializam na tomada de decisões de julgamento podem ser líderes dinâmicos e carismáticos, mas não precisam possuir essas características. Em suma, a tomada de decisões sob incerteza é empreendedora, envolvendo ou não imaginação, criatividade, liderança e fatores relacionados.

Knight[21] introduz o julgamento para conectar o lucro e a firma à incerteza. O julgamento refere-se primeiramente ao processo dos homens de negócios no intuito de formar estimativas dos eventos futuros em situações nas quais as distribuições de probabilidade relevantes são, elas próprias, desconhecidas. O empreendedorismo representa o julgamento que não pode ser avaliado em termos do seu produto marginal e que não pode, portanto, receber um pagamento por isso[22]. Em outras palavras,

---

[15] ALDRICH, Howard E. & WIEDENMAYER, Gabriele. From Traits to Rates: An Ecological Perspective on Organizational Founding. In: KATZ, Jerome A. & BROCKHAUS, Robert H. (Eds.). **Advances in Entrepreneurship, Firm Emergence, and Growth**. Greenwich, CT: JAI Press, 1993; BEGLEY, T. & BOYD, D. Psychological Characteristics Associated with Performance in Entrepreneurial Firms and Smaller Business. **Journal of Business Venturing**, v. 2 (1987): p. 79-93; CHANDLER, Gaylen N. & JANSEN, Erik. The Founder's Self-assessed Competence and Venture Performance. **Journal of Business Venturing**, v. 7 (1992): p. 223-36; HOOD, Jacqueline N. & YOUNG, John E. Entrepreneurship's Areas of Development: A Survey of Top Executives in Successful Firms. **Journal of Business Venturing**, v. 8 (1993): p. 115-35; LUMPKIN, G. T. & DESS, Gregory G. Clarifying the Entrepreneurial Orientation Construct and Linking It to Performance. **Academy of Management Review**, v. 21 (1996): p. 135-72.
[16] SCHUMPETER, Joseph A. **The Theory of Economic Development**: A Inquiry into Profits, Capital, Credit, Interest, and the Business Cycle. Trans. Redvers Opie. Cambridge, MA: Harvard University Press, 1994 [1911].
[17] KIRZNER, Israel M. **Competição e Atividade Empresarial**. Op. cit.
[18] WITT, Ulrich. Imagination and Leadership. Op. cit.
[19] KNIGHT, Frank H. **Risk, Uncertainty, and Profit**. Op. cit.
[20] No tratamento de Kirzner, o empreendedorismo caracteriza-se como *"um agente reativo. Vejo o empresário, não como uma fonte de ideias inovadoras ex nihilo, mas como alguém alerta para as oportunidades que já existem e que estão esperando para serem notadas"* (KIRZNER, Israel M. **Competição e Atividade Empresarial**. Op. cit. p. 53, ênfase no original).
[21] KNIGHT, Frank H. **Risk, Uncertainty, and Profit**. Op. cit.
[22] Idem, p. 311.

não há um mercado para o julgamento sobre o qual os empreendedores podem se basear, e portanto exercer o julgamento requer que a pessoa dê início a uma firma. Obviamente, tomadores de decisões podem contratar consultores, previsores, peritos técnicos e assim por diante. Entretanto, como explicaremos a seguir, ao fazerem isso, estarão exercendo sua própria apreciação como empreendedores. O julgamento implica, portanto, a propriedade de ativos, dado que a tomada de decisões de julgamento é, em última análise, uma tomada de decisões a respeito do emprego dos recursos. Um empreendedor sem bens de capital não é, no sentido de Knight, um empreendedor[23].

A noção de empreendedorismo como julgamento implica uma ligação óbvia com a teoria da firma, em particular aquelas (economia dos custos de transação e abordagem dos direitos de propriedade) que colocam a propriedade de ativos na linha de frente da organização da firma[24]. A firma é definida como o empreendedor mais os ativos alienáveis que possui, e que portanto controla em última instância. A teoria da firma torna-se, então, uma teoria de como o empreendedor arranja seus ativos de capital heterogêneos, que combinações de ativos tentará adquirir, quais decisões (imediatas) delegará aos subordinados, como proporcionará incentivos e utilizará o monitoramento para verificar se seus ativos são utilizados de forma consistente com seus julgamentos. Dada esta ênfase no empreendedorismo, poderíamos esperar que a moderna teoria da firma estivesse baseada em uma teoria do capital sistemática e coerente. Entretanto, este não é o caso.

---

[23] Isto contrasta com as concepções de Schumpeter e de Kirzner a respeito do empreendedorismo, segundo as quais o empreendedorismo pode ser exercido sem a propriedade de quaisquer bens de capital. Sobre este contraste, ver FOSS, Nicolai J. & KLEIN, Peter G. Entrepreneurship and the Economic Theory of the Firm. Op. cit.

[24] HART, Oliver. **Firms, Contracts and Financial Structure**. Oxford. Op. cit.; WILLIAMSON, Oliver E. **The Mechanisms of Governance**. Op. cit. Ver também LANGLOIS, Richard N. & COSGEL, M. Frank Knight on Risk, Uncertainty, and the Firm. Op. cit.

II - TEORIA DO CAPITAL E A TEORIA DA FIRMA

II.1 - Capital Shmoo[25] e Suas Implicações

A economia (neoclássica) moderna concentra-se em um modelo altamente estilizado do processo de produção. A firma é uma função de produção, uma "caixa- preta" que transforma insumos (terra, trabalho, capital) em produtos (bens de consumo). Já observamos, nos Capítulos 1 e 2, que este modelo omite os detalhes organizacionais críticos da produção, raramente olhando para dentro da caixa-preta para ver como as hierarquias são estruturadas, como os incentivos são proporcionados, como as equipes são organizadas, etc. Uma omissão igualmente séria, talvez, seja que a produção é tratada como um processo de um só estágio, no qual os fatores são instantaneamente transformados nos bens finais, ao invés de um processo complexo e em múltiplos estágios, que se desenvolve ao longo do tempo e que emprega rodadas de bens intermediários. O "capital" é tratado como um fator de produção homogêneo, o K que aparece na função de produção juntamente com o L que representa o trabalho. Seguindo Solow[26], os modelos do crescimento econômico tipicamente delineiam o capital como o que Paul Samuelson chamou de "*shmoo*" – um fator infinitamente elástico e completamente moldável que pode passar, sem custos, de um processo de produção para outro.

Em um mundo de capital *shmoo*, a organização econômica é relativamente sem importância. Todos os bens de capital apresentam os mesmos atributos, e portanto os custos de inspecionar, mensurar e monitorar os atributos dos ativos produtivos é trivial. Os mercados de trocas para bens de capital seriam praticamente desprovidos de custos de transação. Alguns poucos problemas contratuais básicos – em particular, conflitos de agente-principal a respeito do fornecimento de serviços de trabalho – poderiam permanecer, porém todos os trabalhadores utilizariam ativos de capital idênticos, o que contribuiria enormemente para reduzir os custos de medir sua produtividade.

---

[25] N. do T.: O termo refere-se ao personagem Shmoo, criado por Al Capp na tira de quadrinhos *Li'l Abner* (A Família Buscapé). Refere-se aqui a capital como grandeza agregada, homogênea.
[26] SOLOW, R. Technical Change and the Aggregate Production Function. **Review of Economics and Statistics**, v. 39 (1957): p. 312-20.

Embora os custos de transação não desaparecessem por completo nesse mundo, a propriedade de ativos seria relativamente sem importância. A possibilidade de especificar todos os usos possíveis de um ativo reduz significativamente os custos de escrever contratos completos e contingentes entre os proprietários dos recursos e os empreendedores que governam os usos dos ativos relevantes[27]. Os contratos substituiriam em grande parte a propriedade, deixando as fronteiras da firma indeterminadas[28].

III - O Capital nas Teorias Modernas da Firma

Em contraste, todas as teorias modernas da firma assumem (em geral de forma implícita) que os ativos de capital possuem atributos variados, de modo que todos os ativos não são igualmente valiosos para todas as utilizações. Aqui, revisamos como a heterogeneidade do capital conduz a problemas de contratação não-triviais, cujas soluções podem demandar a criação de uma firma.

III.1 - Abordagens da Especificidade de Ativos

Na economia dos custos de transação (ECT)[29] e na "nova" abordagem dos direitos de propriedade[30], alguns ativos são concebidos como específicos para determinados usuários. Se contratos completos, contingentes, especificando as utilizações mais valiosas de tais ativos em todos os estados do mundo possíveis, não podem ser escritos, então os

---

[27] Os contratos ainda poderiam ser incompletos porque as partes contratantes têm expectativas subjetivas diferentes sobre a probabilidade das diversas contingências que afetariam o valor do ativo de capital (homogêneo). Os agentes também podem ser diferentes em suas habilidades de aprender sobre os usos possíveis do bem de capital. Em outras palavras, a incerteza de Knight, mais a racionalidade limitada, poderia levar à incompletude contratual mesmo em um mundo sem heterogeneidade de capital. Entretanto, o mundo neoclássico do capital *shmoo* caracteriza-se pela incerteza paramétrica, antecedentes comuns e hiper-racionalidade.
[28] HART, Oliver. **Firms, Contracts and Financial Structure**. Op. cit.
[29] WILLIAMSON, Oliver E. **Markets and Hierarchies**. Op. cit.; WILLIAMSON, Oliver E. **The Economic Institutions of Capitalism**. Op. cit.; WILLIAMSON, Oliver E. **The Mechanisms of Governance**. Op. cit.
[30] GROSSMAN, Sanford J. & HART, Oliver D. The Costs and Benefits of Ownership. Op. cit.; HART, Oliver D. & MOORE, John. Property Rights and the Nature of the Firm. Op. cit.

proprietários dos ativos produtivos enfrentam certos riscos. Principalmente, se as circunstâncias mudarem de forma inesperada, o acordo original pode não ser mais efetivo. A necessidade de adaptação para contingências não antecipadas constitui um importante custo de contratação. O fracasso em adaptar-se impõe o que Williamson[31] chama de "custos de má adaptação", dos quais o mais conhecido é o problema de *"hold-up"* associado a investimentos específicos de relacionamento.

É óbvio que os custos de má adaptação desaparecem em grande parte se todos os ativos são igualmente valiosos para todos os usos. O *hold-up* potencial ainda seria uma preocupação para os proprietários de capital humano e matérias-primas específicas de relacionamento, mas as divergências sobre a utilização eficiente dos bens de capital tornar-se-iam irrelevantes[32]. O escopo da atividade empreendedora também seria severamente reduzido, dado que os empreendedores não teriam necessidade de realizar combinações específicas dos ativos de capital.

III.2 - Abordagens Baseadas em Recursos e em Conhecimento

Abordagens baseadas em recursos[33] e em conhecimento[34] também enfatizam a heterogeneidade do capital, porém seu foco não é, em geral, a organização econômica, mas sim a vantagem competitiva[35]. Considera-se que esta última emerge de feixes de recursos (inclusive o conhecimento). Diferentes feixes de recursos estão associados a eficiências diferentes, o que se traduz em uma teoria da vantagem competitiva. Acadêmicos

---

[31] WILLIAMSON, Oliver E. Comparative Economic Organization: The Analysis of Discrete Structural Alternatives. **Administrative Science Quarterly**, v. 36 (1991b): p. 269-96.
[32] Os recursos que são *inicialmente* homogêneos podem tornar-se heterogêneos ao longo do tempo, através da aprendizagem pela prática ou da co-especialização dos capitais humano e físico. Aqui referimo-nos a condições de homogeneidade permanente.
[33] BARNEY, Jay B. Firm Resources and Sustained Competitive Advantage. **Journal of Management**, v. 17 (1991): p. 99-120; LIPPMAN, Steven A. & RUMELT, Richard P. The Payments Perspective: Micro-Foundations of Resource Analysis. **Strategic Management Journal**, v. 24 (2003): p. 903-27; WERNERFELT, Birger. A Resource-based View of the Firm. Op. cit.
[34] GRANT, Robert M. Prospering in Dynamically-Competitive Environments: Organizational Capability As Knowledge Integration. **Organization Science**, v. 7 (1996): p. 375-87; PENROSE, Edith. **The Theory of the Growth of the Firm**. Op. cit.
[35] A abordagem de Penrose, ao contrário das abordagens baseadas em recursos e em conhecimento modernas, enfatizou um elemento importante da organização econômica, mais precisamente a taxa de crescimento da firma.

baseados em recursos e em conhecimento geralmente enfatizam que os ativos heterogêneos não dão origem, de forma independente, a vantagens competitivas. Em vez disso, o que gera essas vantagens são as interações entre esses recursos, suas relações de especificidade e coespecialização[36]. Todavia, esta noção não está desenvolvida a partir de qualquer perspectiva compreensiva a respeito da especificidade de ativos e coespecialização (ou complementariedade)[37].

III.3 - "Antiga" Teoria dos Direitos de Propriedade

Uma abordagem sofisticada para a heterogeneidade do capital pode ser obtida a partir dos estudos acerca dos direitos de propriedade associados a economistas tais como Coase[38], Alchian[39], Demsetz[40] e, em particular, Barzel[41]. Esses autores não se concentraram nos ativos individuais *per se*, mas em feixes de atributos de ativos para os quais direitos de propriedade podem ser mantidos[42].

Enquanto é comum considerar a heterogeneidade do capital em termos da heterogeneidade física – barris de cerveja e altos-fornos são diferentes devido às suas características físicas – a abordagem antiga dos direitos de propriedade enfatiza que os bens de capital são heterogêneos porque apresentam diferentes níveis e tipos de atributos valorizados

---

[36] Por exemplo, BARNEY, Jay B. Firm Resources and Sustained Competitive Advantage. Op. cit.; BLACK, J. A. & BOAL, K. E. Strategic Resources: Traits, Configurations and Paths to Sustainable Competitive Advantage. **Strategic Management Journal**, v. 15 (1994): p. 131-48; DIERICKX, Ingemar & COOL, Karen. Asset Stock Accumulation and Sustainability of Competitive Advantage. **Management Science**, v. 35 (1989): p. 1505-11.
[37] Tal como em TEECE, David J. Towards an Economic Theory of the Multi-Product Firm. Op. cit.
[38] COASE, Ronald H. The Problem of Social Cost. **Journal of Law and Economics**, v. 3 (1960): p. 1-44.
[39] ALCHIAN, Armen A. Some Economics of Property Rights. **Il Politico**, v. 30. Reimpresso em: ALCHIAN, Armen A. **Economic Forces at Work**. Indianapolis, IN: Liberty Press, 1977 [1965].
[40] DEMSETZ, Harold. The Exchange and Enforcement of Property Rights. **Journal of Law and Economics**, v. 7 (1964): p. 11-26. DEMSETZ, Harold. Toward a Theory of Property Rights. **American Economic Review**, v. 57 (1967): p. 347-59.
[41] BARZEL, Yoram. **Economic Analysis of Property Rights**. Cambridge: Cambridge University Press, 1997.
[42] FOSS, Kirsten & FOSS, Nicolai J. Assets, Attributes and Ownership. **International Journal of the Economics of Business**, v. 8 (2001): p. 19-37.

(na terminologia de Barzel[43])[44]. Atributos são características, funções ou usos possíveis dos ativos, tais como percebidos por um empreendedor. Por exemplo, uma máquina de fotocópias apresenta múltiplos atributos, pois pode ser utilizada em momentos diferentes, por diferentes pessoas e para diferentes tipos de cópias; porque pode ser comprada em diferentes tamanhos e cores; e assim por diante[45]. Os direitos de propriedade sobre a própria máquina podem ser particionados, no sentido em que direitos sobre seus atributos podem ser definidos e negociados, dependendo dos custos de transação[46].

É óbvio que praticamente todos os ativos apresentam múltiplos atributos. Ativos são heterogêneos na medida em que têm atributos valorizados diferentes, e em diferentes níveis. Atributos também podem variar no transcurso do tempo, mesmo para um ativo em particular. Em um mundo de incerteza "verdadeira", dificilmente os empreendedores conhecerão todos os atributos relevantes para todos os ativos no momento em que as decisões de produção são tomadas. Também não se podem antecipar acuradamente os atributos futuros de um ativo, tal como ele é utilizado na produção. Atributos futuros precisam ser descobertos, ao longo do tempo, na medida em que ativos são utilizados na produção. Ou, para formular o problema de maneira ligeiramente diferente, os atributos futuros são *criados* quando os empreendedores vislumbram novas maneiras de utilizar os ativos para produzir bens e serviços[47].

---

[43] BARZEL, Yoram. **Economic Analysis of Property Rights**. Op. cit.
[44] Foss e Foss conectam a abordagem dos direitos de propriedade à abordagem baseada em recursos, demonstrando como a abordagem mais "micro" dos direitos de propriedade proporciona percepções adicionais a respeito do valor dos recursos (FOSS, Kirsten & FOSS, Nicolai J. Transaction Costs and Value: How Property Rights Economics Furthers the Resource-based View. **Strategic Management Journal**, v. 26 (2005): p. 541-53). Ver também Kim e Mahoney para argumentos semelhantes: KIM, Jongwook & MAHONEY, Joseph T. Resource-based and Property Rights Perspectives on Value Creation: The Case of Oil Field Unitization. **Managerial and Decision Economics**, v. 23 (2002): p. 225-45; KIM, Jongwook & MAHONEY, Joseph T. Property Rights Theory, Transaction Costs Theory, and Agency Theory: An Organizational Economics Approach to Strategic Management. **Managerial and Decision Economics**, v. 26 (2005): p. 223-42.
[45] Claramente, esta noção de atributos percebidos subjetivamente para os ativos de capital relaciona-se ao ponto de Penrose de que ativos de capital fisicamente idênticos podem proporcionar *serviços* diferentes, dependendo, por exemplo, da natureza do arcabouço administrativo no qual eles estão inseridos. Ver PENROSE, Edith. **The Theory of the Growth of the Firm**. Op. cit.
[46] FOSS, Kirsten & FOSS, Nicolai J. Assets, Attributes and Ownership. Op. cit.
[47] Neste capítulo, não distinguimos entre "descoberta" e "criação" como concepções alternativas do ato empreendedor (ALVAREZ, Sharon A. & BARNEY, Jay B. Discovery

III.4 - Resumindo

Enquanto a heterogeneidade do capital desempenha, portanto, um papel importante nas abordagens dos custos de transação baseada em recursos, e dos direitos de propriedade para a firma, nenhuma dessas abordagens repousa sobre uma teoria unificada e sistemática do capital. Em vez disso, cada uma delas invoca as especificidades necessárias de maneira *ad hoc*. Para racionalizar problemas de negociação particulares para a economia dos custos de transação, especificidade de ativos; para a teoria das capacidades, conhecimento tácito; e assim por diante. Alguns autores[48] argumentam que a economia da organização apresenta uma tendência (apesar de imperfeita) com respeito a uma dicotomia implícita entre produção e troca. Assim, conforme argumentam Langlois e Foss[49], existe um acordo tácito de que a abordagem da função de produção, com seus pressupostos concomitantes (e.g. projeto detalhado, conhecimento) nos diz o que precisamos saber sobre a produção, e assim as teorias da firma podem concentrar-se nas transações e em como os riscos transacionais podem ser mitigados pela organização. Questões relativas à produção, inclusive a teoria do capital, nunca ocupam realmente o centro do palco. Isto é problemático se a própria produção revela *novos* problemas de transação que podem influenciar a organização econômica.

IV - A Abordagem dos Atributos para a Heterogeneidade do Capital

Uma tradição alternativa na economia, a Escola Austríaca, possui uma teoria sistemática e compreensiva do capital, apesar de não ter sido aplicada à firma de negócios[50]. Em vez disso, a maior parte da literatura

---

and Creation: Alternative Theories of Entrepreneurial Action. **Strategic Entrepreneurship Journal**, v. 1 (2007): p. 33-48). O Capítulo 5 a seguir discute detalhadamente essa distinção.

[48] DEMSETZ, Harold. The Theory of the Firm Revisited. In: WILLIAMSON, Oliver E. & WINTER, Sidney G. (Eds.). **The Nature of the Firm**. Oxford: Blackwell, 1993 [1991]; LANGLOIS, Richard N. & FOSS, Nicolai J. Capabilities and Governance: The Rebirth of Production in the Theory of Economic Organization. **Kyklos**, v. 52 (1999): p. 201-18; WINTER, Sidney G. On Coase, Competence, and the Corporation. **Journal of Law, Economics, and Organization**, v. 4 (1988): p. 163-80.

[49] LANGLOIS, Richard N. & FOSS, Nicolai J. Capabilities and Governance. Op. cit.

[50] Das muitas dúzias de artigos sobre a Economia Austríaca e a teoria da firma (incluindo,

substancial sobre a teoria austríaca do capital concentra-se na estrutura de capital da economia como um todo e em como os mercados monetário e de crédito afetam a alocação de recursos ao longo dos diferentes estágios do processo de produção[51].

IV.1 - Teoria Austríaca do Capital

O conceito de capital heterogêneo ocupa um lugar amplo e distinto na Economia Austríaca[52]. Os primeiros autores austríacos argumentaram que o capital apresenta uma dimensão temporal, assim como uma dimensão de valor. Carl Menger[53], fundador da Escola Austríaca, caracterizou os bens em termos de "ordens": bens de ordem mais baixa são aqueles que são consumidos diretamente. Ferramentas e máquinas utilizadas para produzir esses bens de consumo são de uma ordem mais elevada, e os bens de capital utilizados para produzir as ferramentas e máquinas são ainda mais elevados. Desenvolvendo a partir de sua teoria de que o valor de todos os bens é determinado pela sua habilidade para satisfazer os desejos dos consumidores (i.e., sua utilidade marginal), Menger mostrou que o valor dos bens de ordem mais alta é dada ou "imputado" pelo valor dos bens de ordem mais baixa que eles produzem. Mais ainda, como certos bens de capital são, eles próprios, produzidos por outros bens de capital de ordem mais elevada, segue-se que os bens de capital não são idênticos, ao menos no momento em que são

---

por exemplo, os artigos reunidos em: FOSS, Nicolai J. & KLEIN, Peter G. (Eds.). **Entrepreneurship and the Firm**: Austrian Perspectives on Economic Organization. Aldershot, UK: Edward Elgar, 2002), somente uns poucos lidam com a teoria austríaca do capital (ver CHILES, Todd H.; MEYER, Allen D. & HENCH, Todd J. Organizational Emergence: The Origin and Transformation of Branson, Missouri's Musical Theaters. **Organization Science**, v. 15 (2004): p. 499-519; LEWIN, Peter. The Firm in Disequilibrium: Contributions from the Austrian Tradition. **Working Paper**. Department of Management. University of Texas at Dallas, 2005; YU, Tony Fu-Lai. Toward a Praxeological Theory of the Firm. Op. cit.; e vários artigos dos presentes autores).
[51] O Prêmio Nobel de Economia que Hayek recebeu em 1974 foi concedido pelo seu trabalho técnico sobre o ciclo de negócios e não, como normalmente se pensa, pelos seus trabalhos posteriores sobre conhecimento e "ordem espontânea". Para uma reapresentação moderna da teoria austríaca do ciclo de negócios, ver GARRISON, Roger W. **Time and Money**. Op. cit.
[52] Para visões gerais, ver STRIGL, R. **Capital and Production**. Auburn, AL: Ludwig von Mises Institute, 2000 [1934]; KIRZNER, Israel M. **An Essay on Capital**. New York: Augustus M. Kelley, 1966; e LEWIN, Peter. **Capital in Disequilibrium**: the Role of Capital in a Changing World. London: Routledge, 1999.
[53] MENGER, Carl. **Principles of Economics**. Op. cit.

empregados no processo de produção. A afirmação não é que não há substituição entre bens de capital, mas que o grau de substituição é limitado; como colocado por Lachmann[54], os bens de capital caracterizam-se pela "especificidade múltipla". Alguma substituição é possível, mas somente a um certo custo[55].

Kirzner[56] acrescentou um refinamento importante à teoria austríaca do capital ao enfatizar o papel do empreendedor (o tema que domina os trabalhos posteriores e mais conhecidos de Kirzner). Os primeiros autores austríacos, particularmente Böhm-Bawerk, tentaram caracterizar a estrutura do capital da economia em termos de seus atributos físicos. Böhm-Bawerk tentou descrever a "extensão" temporal da estrutura de produção por meio de um único número, o "período médio de produção". A abordagem de Kirzner evita essas dificuldades ao definir os ativos de capital em termos de *planos de produção* subjetivos e individuais, que são formulados e continuamente revisados pelos empreendedores voltados para o lucro. Os bens de capital devem, portanto, ser caracterizados não por suas propriedades físicas, mas pelo seu lugar na estrutura de produção tal como *concebida pelos empreendedores*. O lugar real de qualquer bem de capital na sequência temporal da produção é dado pelo mercado para bens de capital, no qual os empreendedores realizam ofertas pelos fatores de produção em antecipação às demandas de consumo futuras. Esta abordagem empreendedora e subjetivista para os ativos de capital é particularmente favorável às teorias da firma que se concentram no empreendedorismo e na propriedade dos ativos[57].

---

[54] LACHMANN, Ludwig M. **Capital and its Structure**. Op. cit.
[55] *Prices and Production*, de Hayek, enfatizou a relação entre o valor dos bens de capital e o seu lugar na sequência temporal da produção. Como a produção toma tempo, os fatores de produção devem ser comprometidos no presente para produzir os bens finais que terão valor somente no futuro, após serem vendidos. Entretanto, o capital é heterogêneo. Como bens de capital são utilizados na produção, eles são transformados de materiais e componentes de propósito geral em produtos intermediários específicos para bens finais particulares. O problema macroeconômico central em uma economia de utilização de capital moderna é, portanto, um problema de coordenação *intertemporal*: como a alocação dos recursos entre bens de capital e bens de consumo pode ser alinhada com as preferências dos consumidores entre o consumo presente e o consumo futuro? Em *The Pure Theory of Capital*, Hayek descreve como a estrutura de produção da economia depende das caraterísticas dos bens de capital (durabilidade, complementariedade, substituibilidade, especificidade e assim por diante). Ver HAYEK, F. A. **Prices and Production**. Op. cit; e HAYEK, F. A. **The Pure Theory of Capital**. Chicago: University of Chicago Press, 1941.
[56] KIRZNER, Israel M. **An Essay on Capital**. Op. cit.
[57] Penrose também enfatiza a subjetividade do conjunto de oportunidades percebido

IV.2 - Entendendo a Heterogeneidade do Capital

A abordagem austríaca do capital gerou considerável controvérsia, tanto dentro da própria escola quanto entre os austríacos e escolas rivais do pensamento econômico. Dada a atenção devotada ao problema de mensurar um estoque de capital heterogêneo, é surpreendente que relativamente poucos esforços analíticos tenham sido dedicados ao próprio conceito de heterogeneidade. A noção de capital heterogêneo é crucial, não somente para a teoria austríaca do capital, mas para a economia (austríaca) em geral. A posição austríaca no debate do cálculo socialista dos anos 1930[58] baseia-se em um conceito empreendedor do processo de mercado, no qual a função primária do empreendedor é escolher entre as diversas combinações de fatores apropriadas para a produção de bens particulares (e decidir se esses bens deveriam ser, de qualquer modo, produzidos), com base nos preços correntes para os fatores e os preços futuros esperados para os bens finais. Se o capital é *"shmoo"* com um preço, então o empreendedorismo é reduzido a escolher entre métodos de produção intensivos em *shmoo* e intensivos em trabalho (ou entre tipos de trabalho), um problema que um planejador central poderia, a princípio, resolver. O fracasso do socialismo, na formulação de Mises[59], decorre precisamente da complexidade da estrutura de capital da economia, e a subsequente necessidade de julgamento empreendedor. Conforme observado por Lachmann[60], o empreendedorismo do mundo real consiste principalmente em escolher entre combinações de ativos de capital:

---

pela firma (PENROSE, Edith. **The Theory of the Growth of the Firm**. Op. cit.; KOR, Yasemin Y. & MAHONEY, Joseph T. Penrose's Resource-Based Approach: The Process and Product of Research Creativity. **Journal of Management Studies**, v. 37 (2000): p. 109-39). Em sua abordagem, os empreendedores precisam aprender como distribuir melhor seus recursos produtivos; como o aprendizado é idiossincrático, firmas com estoques semelhantes de recursos físicos podem diferir em suas oportunidades estratégicas. Nossa ênfase nos atributos subjetivamente percebidos dos ativos de capital pode ser vista como um exemplo de um conjunto de "oportunidades" percebido à maneira de Penrose. O conceito de Kirzner de "estado de alerta" do empreendedor, em contraste, não é uma habilidade aprendida, mas um talento ou capacidade que não se sujeita a mais explicações.
[58] HAYEK, F. A. Socialist Calculation. In: HAYEK, F. A. (Ed.). **Collectivist Economic Planning**. Clifton, N.J.: Augustus M. Kelley, 1975 [1933a]; MISES, Ludwig von. **Economic Calculation in the Socialist Commonwealth**. Op. cit.
[59] MISES, Ludwig von. **Economic Calculation in the Socialist Commonwealth**. Op. cit.
[60] LACHMANN, Ludwig M. **Capital and its Structure**. Op. cit. p. 16.

> A função do empreendedor é especificar e tomar decisões a respeito da forma concreta que os recursos de capital devem ter. Ele especifica e modifica a disposição de sua planta [...] Enquanto desconsideramos a heterogeneidade do capital, a verdadeira função do empreendedor deve também permanecer oculta.

O argumento de Kirzner de que os bens de capital são heterogêneos não por suas características, mas devido aos papéis específicos que desempenham dentro do plano geral de produção do empreendedor, desenvolveu mais ainda a ligação entre o empreendedorismo e a heterogeneidade do capital.

Em nossa interpretação, tal como discutido acima e em Foss e Foss[61], os bens de capital distinguem-se pelos seus *atributos*, utilizando a terminologia de Barzel[62]. Conforme observado por Alchian e Demsetz, *"a produção eficiente com recursos heterogêneos não é resultado de recursos melhores, mas dp conhecimento mais preciso o desempenho de produção relativas desses recursos"*[63]. Contrariamente à perspectiva da função de produção da economia neoclássica básica, tal conhecimento não é *dado*, mas precisa ser criado ou descoberto. Mesmo na literatura sobre criação e exploração de oportunidades, na qual os objetivos dos empreendedores são vistos como emergindo endogenamente das imaginações criativas dos *project champions* (empreendedores que formulam a visão original da organização), os meios empresariais (recursos) são tipicamente considerados como dados (ver por exemplo, Sarasvathy[64]).

IV.3 - Ativos Heterogêneos, Direitos de Propriedade, e a Posse de Propriedade

Focar nos atributos não somente ajuda a conceitualizar o capital heterogêneo, como também ilumina a vasta literatura sobre posse e direitos de propriedade. Barzel[65] enfatiza que os direitos de propriedade são mantidos sobre atributos; em seu trabalho, as unidades de análise

---

[61] FOSS, Kirsten & FOSS, Nicolai J. Assets, Attributes and Ownership. Op. cit.
[62] BARZEL, Yoram. **Economic Analysis of Property Rights**. Op. cit.
[63] ALCHIAN, Armen A. & DEMSETZ, Harold. Production, Information Costs, and Economic Organization. Op. cit. p. 793.
[64] SARASVATHY, Saras. Causation and Effectuation: Towards a Theoretical Shift from Economic Inevitability to Entrepreneurial Contingency. **Academy of Management Review**, v. 26 (2001): p. 243-63.
[65] BARZEL, Yoram. **Economic Analysis of Property Rights**. Op. cit.

relevantes são os direitos de propriedade sobre atributos conhecidos dos ativos. Em contraste, ele rejeita a noção de propriedade de ativos como essencialmente jurídica e extra econômica. De maneira semelhante, Demsetz[66] argumenta que a noção de *"propriedade completamente privada"* sobre os ativos é *"vaga"* e *"deve sempre permanecer assim"* porque *"há uma infinidade de direitos potenciais de ações que podem ser possuídos [...] É impossível descrever o conjunto completo de direitos que são potencialmente passíveis de apropriação"*.

Entretanto, conforme notamos acima, a maior parte dos ativos têm atributos futuros desconhecidos e não-especificados, e uma função importante do empreendedorismo é criar ou descobrir esses atributos. Contrariamente a Demsetz, é exatamente esta característica que cria um papel distinto para propriedade de ativos, a aquisição de título legal para um feixe de atributos existentes e futuros. Especificamente, a propriedade é um meio de baixo custo para alocar os direitos sobre atributos de ativos que são criados ou descobertos pelo empreendedor-proprietário. Por exemplo, aqueles que criam ou descobrem um novo conhecimento têm um incentivo para utilizá-lo diretamente, porque é custoso transferir o conhecimento para outros. Em um sistema jurídico em bom funcionamento, a propriedade de um ativo normalmente sugere que os tribunais não interferirão quando um empreendedor-proprietário captura o valor de atributos recém-criados ou descobertos de um ativo que possui. Consequentemente, o empreendedor-proprietário pode, em geral, evitar negociações custosas com aqueles que são afetados pela sua criação ou descoberta. Mais ainda, a própria propriedade de ativos proporciona um incentivo poderoso para criar ou descobrir novos atributos, já que a propriedade carrega o direito legalmente reconhecido (e, pelo menos em parte, impingido) ao rendimento de um ativo, incluindo o direito aos rendimentos de novos atributos.

---

[66] DEMSETZ, Harold. Profit as a Functional Return: Reconsidering Knight's Views. In: DEMSETZ, Harold. **Ownership, Control and the Firm**: The Organization of Economic Activity. Oxford and New York: Basil Blackwell, 1988a. p. 19

IV.5 - Capital Heterogêneo e Empreendedorismo Experimental

A ideia austríaca de capital heterogêneo é, portanto, um complemento natural à teoria do empreendedorismo[67]. Empreendedores que buscam criar ou descobrir novos atributos de ativos de capital desejarão títulos de propriedade para os ativos relevantes, tanto por razões especulativas quanto por razões de economia nos custos de transação. Esses argumentos proporcionam, para o empreendedorismo, espaço que vai além da implantação de uma combinação superior dos ativos de capital com atributos "dados", a aquisição dos atributos relevantes e a sua implementação para produzir para um mercado; o empreendedorismo também pode ser uma questão de *experimentar* com ativos de capital em uma tentativa de descobrir novos atributos valorizados.

Tal atividade experimental pode ocorrer no contexto de tentar novas combinações através da aquisição ou fusão com outras firmas, ou na forma de tentar novas combinações de ativos que já estão sob o controle do empreendedor. O sucesso do empreendedor ao experimentar desta maneira com os ativos depende não somente de sua habilidade para antecipar preços futuros e condições de mercado, mas também dos custos de transação internos e externos, do controle do empreendedor sobre os ativos relevantes, do quanto espera apropriar-se do retorno esperado da atividade experimental, etc. Mais ainda, esses últimos fatores são determinantes-chave da organização econômica nas teorias modernas da firma, as quais sugerem que pode haver complementariedades relevantes entre a teoria da organização econômica e as teorias austríacas da heterogeneidade do capital e do empreendedorismo.

---

[67] Observamos, de passagem, que o entendimento da administração também pode ser favorecido, começando com os ativos de capital heterogêneos e a necessidade de coordenação que eles implicam. A partir de uma perspectiva baseada em recursos, Mahoney argumenta que uma função importante da administração é a coordenação de tais ativos (MAHONEY, Joseph T. The Management of Resources and the Resource of Management. **Journal of Business Research**, v. 33 (1995): p. 91-101).

V - Organizando o Capital Heterogêneo

Aqui, mostramos como as noções austríacas da heterogeneidade do capital proporcionam percepções adicionais à teoria da firma. As questões-chave são por que as firmas emergem e o que explica as suas fronteiras (escopo) e organização interna. A seguir, relacionaremos essas questões à nossa ênfase no empreendedorismo como julgamento a respeito da organização e utilização dos ativos de capital heterogêneos.

V.1 - A Emergência da Firma

Coase explicou a firma como um meio para economizar nos custos de transação[68], um tema elaborado por Williamson[69]. Alchian e Demsetz[70] viam a firma como uma solução (embora imperfeita) para o problema do *free-rider* (carona) na produção em equipe. Teorias baseadas em recursos enfatizam a necessidade de gerar e internalizar conhecimento tácito. Não é óbvio, entretanto, onde o empreendedor se encaixa nessas abordagens. Nosso arcabouço sugere uma abordagem ligeiramente diferente.

MERCADOS INCOMPLETOS PARA JULGAMENTO. Agentes podem obter rendas de seu capital humano através de três meios: (1) vender serviços de trabalho sob condições de mercado; (2) celebrar contratos de trabalho; ou (3) começar uma firma. Conforme argumenta Barzel[71], o risco moral implica que as opções (1) e (2) são, em geral, meios ineficientes para obter rendas. Em outras palavras, os empreendedores sabem que são riscos bons, mas são incapazes de comunicar isso ao mercado. Por esta razão, firmas podem emergir porque a pessoa cujos serviços são os mais difíceis de mensurar (e, portanto, são os mais suscetíveis ao risco moral e à seleção adversa) torna-se um empreendedor, empregando e supervisionando outros agentes, e comprometendo seu próprio capital ao empreendimento de risco, contribuindo assim com uma obrigação.

---

[68] COASE, Ronald H. The Nature of the Firm. Op. cit.
[69] WILLIAMSON, Oliver E. **Markets and Hierarchies**. Op. cit.; Idem. **The Economic Institutions of Capitalism**. Op. cit.; Idem. **The Mechanisms of Governance**. Op. cit.
[70] ALCHIAN, Armen A. & DEMSETZ, Harold. Production, Information Costs, and Economic Organization. Op. cit.
[71] BARZEL, Yoram. The Entrepreneur's Reward for Self-Policing. **Economic Inquiry**, v. 25 (1987): p. 103-16.

Entretanto, há outras razões pelas quais o mercado pode não ser capaz de avaliar serviços empresariais. Por exemplo, Kirzner[72] argumenta que *"o empreendedorismo revela ao mercado o que o mercado não percebeu que estava disponível, ou, de fato, que era absolutamente necessário"*. Casson[73] adota uma posição mais schumpeteriana, argumentando que *"o empreendedor acredita que está certo, enquanto todos os demais estão errados. Desta forma, a essência do empreendedorismo é ser diferente, porque assim tem-se uma percepção distinta da situação"*[74]. Nesta situação, a não-contratabilidade surge porque *"os fatores decisivos estão tão enraizados no interior da pessoa que toma a decisão que as 'instâncias' não são passíveis de descrição objetiva e controle externo"*[75]. Logo, o risco moral não é o único fator importante subjacente à não-contratabilidade. Um agente pode ser incapaz de comunicar sua "visão" de um experimento comercial como uma forma específica de combinar ativos de capital heterogêneos para servir a desejos futuros de consumidores de tal maneira que outros agentes possam avaliar suas implicações econômicas. Nesse caso, ele não pode ser um empregado, mas irá, ao invés disso, iniciar sua própria firma. A existência da firma pode, portanto, ser explicada por uma categoria específica de custos de transação, mais precisamente aqueles que fecham o mercado para o julgamento empreendedor.

Observe que, em um mundo de incerteza e mudança, esses fatores explicam não somente a emergência de novas firmas, mas também as operações em andamento das firmas existentes. O processo empreendedor de combinar e recombinar recursos heterogêneos desenrola-se continuamente, ao longo do tempo, enquanto novos atributos são criados ou descobertos (e as preferências dos consumidores, bem como as capacidades tecnológicas, modificam-se). Em nosso arcabouço, o ato empreendedor não está restrito à formação de um novo empreendimento; o julgamento empresarial é necessariamente exercido em uma base contínua. Nossa abordagem é, portanto, inconsistente com o que percebemos como sendo uma ênfase indevida que a literatura aplicada de empreendedorismo coloca na criação de novos empreendimentos.

Finalmente, há um sentido importante no qual o julgamento nunca pode ser totalmente delegado. Proprietários de recursos, pela posse dos

---

[72] KIRZNER, Israel M. **Perception, Opportunity, and Profit**. Op. cit. p. 181.
[73] CASSON, M. C. **The Entrepreneur**. Op. cit. p. 14.
[74] Ver também CASSON, M. C. Oxford **Information and Organization**: Oxford University Press, 1997.
[75] KNIGHT, Frank H. **Risk, Uncertainty, and Profit**. Op. cit. p. 251.

direitos de controle residuais, são os tomadores de decisão de última instância, não importando quantos direitos de decisão, no dia a dia, delegam aos administradores contratados. Jensen[76] distinguiu notoriamente os investidores "ativos" dos "passivos". Investidores ativos são aqueles *"que mantêm grande patrimônio ou posições de dívida, ocupam lugares nos conselhos diretores, monitoram, ao fim, demitem administradores, estão envolvidos com a direção estratégica de longo prazo das companhias nas quais investem, e às vezes eles próprios administram as companhias"*[77]. Apesar de não negarmos a importância dessa distinção, argumentamos que direitos de controle residuais tornam "ativos" todos os proprietários de recursos, no sentido de que *precisam* exercer julgamento sobre a utilização de seus recursos. Em nossa abordagem, os investidores escolhem o quão "Jensen-ativos" desejam ser, o que os torna "ativos" por definição[78].

FIRMAS COMO EXPERIMENTOS CONTROLADOS. A ideia de mercados incompletos para julgamento ajuda a entender a firma de uma só pessoa. Entretanto, ideias semelhantes também podem ser úteis para entender a firma de várias pessoas. Por exemplo, conforme discutido acima, quando o capital é homogêneo, é fácil conceber, coordenar e implementar os planos de produção, o marketing, e vender os bens e serviços. O problema de decisão é o de escolher as intensidades nas quais o *shmoo* será aplicado às diversas atividades. No mundo real dos ativos de capital heterogêneos, em contraste, os planos de produção são muito mais difíceis de conceber, coordenar e implementar. Não é necessariamente óbvio para quais atividades os bens de capital serão aplicados de forma mais lucrativa, e deve-se levar em conta as relações complexas entre os bens de capital.

Dado que as relações ótimas entre os ativos são em geral desconhecidas *ex ante*, e geralmente são tão complexas que recorrer a métodos analíticos é impossível[79], alguma experimentação torna-se necessária. Primeiro, devemos isolar as fronteiras do sistema, isto é, identificar onde é mais provável que estejam as relações relevantes entre os ativos. Segundo, o processo experimental deve ser um experimento controlado (ou como uma sequência de tais experimentos), para isolar o sistema de

---

[76] JENSEN, Michael C. Eclipse of the Public Corporation. Op. cit.
[77] Idem. *Ibidem*. Op.cit. p. 65.
[78] Ver a discussão no Capítulo 2 sobre "Firmas como Investimentos" e "Financistas como Empreendedores".
[79] GALLOWAY, L. **Operations Management: The Basics**. London: International Thomson Business Press, 1996.

perturbações externas. Terceiro, deve haver algum tipo de orientação para o experimento. Isto pode assumir muitas formas, variando desde as instruções fornecidas a partir do centro até acordos negociados de entendimentos compartilhados a respeito de onde começar a experimentar, como evitar a sobreposição de experimentos, como revisar o experimento à luz dos resultados anteriores e assim por diante. O problema central é como obter a melhor organização deste processo experimental. Será que a necessidade de experimentação ajuda a explicar a existência da firma, ou tal experimentação pode ser organizada de forma eficiente através dos mercados?

Em um mundo de conhecimento completo e custos de transação zero, todos os direitos para todas as utilizações dos ativos podem ser especificados em contratos. Em contraste, em um mundo de ativos heterogêneos com atributos que são custosos de medir e parcialmente imprevistos, contratos completos não podem ser elaborados. O conjunto resultante de contratos incompletos pode constituir uma firma, um processo de coordenação gerenciado pela direção central do empreendedor. Se ativos específicos de relacionamento estiverem envolvidos, o problema de *hold-up* descrito acima torna-se uma séria preocupação.

Assim, a especificidade de ativos pode ela mesma resultar de um processo experimental. Williamson[80] claramente permite que considerações intertemporais relacionem-se ao que chama de "transformação fundamental" (isto é, a transformação de números grandes em uma situação de números pequenos, e portanto a emergência da especificidade de ativos). Entretanto, ele não descreve este processo com muitos detalhes. Na abordagem presente, enquanto a atividade experimental proporciona informações sobre como organizar o sistema, os ativos serão cada vez mais específicos no tempo e lugar. A especificidade temporal e local tenderá a aumentar na medida em que os ativos são coordenados de forma mais eficiente. Isto fornece uma justificativa para organizar os experimentos no interior das firmas. Firmas também podem ser justificadas por problemas associados com a dispersão de conhecimento através dos agentes. Sistemas de produção podem exibir múltiplos equilíbrios, e pode não ser óbvio como efetuar a coordenação em um dado equilíbrio, ou mesmo quais equilíbrios são preferidos.

---

[80] WILLIAMSON, Oliver E. **The Economic Institutions of Capitalism**. Op. cit.; WILLIAMSON, Oliver E. **The Mechanisms of Governance**. Op. cit.

Em princípio, uma equipe experimental poderia contratar um consultor externo para orientar a atividade experimental, aconselhando sobre a sequência de ações e utilizações dos ativos, iniciando os experimentos, obtendo as conclusões apropriadas de cada experimento e determinando como essas conclusões deveriam influenciar mais experimentação. Entretanto, é provável que um arranjo assim incorra em sérios custos de barganha. Sob contratação no mercado, qualquer membro da equipe pode vetar o aconselhamento fornecido pelo consultor, e submeter-se à autoridade pode ser o meio menos custoso para organizar a atividade experimental. "Autoridade", aqui, significa que o empreendedor tem o direito de redefinir e realocar os direitos de decisão entre os membros da equipe e de sancionar os membros que não utilizam seus direitos de decisão de maneira eficiente. Pela posse desses direitos, empreendedores-administradores podem conduzir experimentos sem ter que renegociar os contratos continuamente, economizando assim custos de barganha e de elaboração. Um arranjo desse tipo, portanto, proporciona um marco para realizar experimentos "controlados", nos quais o empreendedor-administrador modifica somente alguns aspectos das tarefas relevantes para traçar os efeitos de rearranjos específicos dos direitos. O estabelecimento desses direitos de propriedade é equivalente a formar uma firma.

V.2 - As Fronteiras da Firma

Na abordagem desenvolvida neste capítulo, a teoria das fronteiras da firma relaciona-se estreitamente com a teoria do empreendedorismo. Fusões, aquisições, alienações e outras reorganizações podem gerar eficiência ao substituir administradores com desempenho insatisfatório, criar sinergias operacionais ou estabelecer mercados de capitais internos. Assim como outras práticas de negócios que não se conformam aos modelos de livro-texto da competição, as fusões, aquisições e a reestruturação financeira têm sido vistas, há muito tempo, com suspeita por alguns comentadores e pelas autoridades reguladoras. Entretanto, a pesquisa acadêmica claramente sugere que as reestruturações corporativas aumentam, em média, o valor para os acionistas[81]. Diante de tais

---

[81] JARRELL, Gregg A.; BRICKLEY, James A. & NETTER, Jeffry M. The Market for Corporate Control. Op. cit.; ANDRADE, Gregor; MITCHELL, Mark & STAFFORD, Erik. New Evidence and Perspectives on Mergers. Op. cit.

benefícios, por que tantas fusões foram mais tarde "revertidas" em uma alienação, cisão ou dissociação? O Capítulo 3 distingue entre duas visões básicas. A primeira, um tipo de construção de impérios, sustenta que administradores entrincheirados realizam aquisições essencialmente para aumentar seu próprio poder, prestígio ou controle, produzindo ganhos de eficiência desprezíveis, e que as aquisições feitas por firmas controladas por administradores são mais prováveis de serem alienadas *ex post*. Uma visão alternativa reconhece que aquisições não-lucrativas podem ser "erros" *ex post*, mas argumenta que a performance fraca no longo prazo não indica ineficiência *ex ante*. Uma alienação de ativos previamente adquiridos pode significar simplesmente que os empreendedores voltados para o lucro atualizaram suas previsões das condições futuras ou, de outra maneira, aprenderam com a experiência. Eles estão ajustando a estrutura dos ativos de capital heterogêneos específicos a suas firmas.

O Capítulo 3 discute as evidências empíricas de que o sucesso ou fracasso das aquisições corporativas no longo prazo não pode, em geral, ser previsto por medidas de controle administrativo ou por problemas de agente-principal. Entretanto, taxas significativamente mais altas de alienações tendem a ocorrer após fusões realizadas em um aglomerado de fusões dentro do mesmo setor industrial. Tal como argumentado por Mitchell e Mulherin[82], Andrade *et al*[83] e Andrade e Stafford[84] fusões frequentemente ocorrem em agrupamentos setoriais, sugerindo que as fusões são impulsionadas, em parte, por fatores específicos do setor, tais como choques regulatórios. Quando um setor é regulado, desregulado ou regulado novamente, o cálculo econômico torna-se mais difícil, e a atividade empreendedora é prejudicada. Não deveria surpreender que a performance fraca, no longo prazo, seja mais provável sob essas condições.

---

[82] MITCHELL, Mark L. & MULHERIN, Harold J. The Impact of Industry Shocks on Takeover and Restructuring Activity. Op. cit.
[83] ANDRADE, Gregor; MITCHELL, Mark & STAFFORD, Erik. New Evidence and Perspectives on Mergers. Op. cit.
[84] ANDRADE, Gregor & STAFFORD, Erik. Investigating the Economic Role of Mergers. Op. cit.

V.3 - Organização Interna

Conforme observam Foss e Klein[85], a maior parte das abordagens existentes para o empreendedorismo, mesmo se conectadas à existência das firmas, dizem pouco sobre as questões-chave da organização interna: como os direitos de decisão devem ser atribuídos? Como os funcionários devem ser motivados e avaliados? Como as firmas devem ser divididas em divisões e departamentos? A noção de empreendedorismo baseado em julgamento também oferece percepções sobre essas questões.

EMPREENDEDORISMO PRODUTIVO E DESTRUTIVO. Considere primeiro a maneira como a estrutura da firma afeta o exercício do julgamento empreendedor – ou uma versão substituta de tal julgamento – dentro da organização. Na maior parte dos estudos sobre empreendedorismo, existe uma afirmação geral, embora usualmente implícita, de que toda a atividade empreendedora é socialmente benéfica[86]. Contudo, conforme observado por Baumol[87] e Holcombe[88], o empreendedorismo pode ser socialmente prejudicial se ele assume a forma de busca de renda, tentando influenciar governos (ou a administração) para redistribuir a renda de tal maneira que consome recursos e gera uma perda social. Torna-se, portanto, necessário introduzir uma distinção entre empreendedorismo produtivo e destrutivo.

No contexto da organização da firma, o "empreendedorismo destrutivo" pode referir-se aos esforços do agente para criar ou descobrir novos atributos e controlá-los de tal maneira que o valor da firma é reduzido. Assim, descobrir novas formas de risco moral[89], criar *hold-ups*[90] e inventar novas formas de engajamento em atividades de busca de renda[91] são exemplos do empreendedorismo destrutivo. O "empreendedorismo

---

[85] FOSS, Nicolai J. & KLEIN, Peter G. Entrepreneurship and the Economic Theory of the Firm. Op. cit.
[86] KIRZNER, Israel M. **Competição e Atividade Empresarial**. Op. cit.; MISES, Ludwig von. **Ação Humana**. Op. cit.
[87] BAUMOL, William J. Entrepreneurship: Productive, Unproductive, and Destructive. **Journal of Political Economy**, v. 98 (1990): p. 893-921.
[88] HOLCOMBE, Randall G. Political Entrepreneurship and the Democratic Allocation of Economic Resources. **Review of Austrian Economics**, v. 15 (2002): p. 143-59.
[89] HOLMSTRÖM, Bengt R. Moral Hazard in Teams. **Bell Journal of Economics**, v. 13 (1982): p. 324-40.
[90] WILLIAMSON, Oliver E. **The Mechanisms of Governance**. Op. cit.
[91] BAUMOL, William J. Entrepreneurship. Op. cit.; HOLCOMBE, Randall G. Political Entrepreneurship and the Democratic Allocation of Economic Resources. Op. cit.

produtivo" refere-se à criação ou descoberta de novos atributos que levam a um aumento do valor da firma. Por exemplo, um franqueado pode descobrir novos gostos locais que, por sua vez, podem formar a base para novos produtos para toda a rede; um empregado pode descobrir utilizações melhores dos ativos de produção e comunicar isso ao time de TQM (*Total Quality Management*, ou seja, Gestão da Qualidade Total) ao qual pertence; um CEO pode formular um novo conceito de negócio; e assim por diante. No que se segue, utilizamos esta distinção para esboçar uma abordagem de empreendedorismo para a organização interna. Observe que, aqui, empregamos o termo "empreendedorismo" de maneira mais ampla do que anteriormente, referindo-se não somente às decisões tomadas pelos proprietários dos recursos (os empreendedores no sentido estrito), mas também às decisões realizadas pelos empregados, agindo como tomadores de decisões substitutos para os proprietários dos recursos. Foss, Foss e Klein[92] referem-se ao exercício da discrição pelos empregados como *julgamento derivado*, significando o julgamento que deriva do *julgamento original* do proprietário.

TRADE-OFFS FUNDAMENTAIS NA ORGANIZAÇÃO INTERNA. O primeiro problema diz respeito ao controle das atividades empresariais destrutivas. Por exemplo, firmas podem delimitar o uso do telefone e dos serviços de internet pelos empregados, especificando detalhadamente seus direitos de uso sobre os ativos relevantes, instruindo-os a agir de forma apropriada com os clientes, a ser cuidadosos ao operar os equipamentos da firma, etc. Entretanto, é improvável que as firmas tenham pleno sucesso em suas tentativas de restringir tais atividades. O monitoramento dos empregados pode ser custoso; além disso, os empregados podem contornar criativamente as restrições, por exemplo inventando maneiras de esconder seus comportamentos. Apesar de as firmas poderem saber que tal empreendedorismo destrutivo ocorre, elas podem preferir desistir de contê-lo. Isto acontece porque os diversos constrangimentos que a firma impõe aos empregados (ou, de forma mais geral, que as partes contratantes impõem umas às outras) para restringir o empreendedorismo destrutivo podem ter o efeito colateral indesejado de sufocar o empreendedorismo produtivo[93].

---

[92] FOSS, Kirsten; FOSS, Nicolai J. & KLEIN, Peter G. Original and Derived Judgment: An Entrepreneurial Theory of Economic Organization. **Organization Studies**, v. 28 (2007a): p. 1893-1912.
[93] Ver KIRZNER, Israel M. The Perils of Regulation. In: KIRZNER, Israel M. **Discovery**

De maneira mais geral, impor (muitos) constrangimentos aos empregados pode reduzir sua propensão a criar ou descobrir novos atributos dos ativos produtivos. De qualquer maneira, muitas firmas cada vez mais parecem operar sob o pressuposto de que efeitos benéficos podem ser produzidos através da redução das restrições aos empregados em várias dimensões. Por exemplo, firmas como a 3M dão tempo aos empregados de pesquisa para que o utilizem conforme desejarem, na esperança de estimular descobertas fortuitas. Muitas firmas de consultoria agem de maneira semelhante. De maneira mais geral, firmas industriais sabem há muito tempo que os empregados que detêm muitos direitos de decisão – pesquisadores, por exemplo – podem ser monitorados e constrangidos de maneiras diferentes e tipicamente muito mais flexíveis, do que aqueles empregados que são encarregados somente da execução de tarefas rotineiras. De forma mais abrangente, a ênfase crescente no "empoderamento" durante as últimas décadas reflete a percepção de que os empregados derivam benefícios dos aspectos que controlam de suas situações de trabalho. Ademais, o movimento da qualidade total enfatiza que delegar vários direitos aos empregados motiva-os a encontrar novas maneiras de incrementar a média e reduzir a variância da qualidade[94]. Na medida em que tais atividades incrementam o valor da firma, elas representam empreendedorismo produtivo.

Estimular a criação produtiva e a descoberta de novos atributos pelo relaxamento dos constrangimentos sobre os empregados resulta em relacionamentos agente-principal que são especificados de forma menos completa. Isto não é simplesmente uma questão de delegação, ou de co-alocar direitos de decisão e conhecimento específico[95], mas também de dar aos agentes as oportunidades para que possam exercer seus próprios julgamentos, muitas vezes de longo alcance. Entretanto, como temos visto, isto também permite o empreendedorismo potencialmente destrutivo. Administrar o *trade-off* entre empreendedorismo produtivo e destrutivo torna-se, portanto, uma tarefa administrativa crítica.

ESCOLHENDO *TRADE-OFFS* EFICIENTES. Neste contexto, a propriedade dos ativos é importante porque dá aos empreendedores o direito de definir

---

and the Capitalist Process. Chicago: University of Chicago Press, 1985a.
[94] JENSEN, Michael C. & WRUCK, Karen. Science, Specific Knowledge and Total Quality Management. **Journal of Accounting and Economics**, v. 18 (1994): p. 247-87.
[95] JENSEN, Michael C. & MECKLING, William. Specific and General Knowledge, and Organizational Structure. In: WERIN, Lars & WIJKANDER, Hans (Eds.). **Contract Economics**. Oxford: Blackwell, 1992.

constrangimentos contratuais, isto é, de escolher seus próprios *trade-offs* preferidos. Brevemente, a propriedade permite ao empreendedor-empregador o grau preferido de incompletude contratual, e portanto que uma certa combinação de empreendedorismo produtivo e destrutivo possa ser implementada a um custo baixo. Esta função da propriedade é particularmente importante em um processo dinâmico de mercado, o tipo enfatizado por Knight[96] e pelos austríacos. Em tal contexto, um processo contínuo de tomada de decisões de julgamento requer constrangimentos contratuais para lidar com os *trade-offs* em constante mudança entre o empreendedorismo destrutivo e produtivo no interior da firma. O poder conferido pela propriedade permite que o empreendedor-empregador possa fazer isto a um custo baixo[97].

VI - Discussão Final

Este capítulo enfatiza a importância da heterogeneidade de capital para as teorias do empreendedorismo e da firma. Se o capital fosse homogêneo, o ato empreendedor seria trivial. Muitos – se não a maior parte – dos problemas interessantes da organização econômica desapareceriam. Isto implica que a teoria do capital deve ser uma parte integrante das teorias do empreendedorismo e da organização econômica. Isto também sugere estender a ênfase austríaca sobre o empreendedorismo nos mercados para o empreendedorismo nas firmas[98].

Entretanto, o conceito de heterogeneidade do capital faz mais do que simplesmente estabelecer as condições necessárias para o empreendedorismo e os problemas típicos da organização econômica. Levar em conta o capital heterogêneo de forma mais completa, tal como desenvolvido pela Escola Austríaca, revela problemas nas trocas (i.e., custos de transação) que são relevantes para a organização econômica, mas que

---

[96] Nos últimos capítulos de KNIGHT, Frank H. **Risk, Uncertainty, and Profit**. Op. cit.
[97] Para uma análise mais detalhada sobre esse ponto, ver FOSS, Kirsten & FOSS, Nicolai J. Economic Organization and the Tradeoffs between Productive and Destructive Entrepreneurship. In: FOSS, Nicolai J. & KLEIN, Peter G. (Eds.). **Entrepreneurship and the Firm**: Austrian Perspectives on Economic Organization. Aldershot: Edward Elgar, 2002.
[98] O leitor atento perceberá que, conquanto endossemos com entusiasmo as contribuições de Kirzner à teoria austríaca do capital, nossa própria concepção de empreendedorismo difere substancialmente da dele. O Capítulo 5 explora esta distinção com mais detalhes.

são negligenciados pelas teorias da firma *mainstream*[99]. Em um ambiente com capital heterogêneo e incerteza, o processo de experimentação empreendedora apresenta implicações distintas para a organização econômica. Conforme argumentamos, o processo de experimentar com capital heterogêneo pode ser melhor organizado dentro de uma firma, ajudando a explicar por que as firmas emergem. Similarmente, experimentos com ativos de capital heterogêneos podem fundamentar muitas das dinâmicas observadas a respeito das fronteiras da firma. Assim, não se sabe *a priori* se os ativos de capital controlados por um alvo potencial de aquisição irão se ajustar bem aos ativos da firma; isto precisa ser tentando de maneira experimental. Finalmente, argumentamos que a organização interna também é iluminada por um foco no julgamento, no capital heterogêneo e na experimentação.

Nossa análise é preliminar e incompleta. Nós nos concentramos em explorar as ligações entre a Economia Austríaca e as abordagens convencionais para a organização econômica[100]. Dado que oferecemos, aqui, um tratamento exploratório e sugestivo, não descrevemos mecanismos causais específicos e não colocamos em questão nenhuma proposição explícita testável.

Entretanto, nossa abordagem é potencialmente rica em poder explicativo. Por exemplo, como o julgamento empreendedor requer a propriedade dos recursos, a teoria do emprego – as relações contratuais entre os empreendedores e aqueles que eles contratam para ajudá-los a executar seus planos – é, em última análise, uma teoria da *delegação*. O julgamento, como o fator de produção de tomada de decisões finais (na terminologia de Grossman e Hart, os direitos de controle residuais), não pode, por definição, ser delegado. Mas muitos direitos de decisão imediatos podem ser, e frequentemente são, delegados aos empregados. A operacionalização desta percepção, e a derivação de implicações testáveis a partir dele, pode ser feita pela identificação das circunstâncias sob as quais direitos de decisão particulares (aqueles que podemos chamar de *julgamento derivado*) podem ser delegados para determinados

---

[99] Em contraste, nossa ênfase em entender a organização econômica em um contexto dinâmico tem paralelos óbvios com a noção de "custos de transação dinâmicos" de Langlois. Ver LANGLOIS, Richard N. Transaction Cost Economics in Real Time. Op. cit.
[100] Ver Shook, Priem e Mcgee para ideias sobre pesquisas empíricas a respeito dos aspectos comportamentais do julgamento empreendedor. SHOOK, Christopher L.; PRIEM, Richard L. & MCGEE, Jeffrey E. Venture Creation and the Enterprising Individual: A Review and Synthesis. **Journal of Management**, v. 29 (2003): p. 379-99.

indivíduos. Essas circunstâncias podem ser descritas por características do ambiente de negócios (tecnologia, mercados, regulamentação), pelo capital humano dos empregados (o que Schultz[101] chama de "a habilidade para negociar com o desequilíbrio") e por aspectos da estratégia da firma. Considere as aplicações a seguir.

DESCENTRALIZAÇÃO. Uma abordagem para a delegação é desenvolver a literatura sobre descentralização ótima, como na importante (e, em nossa visão, subestimada) aplicação de Jensen e Meckling[102] da teoria do conhecimento de Hayek e Polanyi à organização interna. Jensen e Meckling identificam alguns custos e benefícios de descentralizar os direitos de decisão para níveis mais baixos de uma organização. O benefício principal é a utilização mais eficiente do conhecimento específico (local e tácito), enquanto os custos incluem problemas de agência potenciais e a utilização menos eficiente da informação central. A descentralização, na terminologia de Jensen e Meckling, consegue a co-alocação do conhecimento e dos direitos de decisão. Empregados que não são proprietários, entretanto, exercem somente o conhecimento derivado, não importando quantos direitos de decisão eles detenham. A descentralização ótima pode, então, ser interpretada em termos do *trade-off* entre conhecimento e julgamento. A atribuição de direitos de decisão aos empregados resulta na co-alocação do conhecimento específico e do julgamento derivado, enquanto o julgamento, ele próprio, permanece nas mãos dos proprietários. A decisão de descentralizar, portanto, depende não somente da importância do conhecimento específico, mas da "cunha" entre julgamento em última análise e julgamento derivado. Onde a incerteza ambiental é elevada, esta cunha pode ser suficientemente grande, de modo que a descentralização reduz o valor da firma, mesmo controlando para a importância do conhecimento específico.

ESCOLHA OCUPACIONAL. Outra aplicação relaciona-se à literatura sobre escolha ocupacional. Muitos estudos do empreendedorismo tratam o empreendedorismo como uma *ocupação* (i.e., auto-emprego) ao invés de uma *função*, como o tratamos aqui[103]. Qual é a correlação entre o

---

[101] SCHULTZ, T. W. The Value of the Ability to Deal with Disequilibria. **Journal of Economic Literature**, v. 13 (1975): p. 827-46.
[102] JENSEN, Michael C. & MECKLING, William. Specific and General Knowledge, and Organizational Structure. Op. cit.
[103] Ver, por exemplo, HAMILTON, Barton H. Does Entrepreneurship Pay? An Empir-

auto-emprego e o julgamento? Indivíduos auto-empregados que financiam seus empreendimentos com dívidas ou economias pessoais estão, certamente, agindo como empreendedores no sentido de Knight. Se um novo empreendimento é financiado com capital, então em nosso arcabouço o financiador – o capitalista de risco ou o investidor-anjo, por exemplo – é quem está arcando com a incerteza relevante e, portanto, desempenhando a função empreendedora, e não o fundador da firma (exceto na medida em que a compensação do fundador é uma função dos resultados do empreendimento). Não temos conhecimento de trabalhos empíricos relacionando o auto-emprego à função empreendedora, mas tais pesquisas seriam importantes para entender o papel do auto-emprego na geração de crescimento econômico.

ELABORAÇÃO DE CONTRATOS. Mais ainda, nossa abordagem para a função empreendedora apresenta implicações para a elaboração de contratos. Se pensamos no julgamento como o preenchimento das lacunas de contratos incompletos, então quanto mais completos forem os contratos, haverá menos circunstâncias nas quais o "julgamento final" precisará ser exercido, e portanto mais direitos de decisão poderão ser delegados. Isto implica em uma relação inversa entre a completude contratual e os custos de monitoramento. Enquanto muitos artigos de economia dos custos de transação examinam os determinantes da completude[104], eles geralmente se concentram na especificidade dos ativos como variável independente, e não nos custos de monitoramento.

APRENDIZAGEM ORGANIZACIONAL. Nossa abordagem também tem implicações para a aprendizagem organizacional. Se o empreendedorismo – e, portanto, a organização econômica – é o ato de arranjar recursos de capital heterogêneos, então é importante entender como os indivíduos e as equipes aprendem a fazer isso com sucesso. Mayer e Argyres[105]

---

ical Analysis of the Returns to Self-Employment. **Journal of Political Economy**, p. 108 (2000): p. 604-31.
[104] CROCKER, Keith J. & MASTEN, Scott E. *Pretia Ex Machina?* Prices and Process in Long-term Contracts. **Journal of Law and Economics**, v. 34 (1991): p. 69-99; CROCKER, Keith J. & REYNOLDS, K. J. The Efficiency of Incomplete Contracts: An Empirical Analysis of Air Force Engine Procurement. **RAND Journal of Economics**, v. 36 (1993): p. 126-46; SAUSSIER, Stéphane. Transaction Costs and Contractual Incompleteness: The Case of Électricité de France. **Journal of Economic Behavior and Organization**, v. 42 (2000): p. 189-206.
[105] MAYER, Kyle L. & ARGYRES, Nicholas S. Learning to Contract: Evidence from the

mostram que as partes contratantes não necessariamente antecipam os riscos contratuais, e elaboram arranjos para mitigá-los, como prevê a economia dos custos de transação; em vez disso, as partes contratantes precisam, em geral, vivenciar a inadaptação para ajustar-se a ela. É, portanto, importante entender não somente a contratação eficiente, mas também o processo de aprendizagem, para contratar eficientemente. Em nosso arcabouço, a contratação – uma troca de direitos e responsabilidades legais governando a troca de títulos de propriedade – é parte do processo de experimentação empreendedora. Assim como atributos de ativos precisam ser criados ou descobertos no transcurso do tempo, os arranjos contratuais eficientes que governam a utilização dos ativos precisam ser criados ou descobertos ao longo do tempo, através da experimentação. Conceber o problema desta maneira requer uma teoria da aprendizagem para organizar o capital heterogêneo.

De forma mais geral, esperamos que as análises que realizamos aqui inspirem os pesquisadores a investigar a abordagem austríaca do capital e a explorar suas aplicações, não somente à teoria do empreendedorismo, mas também a outros aspectos da organização e administração econômica. Acadêmicos da Administração estão começando a reconhecer o valor da Economia Austríaca para além das generalidades sobre o "processo de mercado" ou o "estado de alerta" (a teoria do capital de Lachmann, por exemplo, tem um lugar de destaque em Chiles e Zarankin[106]; Chiles, Bluedorn e Gupta[107]; Lewin[108]; e Lewin e Phelan[109]). Esperamos que pesquisadores buscando incorporar o conceito de empreendedorismo à organização, estratégia e teoria da firma considerem a noção austríaca de heterogeneidade do capital como uma conexão possível entre o empreendedorismo e a organização econômica.

Personal Computer Industry. **Organization Science**, v. 15 (2004): p. 394-410.
[106] CHILES, Todd H. & ZARANKIN, T. G. A 'Kaleidic' View of Entrepreneurship: Developing and Grounding Radical Austrian Economics' Master Metaphor. **Working Paper**. Department of Management, University of Missouri, 2005.
[107] CHILES, Todd H.; BLUEDORN, Allen C. & GUPTA, Vishal K. Beyond Creative Destruction and Entrepreneurial Discovery: A Radical Austrian Approach to Entrepreneurship. **Organization Studies**, v. 28 (2007): p. 467-93.
[108] LEWIN, Peter. The Firm in Disequilibrium. Op. cit.
[109] LEWIN, Peter & PHELAN, Steven E. Rent and Resources: A Market Process Perspective. In: FOSS, Nicolai J; & KLEIN, Peter G. (Eds.). **Entrepreneurship and the Firm**: Austrian Perspectives on Economic Organization. Aldershot: Edward Elgar, 2002.

Capítulo V
A Descoberta de Oportunidades e a Ação Empreendedora[1]

O empreendedorismo é um dos campos que apresentam crescimento mais rápido dentro da economia, administração, e mesmo no direito. Surpreendentemente, no entanto, enquanto o empreendedor é fundamentalmente um agente econômico – a força motriz do sistema de mercado, na frase de Mises[2] –, as teorias econômicas modernas da organização e da estratégia mantêm uma relação ambivalente com o empreendedorismo. É amplamente reconhecido que o empreendedorismo é, de certa forma, importante, mas há pouco consenso a respeito de como o papel empreendedor deveria ser modelado e incorporado na economia e na estratégia. De fato, os trabalhos mais importantes na bibliografia econômica sobre o empreendedorismo – o tratamento de Schumpeter sobre a inovação, a teoria do lucro de Knight e a análise de Kirzner da descoberta empreendedora – são vistas como percepções interessantes, porém idiossincráticas, que não generalizam para outros contextos e problemas.

A estranha relação entre a economia *mainstream* e o empreendedorismo faz sentido no contexto do desenvolvimento da teoria neoclássica da produção e da firma. O tratamento cada vez mais formalizado dos mercados, notoriamente na forma da teoria do equilíbrio geral, não somente tornou as firmas mais passivas, mas também fez com que o modelo da firma ficasse cada vez mais estilizado e anônimo, suprimindo os aspectos dinâmicos dos mercados, que se relacionam de maneira próxima com o empreendedorismo[3]. Em particular, o desenvolvimento do que veio a ficar conhecido como a perspectiva da função de produção[4]

---

[1] Publicado originalmente como: Opportunity Discovery, Entrepreneurial Action, and Economic Organization. **Strategic Entrepreneurship Journal**, v. 2, n. 3 (2008): p. 175-90.
[2] MISES, Ludwig von. **Ação Humana**. Op. cit. p. 249.
[3] O'BRIEN, Dennis. The Evolution of the Theory of the Firm. Op. cit.
[4] WILLIAMSON, Oliver E. **The Economic Institutions of Capitalism**. Op. cit.;

– a grosso modo, a firma tal como ela é apresentada nos livros-texto de microeconomia intermediária, com seus conjuntos de possibilidades de produção totalmente transparentes – foi um golpe mortal na teoria econômica do empreendedorismo. Se qualquer firma pode fazer o que qualquer outra firma faz[5], se todas as firmas encontram-se sempre em suas fronteiras de possibilidades de produção, e se as firmas sempre realizam escolhas ótimas a respeito das combinações de insumos e níveis de produção, não há nada que o empreendedor possa fazer. Mesmo nos modelos mais avançados, que apresentam funções de produção assimétricas, características ocultas e interação estratégica, as firmas ou agentes são modelados comportando-se de acordo com regras fixas, sujeitas à formalização pelo analista. O empreendedor faz uma aparição ocasional na história dos negócios e nos modelos schumpeterianos da inovação e da mudança tecnológica, mas é praticamente inexistente na teoria econômica contemporânea.

Uma exceção é a Escola Austríaca, que tem conferido ao empreendedor um papel central na economia, pelo menos desde as contribuições protoaustríacos de Richard Cantillon[6]. Figuras-chave na Escola Austríaca, tais como Carl Menger[7], Eugen von Böhm-Bawerk[8], Ludwig von Mises[9] e Murray Rothbard[10], todos eles enfatizaram o empreendedor em suas análises causal-realistas da organização e da mudança econômica. Mais recentemente, o economista austríaco Israel Kirzner tem popularizado a noção de empreendedorismo como descoberta ou estado de alerta para oportunidades de lucro. A interpretação que Kirzner faz de Mises tem sido altamente influente, não só dentro da Escola Austríaca, mas também nos ramos da descoberta de oportunidades e do reconhecimento de oportunidades, dentro da literatura sobre empreendedorismo[11].

LANGLOIS, Richard N. & FOSS, Nicolai J. Capabilities and Governance. Op. cit.
[5] DEMSETZ, Harold. The Nature of the Firm Revisited. **Journal of Law, Economics, and Organization**, v. 4 (1988b): p. 141-62.
[6] CANTILLON, Richard. **Essai sur la nature du commerce en général**. HIGGS, Henry (Ed.). London: Macmillan, 1931 [1755].
[7] MENGER, Carl. **Principles of Economics**. Op. cit.
[8] BÖHM-BAWERK, Eugen von. **Positive Theory of Capital**. Op. cit.
[9] MISES, Ludwig von. **Ação Humana**. Op. cit.
[10] ROTHBARD, Murray N. **Man, Economy, and State**. Op. cit.
[11] SHANE, Scott A. & VENKATARAMAN, S. The Promise of Entrepreneurship as a Field of Research. **Academy of Management Review**, v. 25 (2000): p. 217-26; GAGLIO, M. & KATZ, J. A. The Psychological Basis of Opportunity Identification: Entrepreneurial Alertness. **Small Business Review**, v. 16 (2001): p. 95-111; SHANE, Scott A. **A General Theory of Entrepreneurship**: The Individual-Opportunity Nexus. Cheltenham, U.K.:

Entretanto, conforme descrito a seguir, o arcabouço da descoberta de oportunidades é problemático como fundamentação para pesquisas aplicadas em empreendedorismo. Teóricos tais como Kirzner pretendiam que seu conceito central, a *oportunidade*, fosse usado instrumentalmente, ou metaforicamente, como uma maneira para explicar a tendência dos mercados a se equilibrar, e não literalmente, como o próprio objeto da análise. Argumento que o empreendedorismo pode ser fundamentado de forma mais minuciosa e mais estreitamente ligado às teorias econômicas da organização e da estratégia, por meio da adoção do entendimento de Cantillon-Knight-Mises do empreendedorismo como *julgamento*, em conjunto com o tratamento subjetivista da heterogeneidade do capital feito pela Escola Austríaca. A abordagem do julgamento enfatiza que as oportunidades de lucro não existem, objetivamente, quando as decisões são feitas, porque o resultado da ação não pode ser conhecido com certeza. Oportunidades são fenômenos essencialmente subjetivos[12]. Como tais, oportunidades não são nem descobertas, nem criadas[13], mas *imaginadas*. Em outras palavras, elas existem somente na mente dos tomadores de decisões. Além do mais, o caráter essencialmente subjetivo das oportunidades de lucro coloca desafios particulares para a pesquisa aplicada sobre os aspectos psicológicos cognitivos da descoberta. Em vez disso, argumento que a oportunidade pode ser tratada como um conceito latente, subjacente ao verdadeiro fenômeno de interesse, que é, especificamente, a ação empreendedora.

Começo distinguindo entre as abordagens ocupacional, estrutural e funcional para o empreendedorismo, explicando duas interpretações influentes a respeito da função empreendedora – descoberta e julgamento. Então, volto-me para a literatura contemporânea sobre identificação de oportunidades, argumentando que esses estudos interpretam de maneira errada a utilização instrumental de Kirzner sobre a metáfora da descoberta, e também erram ao considerar as oportunidades como unidade de análise. Em vez disso, descrevo uma abordagem alternativa, na qual a unidade de análise é o investimento, e conecto esta abordagem à teoria do capital heterogêneo. Encerro com algumas aplicações à forma organizacional e às equipes empreendedoras.

Edward Elgar, 2003.
[12] FOSS, Nicolai J.; KLEIN, Peter G.; KOR, Yasemin Y. & MAHONEY, Joseph T. Entrepreneurship, Subjectivism, and the Resource-based View: Towards a New Synthesis. **Strategic Entrepreneurship Journal**, v. 2 (2008): p. 13-94.
[13] ALVAREZ, Sharon A. & BARNEY, Jay B. Discovery and Creation. Op. cit.

I - Empreendedorismo: Perspectivas Ocupacional, Estrutural e Funcional

Para organizar as diversas vertentes da literatura sobre empreendedorismo, é útil distinguir entre as perspectivas ocupacional, estrutural e funcional. As teorias *ocupacionais* definem o empreendedorismo como auto-emprego e tratam os indivíduos como unidades de análise, descrevendo as características daqueles que iniciam seus próprios negócios e explicando a escolha entre emprego e auto-emprego[14]. Os estudos acerca da economia do trabalho sobre escolha ocupacional, juntamente com as pesquisas de psicologia sobre as características pessoais dos indivíduos auto-empregados, encaixam-se nesta categoria. Por exemplo, MacGrath e MacMillan[15] argumentam que determinados indivíduos apresentam uma "mentalidade empreendedora", que permite e que os encoraja a encontrar as oportunidades esquecidas e ignoradas pelos demais (e que esta mentalidade é desenvolvida através da experiência, ao invés da educação formal). Abordagens *estruturais* tratam a firma ou o setor industrial como unidade de análise, definindo a "firma empreendedora" como uma firma nova ou pequena. As pesquisas sobre a dinâmica do setor, crescimento da firma, aglomerados e redes baseiam-se em um conceito estrutural do empreendedorismo[16]. De fato, a ideia de que uma empresa, setor industrial ou economia podem ser mais "empreendedores" do que outros sugere que o empreendedorismo está associado a uma estrutura de mercado específica (i.e., muitas empresas pequenas ou novas).

---

[14] KIHLSTROM, R. E. & LAFFONT, J. J. A General Equilibrium Entrepreneurial Theory of Firm Formation Based on Risk Aversion. **Journal of Political Economy**, v. 87 (1979): p. 719-48; SHAVER, Kelly G. & SCOTT, Linda R. Person, Process, Choice: the Psychology of New Venture Creation. **Entrepreneurship Theory and Practice**, v. 16 (1991): p. 23-45; HAMILTON, Barton H. Does Entrepreneurship Pay? Op. cit.; PARKER, S. C. **The Economics of Self-employment and Entrepreneurship**. Cambridge, U.K.: Cambridge University Press, 2004; LAZEAR, Edward P. Balanced Skills and Entrepreneurship. **American Economic Review**, v. 94 (2004): p. 208-11; LAZEAR, Edward P. Entrepreneurship. **Journal of Labor Economics**, v. 23 (2005): p. 649-80.
[15] MCGRATH, R. G. & MACMILLAN, I. C. **The Entrepreneurial Mindset**. Cambridge, Mass.: Harvard Business School Press, 2000.
[16] ALDRICH, H. E. Using an Ecological Perspective to Study Organizational Founding Rates. **Entrepreneurship Theory and Practice**, v. 14 (1990): p. 7-24; ACS, Zoltan J. & AUDRETSCH, D. B. **Innovation and Small Firms**. Cambridge, MA: MIT Press, 1990; AUDRETSCH, D. B.; KEILBACH, M. & LEHMANN, E. **Entrepreneurship and Economic Growth**. Oxford, UK: Oxford University Press, 2005.

Em contraste, as contribuições clássicas à teoria econômica do empreendedorismo, desenvolvidas por autores como Schumpeter, Knight, Mises, Kirzner e outros, modelam o empreendedorismo como uma *função*, atividade ou processo, e não como uma categoria de emprego ou estrutura de mercado. A função empreendedora tem sido caracterizada de muitas maneiras: julgamento[17], inovação[18], adaptação[19], estado de alerta[20] e coordenação[21]. Em cada caso, esses conceitos funcionais sobre o empreendedorismo são grandemente independentes dos conceitos ocupacional e estrutural. A função empreendedora pode manifestar-se em firmas grandes ou pequenas, antigas e novas, por indivíduos ou equipes, em uma variedade de categorias ocupacionais. Por concentrar-se de maneira estreita no auto-emprego e nas companhias iniciantes, a literatura contemporânea pode estar minimizando o papel do empreendedorismo na economia e nas organizações de negócios.

O conceito de Kirzner[22] de empreendedorismo como "estado de alerta" para oportunidades lucrativas é uma das abordagens funcionais mais influentes. O caso mais simples de estado de alerta é aquele do arbitrador que descobre uma discrepância nos preços presentes que pode ser explorada para a obtenção de ganho financeiro. Em um caso mais típico, o empreendedor está alerta para um novo produto ou para um processo produtivo melhor, e entra em cena para preencher essa lacuna antes dos demais. O sucesso, nesta perspectiva, não decorre de seguir um problema de maximização bem especificado, mas sim de ter alguma percepção que ninguém mais tem, um processo que não pode

---

[17] CANTILLON, Richard. **Essai sur la nature du commerce en général**. Op. cit.; KNIGHT, Frank H. **Risk, Uncertainty, and Profit**. Op. cit.; CASSON, M. C. **The Entrepreneur**. Op. cit.; LANGLOIS, Richard N. & COSGEL, M. Frank Knight on Risk, Uncertainty, And The Firm. Op. cit.; FOSS, Nicolai J. & KLEIN, Peter G. Entrepreneurship and the Economic Theory of the Firm. Op. cit.

[18] SCHUMPETER, Joseph A. **The Theory of Economic Development**. Op. cit.

[19] SCHULTZ, T. W. The Value of the Ability to Deal with Disequilibria. Op. cit.; SCHULTZ, T. W. Investment in Entrepreneurial Ability. **Scandinavian Journal of Economics**, v. 82 (1980): p. 437-48.

[20] KIRZNER, Israel M. **Competição e Atividade Empresarial**. Op. cit.; KIRZNER, Israel M. **Perception, Opportunity, and Profit**. Op. cit.; KIRZNER, Israel M. **The Meaning of Market Process**. Op. cit.

[21] WITT, Ulrich. Imagination and Leadership. Op. cit.; WITT, Ulrich. Market Opportunity and Organizational Grind: The Two Sides of Entrepreneurship. **Advances in Austrian Economics**, v. 6 (2003): p. 131-51.

[22] KIRZNER, Israel M. **Competição e Atividade Empresarial**. Op. cit.; KIRZNER, Israel M. **Perception, Opportunity, and Profit**. Op. cit.; KIRZNER, Israel M. **The Meaning of Market Process**. Op. cit.

ser modelado como um problema de otimização[23]. Como foi discutido no Capítulo 2, dado que os empreendedores de Kirzner realizam apenas uma função de descoberta, em vez de uma função de investimento, não possuem capital; precisam apenas estar atentos para oportunidades de lucro. Não possuem ativos, não arcam com incertezas e, portanto, não podem sofrer perdas. O pior que pode acontecer a um empreendedor é o fracasso para descobrir uma oportunidade de lucro existente. Por essas razões, a conexão entre o empreendedorismo kirzneriano e outros ramos da análise econômica, tais como organização industrial, inovação e teoria da firma, é uma conexão fraca. Logo, o conceito de Kirzner não tem gerado um grande corpo de aplicações[24].

Uma abordagem alternativa trata o empreendedorismo como uma tomada de decisões de julgamento sob condições de incerteza. O julgamento diz respeito principalmente aos negócios nos quais os resultados futuros possíveis –sem falar da probabilidade de resultados individuais – são, em geral, desconhecidos (o que Knight chama de *incerteza*, em contraste com o mero risco probabilístico). Esta perspectiva está expressa na primeira discussão conhecida sobre empreendedorismo

---

[23] Kirzner é cuidadoso em distinguir o estado de alerta da busca sistemática, como na análise de Stigler (1961, 1962) da busca por barganhas ou por empregos (STIGLER, G. J. The Economics of Information. **Journal of Political Economy**, v. 69 (1961): p. 213-25; STIGLER, G. J. Information in the Labor Market. **Journal of Political Economy**, v. 70 (1962): p. 94-105). Um belo exemplo é proporcionado por Ricketts: *"O buscador de Stigler decide quanto tempo vale a pena gastar vasculhando sótãos empoeirados e gavetas desarrumadas procurando por um esboço que (a família recorda) a tia Enid pensa que pode ter sido feito por Lautrec. O empreendedor de Kirzner entra em uma casa e olha preguiçosamente para os quadros que estiveram pendurados no mesmo lugar durante anos. 'Isso que está na parede não é um Lautrec?'"* (RICKETTS, Martin. **The New Industrial Economics: An Introduction to Modern Theories of the Firm**. New York: St. Martin's Press, 1987. p. 58).

[24] Exceções incluem EKELUND, R. B., Jr. & SAURMAN, D. S. **Advertising and the Market Process**: A Modern Economic View. San Francisco: Pacific Research Institute for Public Policy Research, 1988; HARPER, David. **Entrepreneurship and the Market Process**: An Inquiry into the Growth of Knowledge. London: Routledge, 1995; SAUTET, Frederic. **An Entrepreneurial Theory of the Firm**. London, UK: Routledge, 2001; e HOLCOMBE, Randall G. Political Entrepreneurship and the Democratic Allocation of Economic Resources. Op. cit. Kirzner concede que em um mundo de incerteza, os proprietários de recursos exercem o julgamento empreendedor na alocação de seus recursos para utilizações específicas (KIRZNER, Israel M. **Competição e Atividade Empresarial**. Op. cit. p. 39-40). Mas ele continua introduzindo o dispositivo analítico do "empreendedorismo puro" como o ato da descoberta ou o estado de alerta para oportunidades de lucro por aqueles que não têm recursos sob o seu controle e afirma que esta função, ao invés do ato de arcar com incertezas, é a "força motriz" por trás da economia de mercado (KIRZNER, Israel M. **Competição e Atividade Empresarial**. Op. cit. p. 40-43).

– aquela encontrada no *Essai sur la nature de commerce en général*, de Richard Cantillon[25]. Cantillon argumenta que todos os participantes do mercado, com exceção dos proprietários de terras e da nobreza, podem ser classificados entre empreendedores e assalariados:

> Empreendedores trabalham por salários incertos, por assim dizer, e todos os demais por salários certos ao menos enquanto eles os mantêm, apesar de suas funções e categorias serem bastante desproporcionais. O General que tem um salário fixo, o Cortesão que recebe uma pensão, e o Criado que recebe por hora de trabalho, todos eles pertencem a esta segunda classe. Todos os outros são Empreendedores, sejam aqueles que se estabelecem com um capital para exercer seu empreendimento, ou os que são Empreendedores do seu próprio trabalho, sem possuírem capital algum, e podemos considerar que vivem sujeitos à incerteza; mesmo Mendigos e Ladrões são Empreendedores que pertencem a esta classe.[26]

O julgamento é diferente da ousadia, inovação, estado de alerta e liderança. O julgamento precisa ser exercido em circunstâncias mundanas, tanto para operações em andamento quanto para novos empreendimentos. O estado de alerta é a habilidade para reagir a oportunidades *existentes*, enquanto o julgamento refere-se a crenças a respeito de *novas* oportunidades[27]. Aqueles que se especializam na tomada de decisões de julgamento podem ser líderes dinâmicos e carismáticos, mas não precisam possuir tais características. Em suma, nesta perspectiva, a

---

[25] CANTILLON, Richard. **Essai sur la nature du commerce en général**. Op. cit.
[26] CANTILLON, Richard. **Essai sur la nature du commerce en général**. Op. cit. p. 54.
[27] No tratamento de Kirzner, o empreendedorismo é caracterizado como *"um agente reativo. Vejo o empresário não como uma fonte de ideias inovadoras ex nihilo, mas como alguém alerta para as oportunidades que já existem e que estão esperando para serem notadas"* (KIRZNER, Israel M. **Competição e Atividade Empresarial**. Op. cit. p. 53). É claro que, como o próprio Kirzner enfatiza, as ações dos empreendedores no presente afetam a constelação de oportunidades de lucro possíveis no futuro (KIRZNER, Israel M. **Discovery and the Capitalist Process**. Chicago: University of Chicago Press, 1985b. p. 54-59). *"O estado de alerta não consiste somente em ver o desdobramento da tapeçaria do futuro no sentido de ver um fluxo de eventos pré-ordenados. O estado de alerta deve, de forma importante, abraçar a consciência das maneiras pelas quais os agentes humanos podem, mediante atos de fé ousados e imaginativos, e pela determinação, de fato criar o futuro para o qual seus atos presentes são criados"* (Idem, p. 56). Entretanto, continua Kirzner, as únicas oportunidades que importam para o equilíbrio são aquelas que, de fato, *"apresentam alguma semelhança realista com o futuro como ele será realizado"* (Idem, p. 57).

tomada de decisões sob incerteza é empreendedora, quer envolva ou não imaginação, criatividade, liderança e fatores relacionados.

Knight introduz o julgamento para conectar o lucro e a firma com a incerteza. O empreendedorismo representa o julgamento que não pode ser avaliado em termos de seu produto marginal e que não pode, em conformidade, receber um pagamento fixo[28]. Em outras palavras, não existe um mercado para julgamento, com o qual os empreendedores possam contar e, portanto, exercer o julgamento requer que as pessoas dotadas de julgamento deem início a uma firma. O julgamento implica, portanto, a propriedade de ativos, dado que a tomada de decisões de julgamento é, em última instância, tomada de decisões sobre o emprego dos recursos. Um empreendedor sem bens de capital não é, no sentido de Knight, um empreendedor[29].

O empreendedorismo como o ato de arcar com incertezas também é importante para a teoria do lucro e perda de Mises – uma pedra angular de sua bem conhecida crítica do planejamento econômico sob o socialismo. Mises começa com a teoria da produtividade marginal da distribuição, desenvolvida por seus predecessores austríacos. Na teoria da produtividade marginal, trabalhadores recebem pagamentos, capitalistas recebem juros e proprietários de fatores específicos recebem rendas. Qualquer excesso (déficit) das receitas recebidas por uma firma sobre esses pagamentos de fatores constitui lucro (perda). Lucro e perda, portanto, são os retornos do empreendedorismo. Em um hipotético equilíbrio sem incerteza (o que Mises chama de economia uniformemente circular), os capitalistas ainda receberiam juros como recompensa pelos empréstimos, porém não haveria lucro ou perda.

---

[28] KNIGHT, Frank H. **Risk, Uncertainty, and Profit**. Op. cit. p. 311.
[29] FOSS, Nicolai J. & KLEIN, Peter G. Entrepreneurship and the Economic Theory of the Firm. Op. cit. É útil, aqui, distinguir entre as noções ampla e estreita do empreendedorismo (knightiano). Toda ação humana envolve julgamento e, em um mundo incerto, toda ação coloca algum ativo em risco (no mínimo, o custo de oportunidade do tempo do ator). Na terminologia de Mises, a ação humana é o emprego propositado dos meios para produzir os fins desejados, os quais podem ou não se realizar. Neste sentido, todos somos empreendedores, todos os dias. Obviamente, este conceito amplo de empreendedorismo não é particularmente operacional, ou empiricamente importante. Os teóricos da economia e da organização, portanto, tendem a concentrar-se em um conceito mais estreito de empreendedorismo, mais especificamente as ações dos homens de negócios – o investimento de recursos tangíveis na busca da obtenção de ganhos comerciais. Na discussão que segue, concentro-me nesta noção mais estreita e comercial de empreendedorismo.

Empreendedores, no entendimento de Mises, fazem seus planos de produção com base nos preços correntes dos fatores de produção e nos preços futuros antecipados para os bens de consumo. O que Mises chama de "cálculo econômico" é a comparação dessas receitas futuras antecipadas com os dispêndios presentes, todos expressos em unidades monetárias comuns. Sob o socialismo, a ausência de mercados de fatores e a consequente falta de preços de fatores torna o cálculo econômico – e, portanto, o planejamento econômico racional – impossível. O ponto de Mises é que uma economia socialista pode designar os indivíduos a serem trabalhadores, administradores, técnicos, inventores e similares, mas não pode, por definição, ter empreendedores. O empreendedorismo – e não o trabalho, a administração ou a expertise tecnológica – é o elemento crucial da economia de mercado. Conforme colocado por Mises, é facultado aos diretores de empresas socialistas que possam *brincar de mercado* – tomar decisões de investimento de capital como se estivessem alocando capital escasso nas atividades de uma maneira economizadora. Mas não se pode pedir que *"brinquem de especulação e investimento"*[30]. Sem empreendedorismo, uma economia dinâmica e complexa não pode alocar os recursos em seus valores de uso mais elevados.

II - EMPREENDEDORISMO COMO IDENTIFICAÇÃO DE OPORTUNIDADES

Enquanto Schumpeter, Kirzner, Cantillon, Knight e Mises são frequentemente citados na literatura contemporânea sobre empreendedorismo em economia e administração (Schultz, em contraste, raramente é citado), grande parte desta literatura assume, implicitamente, uma abordagem ocupacional ou estrutural para o empreendedorismo. Qualquer relação com as contribuições funcionais clássicas é inspiradora, e não substantiva.

A exceção mais importante é a literatura de administração e teoria da organização sobre descoberta ou identificação de oportunidades, ou o que Shane[31] chama de *"nexo entre indivíduos e oportunidades"*. A identificação de oportunidades envolve não somente habilidades técnicas tais como análise financeira e pesquisa de mercado, mas também formas

---
[30] MISES, Ludwig von. **Ação Humana**. Op. cit. p. 806.
[31] SHANE, Scott A. **A General Theory of Entrepreneurship**. Op. cit.

menos tangíveis de criatividade, construção de equipes, resolução de problemas e liderança[32]. Enquanto o valor pode ser criado não somente pelo início de novas atividades, mas também pelo melhoramento da operação de atividades existentes, as pesquisas em identificação de oportunidades tendem a enfatizar as atividades novas. Essas podem incluir a criação de uma nova firma, dar início a um novo acordo de negócios, introduzir um novo produto ou serviço, ou desenvolver um novo método de produção. Como resumido por Shane[33]:

> O empreendedorismo é uma atividade que envolve a descoberta, avaliação e exploração de oportunidades para introduzir novos bens e serviços, formas de organização, mercados, processos e matérias-primas através de esforços de organização que não existiam anteriormente[34]. Dada esta definição, o campo acadêmico do empreendedorismo incorpora, em seu domínio, explicações a respeito de por que, quando e como as oportunidades empreendedoras existem; as fontes dessas oportunidades e as formas que elas assumem; os processos de descoberta e avaliação de oportunidades; o ato de exploração de oportunidades; por que, quando e como alguns indivíduos e não outros descobrem, avaliam, reúnem recursos e exploram oportunidades; as estratégias utilizadas para buscar oportunidades; e os esforços organizacionais para explorá-las[35].

Esta concepção é admiravelmente ampla, incorporando não somente a descoberta de oportunidades, mas também os processos por meio dos quais as oportunidades são buscadas e exploradas. O que unifica esses

---

[32] LONG, W. & MCMULLAN, W. E. Mapping the New Venture Opportunity Identification Process. In: HORNADAY, John A. (Ed.). **Frontiers of Entrepreneurship Research**. Wellesley, Mass.: Babson College, 1984; HILLS, Gerald E.; LUMPKIN, G. T. & SINGH, Robert P. Opportunity Recognition: Perceptions and Behaviors of Entrepreneurs. **Frontiers of Entrepreneurship Research**, v. 17 (1997): p. 168-82; HINDLE, K. A Practical Strategy for Discovering, Evaluating, and Exploiting Entrepreneurial Opportunities: Research-based Action Guidelines. **Journal of Small Business and Entrepreneurship**, v. 17 (2004): p. 267-76.
[33] SHANE, Scott A. **A General Theory of Entrepreneurship**. Op. cit. p. 4-5.
[34] VENKATARAMAN, Sankaran. The Distinctive Domain of Entrepreneurship Research. In: KATZ, Jerome R. & BROCKHAUS, Robert H. (Eds.). **Advances in Entrepreneurship, Firm Emergence, and Growth**. Greenwich, CT: JAI Press, 1993; SHANE, Scott A. & VENKATARAMAN, S. The Promise of Entrepreneurship as a Field of Research. Op. cit.
[35] Idem.

diversos aspectos da função empreendedora é o conceito de oportunidade. A descoberta e exploração (potencial) de oportunidades é proposta como unidade de análise para a pesquisa em empreendedorismo. Mas o que são, exatamente, oportunidades? Como elas são melhor caracterizadas? Quanta caracterização explícita é necessária para a pesquisa aplicada em organização empreendedora e estratégia?

II.1 - Oportunidades: Objetiva ou Subjetiva?

Shane e Venkataraman[36] definem as oportunidades empreendedoras como *"aquelas situações nas quais bens, serviços, matérias-primas e métodos organizacionais podem ser introduzidos e vendidos a um preço maior do que o seu custo de produção"*. Essas oportunidades são tratadas como fenômenos objetivos, embora sua existência não seja conhecida por todos os agentes. Shane e Venkataraman também distinguem oportunidades empreendedoras de oportunidades de lucro em termos mais gerais. Enquanto estes últimos refletem as oportunidades para a criação de valor mediante o melhoramento da eficiência para produzir os bens, serviços e processos existentes, as oportunidades empreendedoras incluem a criação de valor através da própria *"percepção do arcabouço de meios e fins"*[37]. Shane e Venkataraman parecem ter em mente a distinção entre atividades que podem ser modeladas como soluções para problemas de otimização bem-especificados – o que Kirzner[38] chama de *"maximização robbinsoniana"* – e entre aquelas para as quais não há nenhum modelo ou regra de decisão disponível.

Entretanto, Shane e Venkataraman parecem entender Kirzner incorretamente (bem como os austríacos de forma mais geral) neste ponto. Em um mundo de incerteza knightiana, *todas* as oportunidades de lucro envolvem decisões para as quais não há nenhum problema de maximização bem-especificado disponível. Kirzner não quer dizer que algumas decisões econômicas realmente *são* o resultado de maximização robbinsoniana, enquanto outras refletem descobertas. Ao invés disso, Kirzner simplesmente contrasta duas construções metodológicas para a análise da ação humana.

---

[36] Idem, p. 220.
[37] KIRZNER, Israel M. **Competição e Atividade Empresarial**. Op. cit. p. 33
[38] Idem.

De forma mais geral, a literatura sobre identificação de oportunidades parece elaborar um programa de pesquisa positivo mediante a operacionalização do conceito de estado de alerta. Como o estado de alerta se manifesta na ação? Como podemos reconhecê-lo empiricamente? Como distinguir entre descoberta e pesquisa sistemática? Conforme exposto por Gaglio e Katz[39]:

> Quase todas as pesquisas empíricas iniciais sobre o estado de alerta têm focado nos meios através dos quais um indivíduo poderia literalmente *notar sem pesquisa*. Por exemplo, Kaish e Gilad[40] interpretam isto como ter uma atitude para posicionar-se no fluxo da informação tal que a probabilidade de encontrar oportunidades sem uma pesquisa deliberada por uma oportunidade específica seja maximizada. Assim, em suas medidas operacionais do estado de alerta, eles pediram aos fundadores que recordassem: (a) a quantidade de tempo e de esforço gastos para gerar um fluxo de informações; (b) a seleção das fontes de informação para gerar um fluxo de informações; e (c) as sinalizações inerentes à informação que indicam a presença de uma oportunidade. Destes dados, os autores deduziram: (d) a quantidade de informação no fluxo e (e) a abrangência e a diversidade da informação no fluxo.
> Seus resultados correspondem, de algumas maneiras, às expectativas, mas também revelam alguns padrões inesperados. Em comparação com a amostragem dos executivos corporativos, a amostragem dos fundadores de novos empreendimentos parece gastar mais tempo gerando um fluxo de informações e parecem mais propensos a utilizar fontes não convencionais de informação. De forma interessante, os fundadores parecem ser mais atentos aos sinais de risco em vez dos sinais de mercados potenciais. Entretanto, os dados também revelam que somente os fundadores inexperientes ou mal sucedidos engajam-se em tais esforços intensos de coleta de informações. Fundadores bem-sucedidos na verdade apresentam um comportamento mais próximo da amostragem dos executivos corporativos.

---

[39] GAGLIO, M. & KATZ, J. A. The Psychological Basis of Opportunity Identification. Op. cit. p. 96
[40] KAISH, Stanley & GILAD, Benjamin. Characteristics of Opportunities Search of Entrepreneurs versus eExecutives: Sources, Interest, General Alertness. **Journal of Business Venturing**, v. 6 (1991): p. 45-61.

Cooper *et al*[41] encontraram um padrão de resultados semelhante em sua pesquisa com 1100 firmas, apesar de que Busenitz[42], em uma replicação alterada da pesquisa de Kaish e Gilad, não encontrou. De fato, Busenitz encontrou poucas diferenças significativas entre administradores corporativos e fundadores de novos empreendimentos. Em adição, checagens de validade das medidas da pesquisa apresentaram baixas pontuações de confiabilidade, que levaram os autores a concluir que pesquisas futuras sobre o estado de alerta requerem melhor precisão teórica e operacional.

Este programa de pesquisa positivo não atenta, entretanto, para o ponto da metáfora de Kirzner sobre o estado de alerta empreendedor: ou seja, que se trata somente de uma metáfora. O objetivo de Kirzner não é caracterizar o empreendedorismo *per se*, mas sim explicar a tendência ao equilíbrio nos mercados. No sistema kirzneriano, as oportunidades são oportunidades de arbitragem (exógenas) *e nada mais*. O próprio empreendedorismo serve a uma função puramente instrumental; é o meio pelo qual Kirzner explica a tendência ao equilíbrio do mercado. Obviamente, oportunidades de arbitragem não podem existir em um modelo de equilíbrio geral perfeitamente competitivo, então o arcabouço de Kirzner assume a presença de imperfeições competitivas, para usar a linguagem dos mercados de fatores estratégicos[43]. Para além da especificação de condições gerais de desequilíbrio, entretanto, Kirzner não oferece uma teoria de como as oportunidades vêm a ser identificadas, quem as identifica e assim por diante; a própria identificação é uma caixa-preta. A afirmação é simplesmente que, fora do mundo de Arrow-Debreu, no qual todo o conhecimento é efetivamente parametrizado, as oportunidades para lucro de desequilíbrio existem e tendem a ser descobertas e exploradas. Em resumo, o que Kirzner chama de "descoberta empreendedora" é simplesmente aquilo que faz com que os mercados se equilibrem[44].

---

[41] COOPER, Arnold C.; FOLTA, Timothy B. & BAIK, Yoon S. Entrepreneurial Information Search. **Journal of Business Venturing**, v. 10 (1995): 107-20.
[42] BUSENITZ, Lowell W. Research on Entrepreneurial Alertness. **Journal of Small Business Management**, v. 34 (1996): p. 35-44.
[43] BARNEY, Jay B. Strategic Factor Markets: Expectations, Luck and Business Strategy. **Management Science**, v. 42 (1986): p. 1231-1241; ALVAREZ, Sharon A. & BARNEY, Jay B. Organizing Rent Generation and Appropriation: Toward a Theory of the Entrepreneurial Firm. **Journal of Business Venturing**, v. 19 (2004): p. 621-35.
[44] A descrição acima aplica-se principalmente ao que Kirzner chama de "empreendedor puro" (ver a nota de rodapé 408). Conforme explica, empreendedores de carne e osso

Acadêmicos contemporâneos do empreendedorismo, considerando se as oportunidades são objetivas ou subjetivas[45] observam que Kirzner tende a tratá-las como objetivas. Novamente, isto é verdadeiro, mas erra o alvo. Kirzner não está fazendo uma afirmação ontológica sobre a natureza das oportunidades de lucro *per se* – não está afirmando, em outras palavras, que as oportunidades são, em algum sentido fundamental, objetivas –, mas sim usando o conceito de oportunidades objetivas e dadas de forma exógena, mas ainda não descobertas, como instrumento para explicar a tendência dos mercados ao equilíbrio[46].

A perspectiva knightiana também trata o empreendedorismo como uma construção instrumental, utilizada para decompor a renda de negócios em dois elementos constitutivos – juros e lucro. Juros são uma recompensa por abrir mão do consumo presente, são determinados pelas preferências temporais relativas dos devedores e credores, e existiriam mesmo em um mundo de certeza. O lucro, em contraste, é uma recompensa por antecipar o futuro incerto com maior precisão que os demais (p. ex., comprando fatores de produção a preços de mercado abaixo do eventual preço de venda da produção), e existe somente em um mundo de incerteza verdadeira. Em um mundo assim, dado que a produção toma tempo, empreendedores receberão ou lucros ou perdas, com base nas diferenças entre os preços pagos pelos fatores e os preços recebidos pelos produtos.

Para Knight, em outras palavras, as oportunidades não existem, apenas esperam para serem descobertas (e portanto, por definição, exploradas). Em vez disso, os empreendedores investem recursos com base em suas expectativas das futuras demandas dos consumidores e condições do mercado, investimentos que podem ou não render retornos

---

não correspondem exatamente a este tipo ideal (eles podem ser, simultaneamente, trabalhadores, capitalistas, consumidores etc.) - e fazem mais do que simplesmente descobrir oportunidades gratuitas de lucro. Entretanto, no arcabouço de Kirzner, os atributos dos empreendedores do mundo real desafiam a categorização sistemática.

[45] MCMULLEN, Jeffrey & SHEPHERD, Dean A. Entrepreneurial Action and the Role of Uncertainty in the Theory of the Entrepreneur. **Academy of Management Review**, v. 31 (2006): p. 132-52; COMPANYS, Yosem & MCMULLEN, Jeffrey S. Strategic Entrepreneurs at Work: The Nature, Discovery, and Exploitation of Entrepreneurial Opportunities. **Small Business Economics**, v. 28 (2007): p. 301-322.

[46] Incidentalmente, a literatura sobre escolha ocupacional citada acima trata as oportunidades, implícita ou explicitamente, como objetivas. Presume-se que os agentes comparam os benefícios esperados do emprego e do auto-emprego, o que significa que o conjunto de resultados empreendedores possíveis deve ser fixo, e os pesos probabilísticos associados aos resultados individuais são conhecidos de antemão.

positivos. Aqui, o foco não é nas oportunidades, mas sim no investimento e na incerteza. Expectativas a respeito do futuro são inerentemente subjetivas e, sob condições de incerteza, ao invés de risco, constituem julgamentos que não são, eles próprios, modeláveis. Colocado de forma diferente, o subjetivismo implica que as oportunidades não existem em um sentido objetivo. Logo, um programa de pesquisa baseado na formalização e estudo empírico dos processos psicológicos ou cognitivos que levam os indivíduos a descobrir oportunidades captura somente um aspecto limitado do processo empreendedor. Oportunidades para o ganho empreendedor são, portanto, inerentemente subjetivas – elas não existem até que os lucros sejam obtidos. A pesquisa sobre empreendedorismo deve ser capaz de obter ganhos marginais mais elevados focando na ação empreendedora, em vez de em seus supostos antecedentes[47].

Alvarez e Barney[48] argumentam que objetivos, características e a tomada de decisões empreendedoras diferem sistematicamente, dependendo de se as oportunidades são modeladas como descobertas ou criadas. Na "abordagem da descoberta", por exemplo, as ações empreendedoras são respostas a choques exógenos, enquanto na "abordagem da criação" tais ações são endógenas. Empreendedores da descoberta concentram-se na previsão de riscos sistemáticos, formulando estratégias completas e estáveis, e obtendo capital de fontes externas. Empreendedores da criação, em contraste, apreciam a tomada de decisões interativa, indutiva e incremental, ficam confortáveis com estratégias emergentes e flexíveis, e tendem a contar com financiamento interno[49].

A abordagem proposta aqui é próxima da abordagem da criação de Alvarez e Barney, mas difere ao colocar uma ênfase maior nos processos *ex post* de montagem dos recursos e administração do pessoal, ao invés de nos processos *ex ante* da cognição, formação de expectativas e

---

[47] Aqui, sigo a crítica mais geral de Gul e Pesendorfer a respeito da neuroeconomia, ou seja, que a psicologia cognitiva e a economia *"lidam com questões diferentes, utilizam abstrações diferentes e dizem respeito a tipos diferentes de evidências empíricas"*, querendo dizer com isso que as duas disciplinas situam-se em domínios essencialmente distintos, embora potencialmente complementares. Em outras palavras, entender os processos cognitivos subjacentes ao comportamento empreendedor pode ser interessante e importante, mas não é necessário para a análise econômica do comportamento em si. Ver GUL, Faruk & PESENDORFER, Wolfgang. The Case for Mindless Economics. **Working Paper**. Department of Economics, Princeton University. 2005. p. 1.
[48] ALVAREZ, Sharon A. & BARNEY, Jay B. Discovery and Creation. Op. cit.
[49] Miller distingue ainda mais – entre reconhecimento de oportunidades, descoberta de oportunidades e criação de oportunidades. Ver MILLER, Kent D. Risk and Rationality in Entrepreneurial Processes. **Strategic Entrepreneurship Journal**, v. 1 (2007): p. 57-74.

planejamento de negócios. Além disso, Alvarez e Barney escrevem como se o "cenário da descoberta" e o "cenário da criação" fossem ambientes reais de negócios, dentro dos quais os empreendedores operam. Alguns empreendedores realmente descobrem oportunidades de lucro exogenamente criadas, enquanto outros têm de trabalhar criativamente para estabelecê-las. Da maneira como leio Knight e Kirzner, em contraste, tanto a perspectiva da descoberta quanto a da criação são conceitos puramente metafóricos (úteis para o economista ou para o teórico de administração), e não arcabouços para a própria tomada de decisão empreendedora. Isto sugere que as oportunidades são melhor caracterizadas nem com descobertas, nem como criadas, mas sim como *imaginadas*. A metáfora da criação implica que as oportunidades de lucro, uma vez que o empreendedor as concebeu ou estabeleceu, passam a ter existência objetiva, como uma obra de arte. A criação implica que alguma coisa é criada. Não há incerteza a respeito de sua existência ou características (embora, claramente, seu valor de mercado somente possa ser conhecido mais tarde). Em contraste, o conceito de imaginação de oportunidades enfatiza que os ganhos (e perdas) não apresentam existência objetiva até que a ação empreendedora esteja completa (isto é, até que os bens e serviços finais tenham sido produzidos e vendidos)[50].

Ademais, a explicação da perda empreendedora é estranha, usando tanto a linguagem da descoberta quanto da criação. Na formulação de Kirzner, por exemplo, o pior que pode acontecer a um empreendedor é o fracasso em descobrir uma oportunidade de lucro existente. Empreendedores ou recebem lucros, ou ficam sem lucro nem prejuízos, mas não é claro como sofram perdas. Kirzner[51] afirma que os empreendedores podem sofrer perdas quando interpretam as condições do mercado

---

[50] O conceito de "imaginação de oportunidades" traz à memória a noção de Boulding de "imagem", definida como *"a soma daquilo que pensamos que sabemos e do que faz com que nos comportemos da maneira como nos comportamos"* (BOULDING, Kenneth. **The Image**: Knowledge in Life and Society. Ann Arbor, MI: University of Michigan Press, 1956. p. 15). A ação humana, no arcabouço de Building, é uma resposta à imagem (subjetiva) que o ator tem da realidade. Isto não significa que as imagens são completamente separadas da realidade, mas que a realidade é alterada, ou interpretada pelas crenças subjetivas do ator. O conceito de Penrose (1959), do conjunto de oportunidades subjetivo da firma, também reflete a imaginação empreendedora neste sentido (ver PENROSE, Edith. **The Theory of the Growth of the Firm**. Op. cit.; KOR, Yasemin Y. & MAHONEY, Joseph T. Penrose's Resource-based Approach: The Process and Product of Research Creativity. Op. cit.).

[51] KIRZNER, Israel M. Entrepreneurial Discovery and the Competitive Market Process: An Austrian Approach. **Journal of Economic Literature**, v. 35 (1997): p. 60-85.

de forma errada. "*A ousadia e a imaginação empreendedora podem levar a perdas empreendedoras puras, bem como ao lucro puro. Ações erradas de parte dos empreendedores significam que eles fizeram uma leitura errada do mercado, possivelmente empurrando os preços e as constelações de produtos em direções não equilibrantes*"[52]. Contudo, mesmo esta formulação deixa claro que são as *ações* erradas – e não as descobertas erradas – que levam à perda. Fazer uma leitura equivocada das condições do mercado resulta em perdas somente se o empreendedor investiu recursos em um projeto baseado nessa leitura. O que provoca a perda é a falha em antecipar corretamente as condições futuras do mercado. Parece obscuro descrever isto como uma descoberta errada, ao invés de um fracasso ao arcar com a incerteza[53].

Da mesma maneira, as perdas empreendedoras que ocorrem não se encaixam naturalmente no arcabouço da criação. Alvarez e Barney[54] enfatizam que os "empreendedores da criação" levam em consideração perdas potenciais, as "perdas aceitáveis" descritas por Sarasvathy[55]. "*Um empreendedor engaja-se em ações empreendedoras quando as perdas totais que podem ser criadas por tais atividades não são muito grandes*"[56]. Entretanto, quando essas perdas ocorrem, parece mais correto pensar em temos de crenças equivocadas sobre o futuro – preços esperados e receitas de vendas que verdadeiramente não se materializaram – ao invés do "desaparecimento" de uma oportunidade que tinha sido criada anteriormente. Em outras palavras, empreendedores não criam o futuro, eles o imaginam, e sua imaginação pode estar errada tão frequentemente quanto correta[57].

---

[52] Idem, p. 72.
[53] Em sua defesa, as observações de Kirzner aparecem no contexto de defender a tendência equilibradora do mercado, contra o quadro walrasiano do ajuste instantâneo do mercado. Ainda assim, a defesa poderia igualmente ter sido feita sem referência à metáfora da descoberta. KIRZNER, Israel M. Entrepreneurial Discovery and the Competitive Market Process. Op. cit.
[54] ALVAREZ, Sharon A. & BARNEY, Jay B. Discovery and Creation. Op. cit.
[55] SARASVATHY, Saras. Causation and effectuation. Op. cit.
[56] ALVAREZ, Sharon A. & BARNEY, Jay B. Discovery and Creation. Op. cit. p. 19.
[57] Ir do julgamento para uma explicação para a eficiência do mercado requer pressupostos sobre a tendência dos julgamentos empreendedores estarem corretos. A explicação de Mises baseia-se em um tipo de seleção natural, mais precisamente que a competição de mercado recompensa aqueles empreendedores cujos julgamentos tendem a ser melhores do que os julgamentos de seus pares. Claramente, não precisamos ir tão longe quanto Friedman (1953) em assumir que o resultado é o comportamento "ótimo", no sentido do economista neoclássico de *optimalidade*, para defender a efetividade deste

II.2 - Oportunidades como uma Caixa Preta

A confusão sobre a natureza das oportunidades é cada vez mais reconhecida. Conforme observado por McMullen, Plummer e Acs[58],

> uma boa porção das pesquisas, até o momento, tem se concentrado na descoberta, na exploração e nas consequências disso, sem muita atenção à natureza e fonte das próprias oportunidades. Apesar de alguns pesquisadores argumentarem que a natureza subjetiva ou socialmente construída da oportunidade torna impossível separar a oportunidade do indivíduo, outros contestam que a oportunidade é uma construção objetiva visível ou criada pelo empreendedor bem informado ou antenado. De qualquer modo, um conjunto de suposições fracas a respeito da natureza e das fontes de oportunidade parece dominar grande parte da discussão na literatura.

Precisamos de uma definição precisa das oportunidades para seguir em frente? Podemos fazer pesquisa em empreendedorismo sem especificar o que, exatamente, *são* as oportunidades empreendedoras? Podemos tratar as oportunidades como uma caixa- preta, assim como tratamos outros conceitos em administração, tais como cultura, liderança, rotinas e capacidades[59]?

Uma abordagem possível consiste em concentrar-se não no que as oportunidades são, mas sim no que proporcionam. Oportunidades, neste sentido, são tratadas como construções latentes que se manifestam na ação empreendedora – investimentos, criação de novas organizações, produtos para o mercado, etc. Uma analogia direta pode ser obtida a partir da noção de preferências, formulada pelos economistas. A teoria econômica (com exceção da economia comportamental, que será discutida mais tarde) considera as preferências dos agentes como dadas, e deriva implicações para as escolhas. O economista não se preocupa com o que as preferências "são", ontologicamente, mas simplesmente postula

---

processo de seleção. Ver MISES, Ludwig von. Profit and Loss. Op. cit.; FRIEDMAN, Milton. The methodology of Positive Economics. Op. cit.

[58] MCMULLEN, Jeffrey; PLUMMER, Lawrence A. & ACS, Zoltan J. What is an Entrepreneurial Opportunity? **Small Business Economics**, v. 28 (2007): p. 273-83. p. 273.

[59] ABELL, P.; FELIN, Teppo & FOSS, Nicolai J. Building Microfoundations for the Routines, Capabilities, and Performance Links. **Managerial and Decision Economics**, v. 29 (2008): p. 489-502.

sua existência e deriva inferências sobre suas características, na medida em que são necessárias para explicar certos tipos particulares de comportamento econômico. Empiricamente, esta abordagem pode ser operacionalizada tratando o empreendedorismo como uma variável latente em um arcabouço de equações estruturais[60].

Tratando as oportunidades como uma construção latente, esta abordagem contorna o problema de definir as oportunidades como objetivas ou subjetivas, reais ou imaginadas, e assim por diante. A formação de crenças empreendedoras é tratada como um problema psicológico potencialmente interessante, mas não como parte da análise econômica do empreendedorismo. Também evitam-se questões espinhosas a respeito de se o estado de alerta ou o julgamento não passam meramente de sorte[61], de algum tipo de intuição[62], ou de alguma outra coisa.

II.3 - A Unidade de Análise

Tal como explicado anteriormente, a abordagem da criação de oportunidades proposta por Alvarez e Barney[63] difere, de maneiras importantes, da abordagem da descoberta de oportunidades. A abordagem da criação considera as oportunidades como o resultado da ação empreendedora. As oportunidades não existem objetivamente, *ex ante*, mas são criadas, *ex nihilo*, quando os empreendedores agem com base em suas crenças subjetivas. *"Oportunidades de criação são construções sociais que não existem independentemente das percepções do empreendedor"*[64]. Neste sentido, a abordagem da criação assemelha-se à abordagem da imaginação descrita aqui. Além disso, tal como a abordagem da descoberta, a abordagem da criação considera a oportunidade como unidade de análise. O foco do programa de pesquisa é colocado em como os empreendedores criam oportunidades, e como subsequentemente procuram explorar essas oportunidades.

---

[60] XUE, J. H. & KLEIN, Peter G. Regional Determinants of Technology Entrepreneurship. **International Journal of Entrepreneurial Venturing**, v. 1 (2010): p. 291-308.
[61] DEMSETZ, Harold. The Neglect of the Entrepreneur. In: RONEN, Joshua (Ed.). **Entrepreneurship**. Lexington, MA: Lexington Press, 1983.
[62] DANE, Erik & PRATT, Michael G. Exploring Intuition and its Role in Managerial Decision Making. **Academy of Management Review**, v. 32 (2007): p. 33-54.
[63] ALVAREZ, Sharon A. & BARNEY, Jay B. Discovery and Creation. Op. cit.
[64] Idem, p. 15.

Sob certo aspecto, a distinção entre a criação de oportunidades e a imaginação de oportunidades parece ser semântica. Ambas sustentam que os empreendedores agem com base em suas crenças a respeito de ganhos e perdas no futuro, ao invés de reagir a oportunidades de lucro objetivas e dadas exogenamente. Há, contudo, algumas diferenças ontológicas e epistemológicas. A abordagem da criação está fundamentada em uma perspectiva da ação baseada no construtivismo social[65]. Ela sustenta que o próprio mercado é uma construção social, e que os ganhos e perdas *percebidos* são, em parte, subjetivos. A abordagem da imaginação descrita aqui, nesse sentido, é menos subjetivista do que a abordagem da criação. Ela é intimamente ligada ao conceito misesiano[66] de cálculo monetário, no qual os ganhos e perdas percebidos são objetivos e quantificáveis, e utilizados para filtrar (ou selecionar) a qualidade das expectativas e crenças empreendedoras. É compatível com uma variedade de posições epistemológicas, do realismo evolutivo ao realismo crítico[67] e à praxeologia de Mises[68].

Uma maneira alternativa de moldar uma abordagem subjetivista para o empreendedorismo, enfatizando a incerteza e a passagem do tempo, é abandonar totalmente o conceito de "oportunidade". Se as oportunidades são inerentemente subjetivas e as tratamos como uma caixa-preta, então a unidade de análise não deve ser a oportunidade, mas em vez disso, alguma ação – em termos knightianos, a montagem dos recursos no presente em antecipação às receitas (incertas) no futuro. Novamente, a analogia com as preferências na teoria microeconômica é clara: a unidade de análise na teoria do consumidor não são as preferências, mas sim o consumo, enquanto na teoria neoclássica da produção a unidade de análise não é a função de produção, mas alguma variável de decisão.

Também poderíamos considerar as oportunidades e a ação como aspectos distintos – mas complementares – do processo empreendedor. Para usar a terminologia de Alvarez e Barney[69], a perspectiva da descoberta trata as ações como respostas às oportunidades, enquanto a perspectiva da criação trata as oportunidades como o resultado da ação. Em

---

[65] Idem.
[66] MISES, Ludwig von. **The Theory of Money and Credit**. Op. cit.; MISES, Ludwig von. **Economic Calculation in the Socialist Commonwealth**. Op. cit.
[67] LAWSON, Tony. **Economics and Reality**. Routledge: London, 1997; MÄKI, Uskali. Scientific Realism and Some Peculiarities of Economics. **Boston Studies in the Philosophy of Science**, v. 169 (1996): p. 425-45.
[68] MISES, Ludwig von. **Ação Humana**. Op. cit.
[69] ALVAREZ, Sharon A. & BARNEY, Jay B. Discovery and Creation. Op. cit.

contraste, a perspectiva delineada aqui trata as oportunidades como um conceito supérfluo, uma vez que a ação é levada em consideração. Oportunidades existem somente como manifestadas na ação, e não são nem a causa, nem a consequência da ação. Logo, podemos dispensar a própria noção de oportunidades e focar nas ações que os empreendedores tomam e nos resultados dessas ações.

Uma forma de capturar o conceito knightiano de ação empreendedora está na noção de "projetos" de Casson e Wadeson[70]. Um projeto é um estoque de recursos comprometidos com atividades específicas por um determinado período de tempo. Os benefícios do projeto são incertos e ocorrem somente depois que os projetos são completados. Casson e Wadeson[71] modelam o conjunto de projetos potenciais como dado, definindo as oportunidades como projetos potenciais que ainda não foram escolhidos. Tal como na perspectiva do processo de descoberta, o conjunto de oportunidades é fixo. Entretanto, conforme Casson e Wadeson apontam, o pressuposto dos "conjuntos de possibilidades de projetos" fixos é uma conveniência da modelagem, tornada necessária pela sua teoria singular da seleção de projetos. De maneira mais geral, a utilização dos projetos como unidade de análise é consistente tanto com a perspectiva da descoberta quanto com a perspectiva da criação. Colocar o foco nos projetos, em vez de nas oportunidades, implica uma ênfase nas ações que geram lucros e perdas. Isso sugere que as pesquisas em empreendedorismo deveriam concentrar-se na execução dos planos de negócios. Neste sentido, o empreendedorismo está estreitamente ligado às finanças – não simplesmente as "finanças empreendedoras", que estudam o financiamento de empreendimentos e a formação de firmas, mas ao problema mais geral do financiamento de projetos sob incerteza (verdadeira). Não somente o capital de risco, mas também o patrimônio público e a dívida, são instrumentos empreendedores nesta perspectiva. O orçamento de capital também é uma forma de tomada de decisões empreendedoras. Claramente, a teoria financeira contemporânea concentra-se principalmente nos modelos de equilíbrio para a alocação de recursos sob condições de risco, e não de incerteza knightiana, então a teoria do empreendedorismo não pode ser simplesmente uma reformulação da teoria financeira moderna. Em vez disso, uma abordagem

---

[70] CASSON, Mark C. & WADESON, Nigel. The Discovery of Opportunities: Extending the Economic Theory of the Entrepreneur. **Small Business Economics**, v. 28 (2007): p. 285-300.
[71] Idem.

dos *financistas como empreendedores* trata os investidores não como fornecedores passivos de capital para as firmas tomadoras de decisões, mas como o *locus* da própria tomada de decisões econômicas, como agentes econômicos que experimentam com as combinações de recursos (ver o Capítulo 3), desenvolvem e exploram relações em rede[72], administram e governam subordinados[73], e assim por diante.

III - Ação Empreendedora, Capital Heterogêneo e a Organização Econômica

A estreita relação entre o conceito knightiano de empreendedorismo como ação sob incerteza e a propriedade e controle dos recursos sugere uma ponte entre o empreendedorismo e as atividades mundanas de estabelecer e manter uma empresa de negócios – o que Witt[74] chama de "rotina organizacional". O Capítulo 4 oferece uma teoria empreendedora da organização econômica que combina o conceito de Knight de julgamento com a abordagem austríaca da heterogeneidade do capital. Na formulação de Knight, o empreendedorismo representa julgamento que não pode ser avaliado em termos de seu produto marginal, e portanto não pode, de forma correspondente, receber um pagamento[75]. Em outras palavras, não há um mercado para julgamento no qual os empreendedores possam basear-se e, portanto, o exercício do julgamento exige que a pessoa com julgamento dê início a uma firma. É claro que tomadores de decisões de julgamento podem contratar consultores, previsores, peritos técnicos e outros profissionais. Contudo, ao fazer isso, eles estão exercendo o seu próprio julgamento empreendedor[76]. Logo, o julgamento

---

[72] MEYER, David R. **Hong Kong as a Global Metropolis**. Cambridge, UK: Cambridge University Press, 2000.
[73] KAPLAN, S. N. & STRÖMBERG, P. Financial Contracting Theory Meets the Real World: an Empirical Analysis of Venture Capital Contracts. **Review of Economic Studies**, v. 70 (2003): p. 281-315.
[74] WITT, Ulrich. Market Opportunity and Organizational Grind. Op. cit.
[75] KNIGHT, Frank H. **Risk, Uncertainty, and Profit**. Op. cit.
[76] Na terminologia de Foss, Foss e Klein, o empreendedor-proprietário exerce julgamento "original", enquanto os empregados contratados, aos quais o proprietário delega direitos de propriedade específicos, exercem julgamento "derivado" como agentes do proprietário. Isto implica que os altos administradores corporativos, cujas decisões cotidianas impulsionam a organização dos recursos corporativos, agem somente como "empreendedores-substitutos", exceto na medida em que eles próprios são proprietários através de participações de capital. Ver FOSS, Kirsten; FOSS, Nicolai J. & KLEIN, Peter

implica na propriedade de ativos, pois a tomada de decisões de julgamento é a tomada de decisões final sobre o emprego dos recursos. O papel do empreendedor, portanto, consiste em arranjar ou organizar os bens de capital que possui. Conforme colocado por Lachmann[77], *"estamos vivendo em um mundo de mudanças inesperadas; logo, as combinações de capital estarão sempre mudando, sempre sendo dissolvidas e reformadas. É nesta atividade que encontramos a verdadeira função do empreendedor"*[78].

O Capítulo 4 argumenta que a teoria austríaca do capital proporciona uma fundamentação única para uma teoria empreendedora da organização econômica. A teoria neoclássica da produção, com sua noção do capital como um fundo de valor permanente e homogêneo,

---

G. Original and derived judgment. Op. cit.

[77] LACHMANN, Ludwig M. **Capital and its Structure**. Op. cit. p. 16.

[78] Lachman não espera que o empreendedor possua os ativos que recombina; ver o Capítulo 4 para um argumento mais detalhado a respeito de que a propriedade, como direitos de controle residual, é parte necessária desta função empreendedora (LACHMANN, Ludwig M. **Capital and its Structure**. Op. cit.). Considere também a explicação de Marchal sobre o retorno econômico da função empreendedora:

> Empreendedores obtêm remuneração por sua atividade de maneira muito diferente do que a dos trabalhadores ou emprestadores de capital. Estes últimos fornecem os fatores de produção que vendem aos empreendedores a preços que, naturalmente, tentarão colocar o mais alto possível. O empreendedor procede de forma totalmente diversa; ao invés de vender alguma coisa para o empreendimento, ele se identifica com o empreendimento. Algumas pessoas sem dúvida dirão que ele proporciona a função do empreendimento e recebe, como remuneração, uma soma que varia de acordo com os resultados. Mas esta é uma maneira torturada de apresentar as coisas, inspirada por um desejo não saudável de estabelecer uma assimetria arbitrária com os demais fatores. Na realidade, o empreendedor e a firma são uma coisa só. Sua função é negociar, ou pagar às pessoas para que negociem com dois grupos sob sua responsabilidade e em nome da firma: por um lado, com aqueles que fornecem os fatores de produção, caso no qual seu problema é pagar os menores preços possíveis; por outro lado, com os compradores dos produtos finais, dos quais é desejável obter a maior receita total possível. Em poucas palavras, o empreendedor, apesar de inegavelmente proporcionar um fator de produção, talvez o mais importante em um sistema capitalista, não deve, ele próprio, ser definido nesses termos (MARCHAL, Jean. The Construction of a New Theory of Profit. **American Economic Review**, v. 41 (1951): p. 549-65. p. 550-51).

Marchal expressa, em termos fortes, a visão descrita no Capítulo 4 de que o empreendedorismo está imerso na propriedade dos ativos (i.e., na criação e operação da firma). O empreendedor não é meramente o homem das ideias, mas um proprietário, que exerce julgamento sobre os ativos de capital que possui e administra. Isto contrasta com a ferramenta analítica de Kirzner do "empreendedor puro" que não possui nenhum capital (agradeço a John Matthews pela referência a Marchal).

ao invés de um estoque discreto de bens de capital heterogêneos, é de pouca ajuda aqui[79]. As abordagens dos custos de transação, baseada em recursos, e dos direitos de propriedade para a firma, incorporam noções de ativos heterogêneos, mas tendem a invocar as especificidades requeridas de uma maneira *ad hoc* para racionalizar problemas de negociação particulares – para a economia dos custos de transação, a especificidade dos ativos; para a teoria das capacidades, conhecimento tácito. A abordagem austríaca – começando com os conceitos de Menger[80] de bens de ordem mais alta e mais baixa, e estendendo com a noção de Böhm-Bawerk[81] de *roundaboutness* (métodos de produção indiretos), da teoria de Lachmann[82] das múltiplas especificidades e a formulação de Kirzner[83] da estrutura do capital em termos de planos empreendedores subjetivos – oferece uma fundamentação sólida para uma teoria da ação empreendedora baseada no julgamento.

Conforme vimos no Capítulo 4, a ideia de Barzel[84] de que os bens de capital distinguem-se por seus *atributos* é uma maneira de operacionalizar a noção austríaca de heterogeneidade. Atributos são características, funções ou usos possíveis dos ativos, tais como percebidos pelo empreendedor. Ativos são heterogêneos na medida em que têm atributos valorizados diferentes e em diferentes níveis. Atributos também podem variar no transcurso do tempo, mesmo para um ativo em especial. Dada a incerteza knightiana, os atributos não existem objetivamente, mas sim subjetivamente, nas mentes dos empreendedores voltados para o lucro que colocam esses ativos em uso nas diversas linhas de produção. O empreendedorismo, portanto, não envolve apenas a distribuição de combinações superiores dos ativos de capital com atributos dados, mas também um meio de experimentar com ativos de capital em uma tentativa de criar ou descobrir novos atributos valorizados. Em resumo, firmas existem não somente para economizar nos custos de transação, mas também como um meio para o exercício do julgamento empreendedor, e como um mecanismo de baixo custo para que os empreendedores experimentem com várias combinações de bens de capital heterogêneos. As mudanças nas fronteiras discutidas

---

[79] Ironicamente, a noção de capital como fundo homogêneo deve sua popularidade a Knight. Ver KNIGHT, Frank H. The Quantity of Capital and the Rate of Interest. Op. cit.
[80] MENGER, Carl. **Principles of Economics**. Op. cit.
[81] BÖHM-BAWERK, Eugen von. **Positive Theory of Capital**. Op. cit.
[82] LACHMANN, Ludwig M. **Capital and its Structure**. Op. cit.
[83] KIRZNER, Israel M. **An Essay on Capital**. Op. cit.
[84] BARZEL, Yoram. **Economic Analysis of Property Rights**. Op. cit.

no Capítulo 3 podem ser entendidas como o resultado de processos de experimentação empreendedora. E a organização interna é um meio de delegar direitos de decisão específicos aos subordinados que exercem o julgamento derivado[85].

Witt[86] oferece uma outra abordagem para combinar um conceito austríaco de empreendedorismo com a teoria da firma. Ele argumenta que os empreendedores requerem fatores de produção complementares, os quais são coordenados dentro da firma. Para que a firma tenha sucesso, o empreendedor deve estabelecer um marco de objetivos tácito e compartilhado – o que Casson[87] chama de "modelo mental" da realidade – que governa as relações entre os membros da equipe do empreendedor. Conforme aponta Langlois[88], é frequentemente mais fácil (menos custoso) para os indivíduos comprometer-se com um indivíduo específico – o líder – em vez de com um conjunto de regras complexas governando as operações da firma. O exercício apropriado da autoridade carismática, portanto, facilita a coordenação no interior das organizações[89]. Esta abordagem combina percepções da economia, psicologia e sociologia, e baseia-se fortemente em Max Weber. Através da comunicação efetiva, líderes coordenam não somente a informação explícita, mas também a dos modelos mentais, como descritos acima. O empreendedor de sucesso apresenta excelência na comunicação de tais modelos[90].

Aqui, tal como em Coase[91], a relação de emprego é central para a teoria da firma. A principal tarefa do empreendedor é coordenar os

---

[85] FOSS, Kirsten; FOSS, Nicolai J. & KLEIN, Peter G. Original and Derived Judgment. Op. cit.
[86] WITT, Ulrich. Imagination and Leadership. Op. cit.
[87] CASSON, M. C. An Entrepreneurial Theory of the Firm. In: FOSS, Nicolai J. & MAHNKE, Volke (Eds.). **Competence, Governance and Entrepreneurship**: Advances in Economic Strategy Research. New York: Oxford University Press, 2000.
[88] LANGLOIS, Richard N. Personal Capitalism as Charismatic Authority: the Organizational Economics of a Weberian Concept. **Industrial and Corporate Change**, v. 7 (1998): p. 195-214.
[89] WITT, Ulrich. Market Opportunity and Organizational Grind. Op. cit.
[90] A "abordagem conexionista" de Earl para o empreendedorismo também se concentra na coordenação, mas aqui a ênfase é na coordenação entre os participantes do mercado, e não no interior das organizações. Ver EARL, Peter E. The Entrepreneur as a Constructor of Connections. **Advances in Austrian Economics**, v. 6 (2003): p. 113-30. Ver também KOPPL, R. & LANGLOIS, Richard N. Organizations and Language Games. **Journal of Management and Governance**, v. 5 (2001): p. 287-305; e LANGLOIS, Richard N. Modularity in Technology and Organization. **Journal of Economic Behavior and Organization**, v. 49 (2002): p. 19-37.
[91] COASE, Ronald H. The Nature of the Firm. Op. cit.

recursos humanos que constituem a firma. A análise do Capítulo 4, em contraste, concentra-se nos ativos alienáveis, tal como em Knight[92]. Ela define a firma como o empreendedor mais os recursos alienáveis que o empreendedor possui e, portanto, controla. Cada abordagem tem seus pontos fortes e fracos. A abordagem cognitiva explica as dinâmicas entre os membros da equipe, mas não necessariamente as suas relações contratuais. Os líderes carismáticos precisam possuir capital físico, ou podem ser empregados de contratantes independentes? Formular um plano de negócios e comunicar uma cultura corporativa são dimensões importantes da liderança de negócios. Mas são atributos do administrador ou do empreendedor de sucesso? Mesmo se habilidades administrativas de alto nível fossem a mesma coisa que o empreendedorismo, não está claro por que a liderança carismática deveria ser considerada como mais *empreendedora* do que outras tarefas administrativas comparativamente mais mundanas, tais como a estruturação de incentivos, a limitação do oportunismo, a administração de recompensas. Por outro lado, a abordagem do julgamento não generaliza facilmente da firma de uma pessoa só para a firma de muitas pessoas.

IV - Aplicações da Ação empreendedora

A mudança de foco da pesquisa empreendedora da identificação de oportunidades para a ação empreendedora sugere diversas novas questões e direções para a pesquisa em empreendedorismo.

IV.1 - Oportunidades e a Forma Organizacional

Distinguir entre a descoberta de oportunidades e a ação empreendedora nos lembra que essas duas coisas nem sempre caminham juntas. Esforços para encorajar a primeira não encorajam necessariamente a segunda. Em geral, a eficiência requer que os empreendedores (e aqueles que Foss, Foss e Klein[93] chamam de "empreendedores-substitutos") arquem com todos os efeitos de riqueza de suas ações. Por esta razão, os esforços para promover a experimentação, a criatividade, etc., no interior

---

[92] KNIGHT, Frank H. **Risk, Uncertainty, and Profit.** Op. cit.
[93] FOSS, Kirsten; FOSS, Nicolai J. & KLEIN, Peter G. Original and Derived Judgment. Op. cit.

da firma podem encorajar risco moral, a menos que recompensas e punições sejam simétricas. Fora da firma, forte proteção à propriedade intelectual, incentivos para a descoberta (tais como o prêmio SBIR[94]) e similares tendem a encorajar gastos excessivos em descobertas. O desperdício potencial de recursos em "corridas de patentes" é um exemplo bem conhecido[95].

Em contraste, se a essência do empreendedorismo é a combinação de recursos sob condições de incerteza, então o *locus* do empreendedorismo não é a geração de ideias criativas, mas sim o financiamento de projetos. Financistas – capitalistas de risco, investidores-anjo, bancos, membros da família ou mesmo acionistas corporativos – são, neste sentido, empreendedores. Detentores de recursos possuem direitos de julgamento fundamentais que, pela natureza da propriedade, não podem ser delegados, não importando quantos direitos imediatos de decisão são delegados a subordinados[96]. Nesta perspectiva, mesmo acionistas corporativos são tratados não como fornecedores passivos de capital (como são tratados tanto na teoria neoclássica da produção quanto na teoria contemporânea do empreendedorismo), mas como tomadores de decisões críticos[97].

Algumas aplicações, tais como a entrada em cena do financiamento de capital de risco[98], são óbvias. Outra aplicação é a incerteza inerente aos ganhos das aquisições corporativas. Conforme discutido no Capítulo 2, o retorno do "invasor" a uma aquisição bem-sucedida é, portanto, uma forma de puro lucro empresarial. De forma mais geral, observe-se que, nesta perspectiva, o financiamento não é tratado como uma entrada no processo empreendedor, mas como a própria essência desse processo.

---

[94] N. do T.: O SBIR (*Small Business Innovation Research*), ou Pesquisa em Inovação em Pequenos Negócios é um programa do governo norte-americano para incentivar a pesquisa e desenvolvimento.
[95] BARZEL, Yoram. Optimal Timing of Innovation. **Review of Economic and Statistics**, v. 50 (1968): p. 348-355; LOURY, Glenn L. Market Structure and Innovation. **Quarterly Journal of Economics**, v. 93 (1979): p. 395-410; DASGUPTA, Partha & STIGLITZ, Joseph E. Industrial Structure and the Nature of Innovative Activity. **Economic Journal**, v. 90 (1980): p. 266-93; JUDD, Kenneth L.; SCHMEDDERS, Karl & YELTEKIN, Sevin. Optimal Rules for Patent Races. **CMS-EMS discussion paper** 1343. Northwestern University, 2003.
[96] FOSS, Kirsten; FOSS, Nicolai J. & KLEIN, Peter G. Original and Derived Judgment. Op. cit.
[97] Ver a discussão no Capítulo 2 sobre "firmas como investimentos" e "financistas como empreendedores".
[98] GOMPERS, Paul A. Optimal Investment, Monitoring, and the Staging of Venture Capital. **Journal of Finance**, v. 50 (1995): p. 1461-89.

O empreendedorismo manifesta-se, em outras palavras, no investimento. Obviamente, os termos "financiamento" e "investimento" são utilizados, aqui, em sentido amplo, referindo-se à provisão não somente de capital financeiro, mas também de capital humano e de recursos tangíveis e intangíveis – qualquer coisa que possa ser considerada como insumo ou fator de produção. O empreendedorismo é concebido como o ato de colocar os recursos em risco, e lucro é a recompensa por antecipar corretamente as condições futuras do mercado, ou ao menos mais corretamente do que outros empreendedores.

IV.2 - Equipes Empreendedoras

Focar na ação empreendedora também responde a demandas recentes para conectar mais estreitamente a teoria do empreendedorismo com a teoria do comportamento de grupo[99]. Alguns esforços para desenvolver uma teoria do empreendedorismo de equipe concentram-se nos modelos mentais compartilhados, cognição de equipe e outros aspectos do processo de identificação de oportunidades. O conceito de Penrose[100] do conjunto de "oportunidades subjetivas" da firma é uma conexão lógica com as teorias do empreendedorismo baseadas no julgamento[101]. Empreendedores também podem formar redes para compartilhar expectativas de retornos potenciais para os projetos[102].

Por outro lado, mesmo se consideramos a percepção de uma oportunidade (identificada subjetivamente) como um ato inerentemente indivi-

---

[99] STEWART, A. **Team Entrepreneurship**. Newbury Park, CA: Sage, 1989; MOSAKOWSKI, Elaine. Entrepreneurial Resources, Organizational Choices, and Competitive Outcomes. **Organization Science**, v. 9 (1998): p. 625-43; COOK, Michael L. & PLUNKETT, Bradley. Collective Entrepreneurship: An Emerging Phenomenon in Producer-owned Organizations. **Journal of Agricultural and Applied Economics**, v. 38 (2006): p. 421-28.

[100] PENROSE, Edith. **The Theory of the Growth of the Firm**. Op. cit.

[101] KOR, Yasemin Y.; MAHONEY, Joseph T. & MICHAEL, Steven C. Resources, Capabilities, and Entrepreneurial Perceptions. **Journal of Management Studies**, v. 44 (2007): p. 1187-1212. Spender argumenta que *"o modelo de Penrose do aprendizado administrativo é um exemplo acessível da abordagem epistemológica proposta por economistas austríacos tais como Hayek, Kirzner e Schumpeter"* (SPENDER, J. C. The RBV, Methodological Individualism, and Managerial Cognition: Practicing Entrepreneurship. **Working Paper**, Leeds University, 2006. p. 2).

[102] GREVE, Arent & SALAFF, Janet W. Social Networks and Entrepreneurship. **Entrepreneurship Theory and Practice**, v. 28 (2003): p. 1-22; PARKER, S. C. The Economics of Formal Business Networks. **Journal of Business Venturing**, v. 23 (2008): p. 627-40.

dual, a ação empreendedora pode ser uma atividade de grupo ou equipe. Capital de risco, capital privado de estágio avançado e empréstimos bancários são geralmente consorciados. Ações negociadas publicamente são mantidas difusamente. Firmas de serviços profissionais e cooperativas de adesão fechada representam recursos de propriedade conjunta de capital de risco. Mais ainda, a equipe principal de administração da firma – para quem os direitos de decisão são delegados – pode ser considerada como um feixe de recursos humanos heterogêneos, sendo que as interações entre eles são críticas para a performance da firma[103].

Esta abordagem também sugere relacionamentos entre a teoria do empreendedorismo e a teoria da ação coletiva[104]. Uma vez que uma oportunidade empreendedora foi percebida, o empreendedor pode precisar reunir uma equipe de investidores e/ou uma equipe administrativa, levantando problemas de governança interna. Objetivos compartilhados precisam ser formulados; horizontes temporais diferentes devem ser reconciliados; a prática do *free-riding* precisa ser mitigada; e assim por diante. Cook e Plunkett[105], assim como Chambers[106], discute como esses problemas são abordados dentro das cooperativas de adesão fechada ou de nova geração. Organizadas tradicionalmente, as cooperativas de adesão fechada sofrem do que Cook[107] chama de *direitos de propriedade vagamente definidos*. Como suas participações de capital são ativos não alienáveis que transacionam nos mercados secundários, as cooperativas tradicionais sofrem de um conjunto particular de problemas de *free-rider* (carona), horizonte, portfólio, controle e custos de influência[108].

---

[103] FOSS, Nicolai J.; KLEIN, Peter G.; KOR, Yasemin Y. & MAHONEY, Joseph T. Entrepreneurship, Subjectivism, and the Resource-based View. Op. cit.
[104] OLSON, M. **The Logic of Collective Action**: Public Goods and the Theory of Groups. Cambridge, Mass.: Harvard University Press, 1965; HANSMANN, H. **The Ownership of Enterprise**. Cambridge, Mass.: Harvard University Press, 1996.
[105] COOK, Michael L. & PLUNKETT, Bradley. Collective Entrepreneurship. Op. cit.
[106] CHAMBERS, Molly L. **Organizational spawning**: Investment in Farmer-controlled Business. Tese de doutorado. University of Missouri, Columbia, MO. 2007.
[107] COOK, Michael L. The future of U.S. Agricultural Cooperatives: a Neo-institutional Approach. **American Journal of Agricultural Economics**, v. 77 (1995): p. 1153-59.
[108] Para mais detalhes, ver COOK, Michael L. & Iliopoulos, C. Ill-defined Property Rights in Collective Action: the Case of U.S. Agricultural Cooperatives. In: MÉNARD, Claude (Ed.). **Institutions, Contracts and Organizations**. Cheltenham, UK: Edward Elgar, 2000; e COOK, Michael L. & CHADDAD, Fabio R. Redesigning Cooperative Boundaries: the Emergence of New Models. **American Journal of Agricultural Economics**, v. 86 (2004): p. 1249-53.

Em resposta, um novo tipo de cooperativas começou a emergir nos anos 1990. Essas cooperativas de nova geração exigiam investimento patrimonial *up-front* (nas cooperativas tradicionais, o patrimônio é gerado *ex post*, através dos lucros acumulados), patrocínio restrito a investidores membros, e permitiam a transferibilidade limitada dos direitos de investimentos e direitos de entrega[109]. Um dos desafios-chave no desenvolvimento de cooperativas de nova geração é o estabelecimento de uma equipe de investimento fundadora com objetivos e constrangimentos compartilhados, e um conselho de administração efetivo. De acordo com os *project champions* – aqueles empreendedores que formularam a visão original da organização – o maior obstáculo que enfrentaram foi convencer outros agricultores investidores, com os quais mantinham estreitos laços sociais, a investir[110]. Em outras palavras, o movimento bem-sucedido da identificação de oportunidades para a ação empreendedora depende criticamente de considerações de custos de transação e de ação coletiva, capital social e reputação. O empreendedorismo de equipe, no sentido knightiano descrito acima, é um subconjunto da teoria econômica geral da organização.

V - Sumário e Conclusões

Os argumentos apresentados aqui sugerem que a literatura de empreendedorismo pode ter dado ênfase excessiva às origens e características das oportunidades empreendedoras. Em vez disso, as oportunidades podem ser tratadas proveitosamente como uma construção latente que se manifesta na ação empreendedora, mais especificamente o exercício do julgamento sobre o arranjo dos ativos de capital heterogêneos. A teoria austríaca do capital, interpretada no arcabouço dos *atributos* descritos acima, fornece uma ponte útil entre a teoria knightiana do empreendedorismo e a teoria da organização econômica. Em resumo, este capítulo sugere uma reorientação dos estudos sobre empreendedorismo na direção

---

[109] Cook, Burress e Klein documentam a emergência de um aglomerado de cooperativas de NEW-GENERATION na pequena comunidade de Renville County, em Minnesota. COOK, Michael L.; BURRESS, Molly J. & KLEIN, Peter G. The Clustering of Organizational Innovation: Developing Governance Models for Vertical Integration. **International Food and Agribusiness Management Review**, v. 11 (2008): p. 49-75.

[110] CHAMBERS, Molly L. **Organizational spawning**. Op. cit.

das ações, e não das palavras ou dos sonhos. Nas palavras de Rothbard[111]: *"Ideias empreendedoras sem dinheiro são meros jogos de palavras até que o dinheiro seja obtido e comprometido com os projetos"*. Claramente, o conceito subjetivista dos recursos está inextricavelmente conectado às crenças – visão, imaginação, novos modelos mentais, se você preferir – mas essas crenças são relevantes somente na medida em que se manifestam na ação.

Uma objeção a esta abordagem consiste em invocar a bibliografia recente em economia comportamental e neuroeconomia. Esta literatura considera as preferências, e não as escolhas, como unidade de análise, procurando entender as bases psicológicas das preferências, a consistência das preferências, etc., ao invés de considerar as preferências como algo primário irredutível. Da mesma forma, uma teoria da identificação de oportunidades poderia imitar os métodos da economia comportamental ou da neuroeconomia. Esta é, de fato, uma linha potencialmente fecunda para as pesquisas em empreendedorismo. Entretanto, assim como a economia comportamental, tal abordagem tem mais em comum com a psicologia aplicada do que com a economia. Ela pode contribuir para uma visão geral e interdisciplinar do empreendedorismo, mas não é parte integral da teoria econômica do empreendedorismo (ver Gul e Pesendorfer[112] para um argumento mais geral nesse sentido).

---

[111] ROTHBARD, Murray N. Professor Hébert on Entrepreneurship. Op, cit. p. 283.
[112] GUL, Faruk & PESENDORFER, Wolfgang. The Case for Mindless Economics. Op. cit.

Capítulo VI
RISCO, INCERTEZA E A ORGANIZAÇÃO ECONÔMICA[1]

Em artigo recente, "*The Limits of Numerical Probability: Frank H. Knight and Ludwig von Mises and the Frequency Interpretation*", Hans-Hermann Hoppe[2] explora a abordagem de Mises sobre a probabilidade e suas implicações para a realização de previsões econômicas. Hoppe argumenta que Mises, tal como Frank Knight, subscrevia a "interpretação frequentista" desenvolvida pelo irmão de Mises, Richard von Mises[3], juntamente com outros autores, tais como Ronald Fisher, Jerzy Neyman e Egon Pearson. A princípio, isto pode parecer surpreendente, dado que a interpretação frequentista é geralmente contrastada com a abordagem "subjetivista" da probabilidade, defendida por Finetti[4] e, entre os economistas, geralmente associada a Keynes[5]. O compromisso completo com o subjetivismo metodológico é, obviamente, uma marca distintiva da Escola Austríaca. Contudo, como Hoppe observa, Mises reconheceu dois tipos distintos de probabilidade – um que se aplica aos fenômenos naturais e outro que se aplica à ação humana. Assim como Mises adotou a "praxeologia" na economia enquanto apoiava o método experimental nas ciências naturais, ele pensou que um tipo especial de probabilidade seria relevante para a tomada de decisões econômicas, aceitando, ao mesmo tempo, para outros tipos de decisões, a interpretação "frequentista" de seu irmão.

---

[1] Publicado originalmente em: HÜLSMANN, Jörg Guido; KINSELLA, Stephan (Eds.). **Property, Freedom, and Society: Essays in Honor of Hans-Hermann Hoppe**. Auburn, Ala.: Ludwig von Mises Institute, 2009. p. 325-37.
[2] HOPPE, Hans-Hermann. The Limits of Numerical Probability: Frank H. Knight and Ludwig von Mises and the Frequency Interpretation. **Quarterly Journal of Economics**, v. 10 (2007): p. 1-20.
[3] MISES, Richard von. **Probability, Statistics and Truth**. New York: Dover Publications, 1957.
[4] FINETTI, Bruno de. Foresight: Its Logical Laws, Its Subjective Sources. In: KYBURG, Henry E. & SMOKIER, Howard E. (Eds.). **Studies in Subjective Probability**. New York: Wiley, 1964.
[5] KEYNES, John Maynard. **A Treatise on Probability**. London: Macmillan, 1921.

Este capítulo amplia a discussão, extraindo implicações da abordagem probabilística de Mises para a organização econômica, particularmente no que diz respeito ao papel do empreendedor na condução do processo econômico através da criação e dissolução de empresas, dirigindo suas operações e organizando-as para criar e capturar valor. Após uma breve revisão da interpretação de Hoppe sobre Knight e Mises, resumirei a literatura recente sobre a abordagem de Knight-Mises sobre o empreendedorismo e a firma, finalizando com algumas sugestões para pesquisas futuras.

I - Knight, Mises e sobre a Probabilidade em Mises

A maior parte dos economistas está familiarizada com a distinção de Knight entre "risco" e "incerteza". O risco refere-se a situações nas quais o resultado de um evento é desconhecido, porém o tomador de decisões conhece a variedade de resultados possíveis e as probabilidades de cada um, de tal maneira que qualquer pessoa que possua a mesma informação e as mesmas crenças realizaria a mesma previsão. Em contraste, a incerteza caracteriza situações nas quais nem os diversos resultados possíveis, muito menos as probabilidades relevantes, são conhecidos. Neste caso, o tomador de decisões não pode seguir uma regra de decisão formal e, ao invés disso, deve depender de um entendimento intuitivo da situação – o que Knight chama de "julgamento" – para antecipar o que pode ocorrer. Risco, neste sentido, refere-se a uma "quantidade suscetível de ser mensurada", e não a uma incerteza "verdadeira", que não pode ser quantificada[6]. A função essencial do empreendedor, no sistema de Knight, é realizar julgamentos, em particular no contexto da compra de fatores de produção.

Mises, de forma semelhante, distingue entre "probabilidade de classe" e "probabilidade de caso". A primeira descreve situações nas quais um evento pode ser classificado como elemento único de uma classe homogênea, cujas propriedades são conhecidas. Ninguém pode prever se uma determinada casa em uma certa vizinhança será incendiada este ano, porém companhias de seguros conhecem quantas casas similares, em localidades semelhantes, têm se incendiado no passado e, a partir daí, é possível estimar a probabilidade de uma casa em particular sofrer um

---

[6] KNIGHT, Frank. **Risk, Uncertainty, and Profit**. Op. cit. p. 26.

incêndio dentro de um determinado período. A probabilidade de caso aplica-se a situações nas quais cada evento é único, de tal maneira que probabilidades de classe gerais não podem ser definidas[7]. Aqui, Mises, conforme argumentado por Hoppe, baseia-se na defesa do "frequentismo" pelo seu irmão, a ideia de que a probabilidade de um evento particular corresponde ao valor limite de sua frequência relativa em uma série de ensaios. Neste entendimento, as probabilidades podem ser definidas somente em casos nos quais ensaios repetidos são factíveis – isto é, em situações nas quais cada evento pode ser significativamente comparado a outros eventos de uma mesma classe. Ademais, e por esta razão, as probabilidades somente podem ser definidas *ex post*, conforme aprendidas através da experiência, e não podem existir *a priori*. Assim, Mises define a probabilidade de caso, ou incerteza, como uma situação na qual as probabilidades, no sentido frequentista, não existem[8].

Hoppe resume as visões de Knight e de Mises e argumenta, de forma persuasiva, que elas são variantes da posição de Richard von Mises[9]. Hoppe também vai além de Mises ao explicar por que a ação humana, no sentido que Mises lhe confere – de comportamento propositado –, não pode ser considerada como parte de uma classe homogênea. "*Sem um coletivo especificado e uma contagem completa (assumidamente) de seus membros individuais e seus diversos atributos, nenhuma afirmação numérica de probabilidade é possível (ou, caso seja feita, será arbitrária)*"[10]. Obviamente, conforme observado por Hoppe, podemos definir tais classes em um sentido técnico – escrevendo este capítulo, sou um elemento da classe "economistas escrevendo capítulos de livros" – mas definir a classe não

---

[7] O'Driscoll e Rizzo adotam os termos "eventos típicos" e "eventos únicos" para chegar a esta distinção. O'DRISCOLL, Gerald P.; RIZZO, Mario J. **The Economics of Time and Ignorance**. Op. cit.

[8] Portanto, a utilização do termo "probabilidade de caso" é enganadora; o que Mises realmente quer dizer é "não-probabilidade de caso", ou talvez "julgamentos de caso sem probabilidades". Confusamente, Mises também argumenta em outro lugar que *"somente um enfoque matemático obsessivo poderia resultar no preconceito segundo o qual probabilidade significa sempre frequência"* (MISES, Ludwig von. **Ação Humana**. Op. cit. p. 141). Van den Hauwe argumenta, em contraste com Hoppe, que a posição de Mises é, em alguns aspectos, mais próxima à de Keynes (HAUWE, Ludwig van den. John Maynard Keynes and Ludwig von Mises on Probability. **MPRA Paper** No. 6965, 2007).

[9] Pode-se também incluir a noção de Shackle de decisões "autodestrutivas, não seriáveis". Ver SCHACKLE, G. L. S. **Decision, Order, and Time in Human Affairs**. Cambridge: Cambridge University Press, 1961.

[10] HOPPE, Hans-Hermann. The Limits of Numerical Probability: Frank H. Knight and Ludwig von Mises and the Frequency Interpretation. Op. cit., p. 10.

é suficiente para aplicar a probabilidade de classe a um evento. Também deve haver, no interior da classe, aleatoriedade, o que Richard von Mises[11] chama de "completa desordem". E, no entanto, isto não é possível com a ação humana:

> É em conexão com esta exigência de aleatoriedade que Ludwig von Mises (e presumivelmente Knight) veem dificuldades insuperáveis na aplicação da teoria da probabilidade à ação humana. É verdade que, de maneira lógico-formal, para cada ação singular pode-se definir um coletivo correspondente. Contudo, ontologicamente as ações humanas (sejam elas de indivíduos ou de grupos) não podem ser agrupadas em coletivos «verdadeiros», mas sim devem ser concebidas como eventos únicos. Por quê? Como Ludwig von Mises provavelmente responderia, o pressuposto de que não sabemos nada sobre um determinado evento, com exceção de seu pertencimento a uma classe conhecida, é falso no caso das ações humanas; ou, como seria colocado por Richard von Mises, no caso das ações humanas conhecemos uma "regra de seleção", cuja aplicação leva a mudanças fundamentais com respeito à frequência relativa (probabilidade) do atributo em questão (descartando, assim, a utilização do cálculo de probabilidades).[12]

Hoppe menciona brevemente, sem entrar em detalhes, a abordagem subjetiva da probabilidade, de acordo com a qual probabilidades *a priori* são tratadas simplesmente como crenças e não como resultados de algum processo objetivo de repetição de ensaios e observações. Hoppe cita a observação de Richard von Mises[13] de que subjetivistas tais como Keynes fracassam em reconhecer *"que se não sabemos nada acerca de alguma coisa, nada podemos dizer a respeito de sua probabilidade"*. Mises[14] acrescenta: *"A abordagem particular dos subjetivistas reside no fato de que consideram 'Eu presumo que esses casos são igualmente prováveis' como algo equivalente a 'Esses casos são igualmente prováveis', dado que, para eles, a probabilidade é uma noção unicamente subjetiva"*. Entretanto, a probabilidade subjetiva tornou-se central na teoria microeconômica contemporânea, em particular com o surgimento de abordagens bayesianas para a tomada de

---

[11] MISES, Richard von. **Probability, Statistics and Truth**. Op. cit., p. 24.
[12] HOPPE, Hans-Hermann. **The Limits of Numerical Probability: Frank H. Knight and Ludwig von Mises and the Frequency Interpretation**. Op. cit., p. 11.
[13] MISES, Richard von. **Probability, Statistics and Truth**. Op. cit., p. 75.
[14] Idem, p. 75.

decisões. Assume-se que agentes atuando sob condições de incerteza possuem crenças prévias – corretas ou incorretas – sobre as probabilidades de diversos eventos. Essas crenças prévias são exógenas, podem ser comuns a um grupo de agentes ou únicas para um agente em particular, e podem ou não corresponder às probabilidades objetivas (no sentido frequentista). A abordagem bayesiana concentra-se no procedimento por meio do qual os agentes atualizam essas crenças prévias com base em novas informações, e assume-se que essa atualização ocorre de acordo com uma regra formal (i.e., de acordo com a Lei de Bayes). Consequentemente, a probabilidade *ex post*, em um problema desse tipo, contém um elemento "objetivo", mesmo se tratar-se de uma revisão de uma crença prévia puramente subjetiva[15].

Langlois[16] defende que há uma estreita conexão entre o subjetivismo, no sentido austríaco da teoria do valor, e a teoria subjetiva da probabilidade, argumentando que as probabilidades devem ser interpretadas como crenças sobre estruturas de informação, em vez de como eventos objetivos. *"Não é significativo falar a respeito de 'conhecer' uma probabilidade ou uma distribuição de probabilidade. Uma avaliação de probabilidade reflete o nosso estado de informação a respeito de um evento; não é uma coisa ontologicamente separada, cujo valor pode ser determinado objetivamente"*[17].

O que distingue a probabilidade de caso da probabilidade de classe, segundo Langlois, é o caráter da informação que o tomador de decisões possui sobre o evento. Probabilidades objetivas (no sentido frequentista) são simplesmente casos especiais de probabilidades subjetivas nas quais o tomador de decisões estrutura o problema em termos de classes de eventos. O empreendedorismo, na interpretação de Langlois, pode ser descrito como o ato de formalizar o problema decisório. Para utilizar a linguagem da teoria da decisão, um não-empreendedor (vamos chamá-lo, seguindo Kirzner[18], de um maximizador robbinsoniano) é apresentado a uma árvore de decisão, a um conjunto de resultados e às probabilidades para cada resultado, e simplesmente utiliza indução reversa para resolver

---

[15] A atualização bayesiana também pode ser aplicada para probabilidades prévias objetivas, presumivelmente para orientar o tomador de decisões em casos nos quais ensaios repetidos para determinar novas probabilidades *ex post* não são possíveis. O "paradoxo de Monty Hall" é um exemplo clássico.
[16] LANGLOIS, Richard N. Subjective Probability and Subjective Economics. **C.V. Starr Center for Applied Economics Research Report #82-09**, Faculty of Arts and Sciences, New York University, 1982.
[17] Ibidem, p. 8.
[18] KIRZNER, Israel M. **Competição e Atividade Empresarial**. Op. cit.

o problema. O empreendedor, por assim dizer, redesenha a árvore ao notar uma opção ou resultado possível que os outros agentes falharam em ver. A distinção chave, de acordo com Langlois, não é se a árvore de decisão é preenchida com probabilidades objetivas ou subjetivas, mas se a própria árvore é exógena (no sentido de Knight) ou endógena (incerteza de Knight).

Hoppe segue Richard von Mises em sua rejeição da posição subjetivista (e, obviamente, não vê contradição entre a abordagem probabilística frequentista e a teoria subjetiva do valor). Não está exatamente claro o que se ganha mediante a redefinição das probabilidades como "subjetivas com um dado conjunto de informação" ou "subjetivas com outro conjunto de informação". Como será discutido na próxima seção, tanto Knight quanto Mises consideram que a teoria da probabilidade desempenha um papel particular na economia, nomeadamente permitir que o teórico possa distinguir situações nas quais os preços são previsíveis – tornando efêmeros os ganhos e as perdas – de situações nas quais os preços podem somente ser antecipados utilizando algum tipo de julgamento, ou *Verstehen*, por parte dos empreendedores. Uma parametrização subjetiva do *Verstehen* pode ser possível, sem que seja útil.

II - A Incerteza e o Empreendedor

Nem Knight, nem Mises concentraram-se principalmente na tomada individual de decisões *per se*, mas sim no papel da tomada de decisões dentro do sistema de mercado. "*Como economistas*", observa Hoppe[19], Knight e Mises "*abordam o tema da probabilidade indiretamente, em conjunção com a questão que diz respeito à origem dos lucros e perdas empresariais*"[20]. De fato, enquanto Knight dedica um capítulo de sua obra *Risk, Uncertainty, and Profit* a uma discussão detalhada acerca do conhecimento, raciocínio e aprendizado, seu principal objetivo não é analisar a ontologia do julgamento, mas sim explicar o funcionamento prático do mercado. Especificamente, seu propósito ao desenvolver sua explicação da probabilidade foi decompor a renda de negócios em dois elementos constitutivos: juros

---

[19] HOPPE, Hans-Hermann. The Limits of Numerical Probability: Frank H. Knight and Ludwig von Mises and the Frequency Interpretation. Op. cit., p. 4.
[20] Ver também BUCHANAN, James & DI PIERRO, Alberto. Cognition, Choice, and Entrepreneurship. **Southern Economic Journal**, v. 46 (1980): p. 693-701.

e lucro. Os juros são uma recompensa por renunciar ao consumo no presente, são determinados pelas preferências temporais relativas de devedores e credores, e existiriam mesmo em um mundo de certeza. O lucro, em contraste, é uma recompensa por antecipar o futuro incerto com mais precisão do que os outros (por exemplo, comprando fatores de produção a preços de mercado abaixo do eventual preço de venda do produto), e existe somente em um mundo de incerteza "verdadeira". Nesse mundo, dado que a produção toma tempo, os empreendedores obterão ou lucros ou perdas, com base nas diferenças entre os preços pagos pelos fatores e os preços recebidos pelos produtos.

Ludwig von Mises, conforme discutido no Capítulo 5, confere à incerteza um papel central em sua teoria do lucro e da perda, e em sua explicação sobre a impossibilidade do cálculo econômico no socialismo. Dado que não há fatores de mercado no socialismo, não há preços de fatores e, portanto, não há maneiras que possibilitem aos planejadores escolher de maneira eficiente entre uma variedade praticamente infinita de possibilidades para combinar recursos heterogêneos de modo a produzir um conjunto particular de bens de consumo. Sob o capitalismo, os empreendedores se engajam neste processo de "apreciação" todos os dias, ponderando combinações possíveis de fatores e tentando antecipar o que os consumidores comprarão e o quanto pagarão assim que os bens e serviços finais estiverem prontos. Lucros e perdas proporcionam a resposta essencial para os empreendedores enquanto eles "testam" suas conjecturas no mercado.

Por que um Comitê de Planejamento Central não pode imitar as operações dos empreendedores? A chave, para Mises, está em que a apreciação empreendedora não é um processo mecânico de calcular valores esperados utilizando probabilidades conhecidas, mas, ao invés disso, é um tipo de *Verstehen* que não pode ser modelado formalmente utilizando a teoria da decisão. O empreendedor, escreve Mises[21], *"é um especulador, alguém que utiliza sua compreensão do estado futuro do mercado para realizar operações comerciais que resultem em lucros"*. O empreendedor conta com sua *"compreensão antecipadora das condições do futuro incerto"*, um entendimento que *"não é susceptível de qualquer regra ou sistematização"*.

É difícil reconciliar esta concepção da função empreendedora com a estrutura de otimização da economia neoclássica. Nesta estrutura, ou a tomada de decisões é "racional", significando que pode ser representada

---
[21] MISES, Ludwig von. **Ação Humana**. Op. cit., p. 667.

por regras de decisão formais, ou é puramente aleatória. T. W. Schulz[22] coloca o problema da seguinte maneira:

> Não é suficiente tratar os empreendedores unicamente como agentes econômicos que recebem somente lucros inesperados e arcam com perdas que não são antecipadas. Se isto é tudo o que fazem, o tão alardeado sistema de livre empresa meramente distribui, de alguma maneira não especificada, os lucros inesperados e perdas que vêm como surpresas. Se o empreendedorismo possui algum valor econômico, deve desempenhar uma função útil, constrangida pela escassez, o que implica que existe uma oferta e uma demanda por seus serviços.

A chave para entender esta passagem é reconhecer a rejeição de Schulz, seguindo Friedman e Savage[23], da incerteza de Knight. Se toda incerteza pode ser parametrizada em termos de probabilidades (possivelmente subjetivas), então a tomada de decisões na ausência de tais probabilidades deve ser aleatória. Qualquer tipo de tomada de decisões suscetível de avaliação deve ser modelável, deve ter uma receita de produto marginal, e deve ser determinada pela oferta e demanda. Para Knight, contudo, a tomada de decisões na ausência de uma regra de decisões formal ou modelo (isto é, julgamento) não é aleatória; é simplesmente não modelável. Não possui uma curva de oferta, porque é um fator residual ou de controle que está inextricavelmente ligado à posse de recursos. Conforme discutido acima, é um tipo de entendimento, ou *Verstehen*, que desafia a explicação formal, mas é raro e valioso. Em suma, sem o conceito de incerteza de Knight, a ideia de Knight do julgamento empreendedor faz pouco sentido.

Tampouco o julgamento consiste simplesmente de sorte[24]. Para termos certeza, poderíamos imaginar um modelo no qual os empreendedores são sistematicamente enviesados, como em Busenitz e Barney[25] – indivíduos tornam-se empreendedores proprietários porque

---

[22] SCHULTZ, T. W. Investment in Entrepreneurial Ability. Op. cit.
[23] FRIEDMAN, Milton & SAVAGE, Leonard. Utility Analysis of Choices Involving Risk. **Journal of Political Economy,** v. 56 (1948): p. 279-304.
[24] Demsetz compara o estado de alerta kirzneriano à sorte. DEMSETZ, Harold. **The Neglect of the Entrepreneur**. Op. cit.
[25] BUSENITZ, Lowell W. & BARNEY, Jay B. Differences between Entrepreneurs and Managers in Large Organizations: Biases and Heuristics in Strategic Decision Making. **Journal of Business Venturing,** v. 12 (1997): p. 9-30.

superestimam sua própria habilidade de antecipar preços futuros – e a oferta de empreendedores é suficientemente grande tal que ao menos uns poucos adivinham corretamente, e obtêm lucros. Em tal economia, haveria empreendedores, empresas, lucros e perdas, e o lucro (sob incerteza) seria distinto dos juros. Entretanto, conforme enfatiza Mises[26], alguns indivíduos são mais aptos do que outros, ao longo do tempo, na antecipação das condições futuras do mercado, e esses indivíduos tendem a adquirir mais recursos, enquanto aqueles cujas habilidades de previsão são fracas tendem a sair do mercado. De fato, para Mises, o mecanismo empreendedor de seleção, por meio do qual empreendedores mal sucedidos – aqueles que sistematicamente oferecem propostas de preços mais altas por fatores, relativamente às eventuais demandas dos consumidores – são eliminados do mercado, é o "processo de mercado" crítico do capitalismo[27].

III - Conclusão

A incerteza, no sentido de Knight e de Ludwig von Mises, é, portanto, fundamental para entender não somente o sistema de lucros e perdas, e o processo de mercado para alocar recursos produtivos para seus usuários de valor mais elevado, mas também para entender a natureza econômica da própria firma de negócios. Infelizmente, a economia neoclássica contemporânea tende a rejeitar tanto a distinção entre probabilidade de caso e de classe, quanto o próprio empreendedor. Se não há incerteza "verdadeira", então os lucros resultam de poder monopolista ou de erro aleatório. Se qualquer empresa pode fazer o que qualquer outra empresa faz, se todas as empresas estão sempre nas suas fronteiras de possibilidades de produção, e se as empresas sempre realizam escolhas ótimas de insumos, então sobra pouco para o empreendedor fazer.

Felizmente, a literatura moderna sobre empreendedorismo começou a reconhecer a necessidade de um tratamento mais sofisticado da incerteza (juntamente com outras questões cognitivas – ver a discussão em Alvarez e Barney[28]), e conceitos de heterogeneidade de recursos são comuns nas visões da firma baseadas em recursos e conhecimento,

---

[26] MISES, Ludwig von. **Profit and Loss**. Op. cit.
[27] Ver o Capítulo 7 a seguir.
[28] ALVAREZ, Sharon A. & BARNEY, Jay B. **Discovery and Creation**. Op. cit.

economia dos custos de transação e a abordagem de opções reais para a firma. Longe de reviver antigas controvérsias, através de um reexame das visões de Ludwig von Mises e de Knight sobre a incerteza, o artigo de Hoppe proporciona novos *insights* acerca do empreendedor, da empresa e do processo de mercado.

Capítulo VII
TEORIA DOS PREÇOS E ECONOMIA AUSTRÍACA[1]

A abordagem austríaca é subjacente a todos os capítulos neste volume. Meu argumento é que a Economia Austríaca fornece percepções singulares a respeito da emergência, das fronteiras e da organização interna da firma. Do mesmo modo, as firmas operam dentro de um contexto institucional específico – são *"ilhas de poder consciente no oceano da cooperação inconsciente, tal como pedaços de manteiga coagulando em um balde de leitelho"*[2]. Esse "oceano de cooperação inconsciente" é o mercado, e os austríacos têm desenvolvido um entendimento exclusivo da economia de mercado que ilumina os temas organizacionais e estratégicos.

De fato, a Escola Austríaca experimentou um renascimento notável ao longo das últimas cinco décadas[3]. Os estudos austríacos floresceram originalmente em Viena, durante as três últimas décadas do século XIX, e posteriormente na Europa e América do Norte durante os anos 1920, para então entrar em um eclipse prolongado durante os anos 1930 e 1940. Mantida viva por importantes contribuições de Hayek[4], Mises[5], Lachmann[6],

---

[1] Publicado como "The Mundane Economics of the Austrian School". **Quarterly Journal of Austrian Economics**, v. 11, n. 3-4 (2008): p. 165-87.
[2] D. H. Robertson, citado em COASE, Ronald H. The Nature of the Firm. Op. cit. p. 388.
[3] VAUGHN, Karen I. **Austrian Economics in America**: The Migration of a Tradition. Cambridge: Cambridge University Press, 1994; ROTHBARD, Murray N. The Present State of Austrian Economics. In: ROTHBARD, Murray N. **The Logic of Action One**: Method, Money, and the Austrian School. Cheltenham, UK: Edward Elgar, 1997 [1995]; OAKLEY, Allen. **The Revival of Modern Austrian Economics**: A Critical Assessment of Its Subjective Origins. Aldershot, UK: Edward Elgar, 1999; SALERNO, Joseph T. The Place of Mises's *Human Action* in the Development of Modern Economic Thought. **Quarterly Journal of Austrian Economics**, v. 2 (1999b): p. 35-65; SALERNO, Joseph T. The Rebirth of Austrian Economics - In Light of Austrian Economics. **Quarterly Journal of Austrian Economics**, v. 5 (2002): p. 111-28.
[4] HAYEK, F. A. **Individualism and Economic Order**. Op. cit.
[5] MISES, Ludwig von. **Ação Humana**. Op. cit.
[6] LACHMANN, Ludwig M. **Capital and its Structure**. Op. cit.

Rothbard[7], Kirzner[8] e outros, a tradição austríaca voltou a emergir como um movimento organizado nos anos 1970, e permanece até hoje como uma alternativa importante à tradição *mainstream* da economia neoclássica.

Mas qual, exatamente, é a contribuição distinta da Escola Austríaca? Como ela se diferencia de outras tradições, abordagens ou movimentos no interior da economia e de suas disciplinas irmãs? Como movimento social, a Escola Austríaca possui os marcadores formais que são geralmente utilizados para demarcar uma escola de pensamento, tais como suas próprias instituições – periódicos especializados, conferências, sociedades acadêmicas e agências de financiamento – e os padrões de autocitação enfatizados por Crane[9]. Aqui, contudo, não estou interessado na sociologia da Escola Austríaca, mas sim em suas doutrinas teóricas, proposições e modos de análise centrais, em particular como eles são aplicados aos problemas econômicos triviais e ordinários do cotidiano. Esses são os problemas básicos da teoria dos preços, teoria do capital, teoria monetária, teoria dos ciclos de negócios e teoria do intervencionismo, problemas que ocupam um lugar central em qualquer abordagem dentro da economia.

A teoria dos preços – teoria do valor, das trocas, da produção e da intervenção no mercado – era o que Mises[10] tinha em mente quando declarou, de maneira geralmente surpreendente para os austríacos contemporâneos, que as versões austríaca, walrasiana e jevoniana do marginalismo *"diferem somente em seu modo de expressar a mesma ideia fundamental, e estão divididas mais pela sua terminologia e peculiaridades de apresentação do que pela substância de seus ensinamentos"*. Essas não são as palavras de um autor jovem e entusiasmado, ainda por apreciar as importantes diferenças entre escolas rivais de pensamento; o ensaio foi escrito em 1932, quando Mises era um acadêmico maduro. Hayek, do mesmo modo, escreveu em sua contribuição de 1968 para a International Encyclopedia of the Social Sciences que a sua (quarta) geração da Escola Austríaca

> dificilmente pode continuar sendo vista como uma escola separada no sentido de representar doutrinas particulares. Uma escola tem seu maior sucesso quando cessa de existir como tal, pois seus

---

[7] ROTHBARD, Murray N. **Man, Economy, and State**. Op. cit.
[8] KIRZNER, Israel M. **Competição e Atividade Empresarial**. Op. cit.
[9] CRANE, Diana. **Invisible Colleges**: Diffusion of Knowledge in Scientific Communities. Chicago: University of Chicago Press, 1972.
[10] MISES, Ludwig von. **Epistemological Problems of Economics**. Auburn, Ala.: Ludwig von Mises Institute, 2003 [1933]. p. 214.

principais ideais tornaram-se parte do ensino dominante geral. A escola de Viena desfruta, em grande medida, de tal sucesso.[11]

Poucas sentenças depois, Hayek destaca a "teoria do valor e dos preços" como a contribuição-chave dos austríacos à economia moderna (reconhecendo, obviamente, a influência de Marshall, e presumivelmente também de Hicks, Allen e Samuelson).

Essas declarações dificilmente significam que Mises e Hayek fracassaram em reconhecer as importantes distinções existentes entre as três tradições marginalistas, ainda mais diante de seus trabalhos substanciais sobre a metodologia da Escola Austríaca[12]. Em vez disso, elas indicam que tanto Mises quanto Hayek consideraram a teoria do valor e dos preços como sendo centrais à tradição austríaca, uma ênfase amplamente compartilhada por todos os economistas teóricos. Considere que o ensaio de Mises em 1932 concentra-se nas diferenças entre a economia teórica e o historicismo da Nova Escola Historicista Alemã de Economia. De fato, os alvos doutrinais usuais de Mises eram o historicismo, o institucionalismo e outras formas do que considerava como "antieconomia", e não versões alternativas da teoria econômica (e muito menos correntes diferentes dentro da Escola Austríaca). Na luta pela teoria econômica, Mises considerava as tradições neoclássicas de Lausanne e a britânica como aliadas. Todas as três tradições marginalistas consideravam a teoria do valor, dos preços, das trocas e da produção como o seu núcleo central[13].

---

[11] HAYEK, F. A. The Austrian School of Economics. In: HAYEK, F. A. **The Fortunes of Liberalism**: Essays on Austrian Economics and the Ideal of Freedom. KLEIN, Peter G. (Ed.). **The Collected Works of F. A. Hayek**, Vol. 4. Chicago: University of Chicago Press, 1968a. p. 52.

[12] MISES, Ludwig von. **Epistemological Problems of Economics**. Op. cit.; MISES, Ludwig von. **The Ultimate Foundations of Economic Science**: An Essay on Method. Princeton, NJ: Van Nostrand, 1962; HAYEK, F. A. **The Counter-Revolution of Science**: Studies on the Abuse of Reason. Glencoe, Ill.: The Free Press, 1952a.

[13] Reconhecidamente, a avaliação de Hayek em 1968 a respeito da influência da Escola Austríaca é difícil de reconciliar com sua própria insistência em que a economia neoclássica tinha fracassado em apreciar o papel do conhecimento e das expectativas (HAYEK, F. A. Economics and knowledge. Op. cit.; HAYEK, F. A. The Use of Knowledge in Society. **American Economic Review**, v. 35 (1945): p. 519-30; HAYEK, F. A. The Meaning of Competition. In: HAYEK, F. A. **Individualism and Economic Order**. Chicago: University of Chicago Press, 1948 [1946]). Hayek permaneceu ambivalente sobre este ponto; em um rascunho inacabado para o *New Palgrave Dictionary*, escrito por volta de 1982 (e reimpresso em HAYEK, F. A. **The Fortunes of Liberalism**: Essays on Austrian Economics and the Ideal of Freedom. KLEIN, Peter G. (Ed.). **The Collected Works of F. A. Hayek**, Vol. 4. Chicago: University of Chicago Press, 1992. p. 53-56), Hayek descreve a

Talvez reconhecendo os laços próximos entre a teoria austríaca do valor e dos preços, e a teoria da economia *mainstream*, comentadores recentes têm procurado pelas características distintivas da Escola Austríaca em outros lugares. D. Klein[14], por exemplo, identifica a noção hayekiana de "ordem espontânea" como sendo a contribuição principal da tradição austríaca, insistindo em que o rótulo "austríaca", com suas conotações históricas e geográficas específicas, deveria ser substituído por "economia da ordem espontânea", ou "economia de Smith-Hayek". A Economia Austríaca, de acordo com ele, é parte de uma tradição mais abrangente que inclui figuras-chave do iluminismo escocês, do liberalismo clássico francês dos séculos XVIII e XIX, e de pensadores do século XX, tais como Michael Polanyi[15].

Concordo em que a tradição austríaca é parte de um movimento liberal mais amplo, entretanto considero a Escola Austríaca como um tipo distinto de análise econômica, e acredito que a essência da abordagem austríaca não é o subjetivismo, o processo de mercado (desequilíbrio) ou a ordem espontânea, mas sim o que chamo de economia *mundana* – teoria dos preços, teoria do capital, teoria monetária, teoria dos ciclos econômicos e teoria do intervencionismo. Este é o "núcleo duro" da Economia Austríaca. Sustento que este núcleo duro é (1) distinto, e não meramente uma rendição verbal da economia neoclássica de meados do século XX; (2) a única fundamentação para a análise austríaca aplicada (economia política, teoria social, administração de empresas, etc.); e (3) um corpo vivo de conhecimento, e em evolução, enraizado nas contribuições clássicas do passado, mas não limitado por elas[16].

---

análise de curvas de indiferença como a *"declaração final de uma discussão de mais de meio século na tradição da Escola Austríaca"*, acrescentando que *"por volta do terceiro quarto do século XX, a abordagem da Escola Austríaca tornou-se a principal forma da teoria microeconômica"*. Mas ele segue para identificar a "principal conquista" da Escola como sendo o esclarecimento das diferenças entre *"disciplinas que lidam com fenômenos relativamente simples, como a mecânica, e as ciências dos fenômenos altamente complexos"*.
[14] KLEIN, Daniel B. Toward a Public and Professional Identity for Our Economics. **Econ Journal Watch**, v. 5 (2008): p. 358-372. p. 361.
[15] Koppl insiste em que os economistas austríacos juntem-se ao que ele chama de *"mainstream* heterodoxo", um corpo de literatura que abrange a racionalidade limitada, o seguimento de regras, as instituições, a cognição e a evolução, ou BRICE (de *Bouded rationality, Rule following, Institutions, Cognition* e *Evolution*). Os austríacos têm "uma oportunidade para contribuir com o *mainstream* heterodoxo de hoje e juntar-se, desse modo, à emergência de uma nova ortodoxia do amanhã" (KOPPL, Roger. Austrian Economics at the Cutting Edge. **Review of Austrian Economics**, v. 19 (2006): p. 231-41. p. 237-38).
[16] Meu foco aqui é a teoria econômica, e não a metodologia, então meu ponto é diferente

Uma perspectiva diferente é encontrada no influente livro de Vaughn[17] sobre o movimento austríaco moderno. A caracterização de Vaughn do "renascimento austríaco" pós 1974 tem se mostrado controversa[18]. Sua interpretação das três primeiras gerações da Escola Austríaca, em contraste, tem recebido relativamente pouca atenção. Vaughn caracteriza consistentemente a teoria dos preços de Menger, Böhm-Bawerk, Mises e Rothbard como retrógrada, inconsistente e frequentemente errada. A elaboração que esses autores fazem da economia mundana, diz ela, é, em essência, uma economia "neoclássica" verbal, dado que baseia-se fortemente em construções de equilíbrio; de fato, a teoria dos preços de Menger é a de um *"economista neoclássico formado pela metade"*[19]. A contribuição austríaca distinta de Menger, argumenta Vaughn[20], consiste em *"suas diversas referências a problemas de conhecimento e ignorância, suas discussões sobre a emergência e as funções das instituições, a importância de articular processos de ajuste, e suas muitas referências ao progresso da humanidade"*. Esses temas, que atraíram considerável atenção durante o "renascimento austríaco" dos anos 1970, são discutidos no livro de Menger[21], de 1883, *Untersuchungen über die Methode der Socialwissenschaften und der politischen Oekonomie insbesondere (Investigações sobre o Método das Ciências Sociais com Especial Referência à Economia)*. São, contudo, temas praticamente inexistentes nos *Princípios*.

Mais especificamente, Vaughn sustenta que há uma contradição fundamental no entendimento de Menger e Mises dos mercados, dado que empregam simultaneamente uma teorização de equilíbrio e falam sobre tempo, incerteza, "processo" e, no caso de Menger, instituições. O livro *Ação Humana*, de Mises, por exemplo, combinou *"algumas percepções*

---

do argumento de Rothbard de que a praxeologia misesiana, e não a epistemologia evolutiva popperiana do último Hayek ou o "subjetivismo radical" de Lachmann, é o ponto de partida adequado para a Economia Austríaca. Ver ROTHBARD, Murray N. The Present State of Austrian Economics. Op. cit.
[17] VAUGHN, Karen I. **Austrian Economics in America**. Op. cit.
[18] GORDON, David. Review of Vaughn, Austrian Economics in America. **Mises Review**, v. 1 (1995): p. 19-25; ROTHBARD, Murray N. The Present State of Austrian Economics. Op. cit.; EKELUND, Robert B. Review of Vaughn, Austrian Economics in America. **Review of Austrian Economics**, v. 10 (1997): p. 133-38; THORNTON, Mark. Review of Vaughn, Austrian Economics in America. **Public Choice**, v. 98 (1999): p. 467-69.
[19] VAUGHN, Karen I. **Austrian Economics in America**. Op. cit. p. 19.
[20] Idem, p. 18-19.
[21] MENGER, Carl. **Investigations into the Method of the Social Sciences with Special Reference to Economics**. New York: New York University Press, 1981 [1883].

mengerianas fundamentais com a aparelhagem da teoria neoclássica dos preços, em detrimento de ambas"[22].

Este capítulo argumenta contra essa caracterização de Menger, Mises e seus contemporâneos. Conforme será explicado abaixo, os economistas austríacos, de Menger até Rothbard, estavam totalmente conscientes a respeito do tempo, incerteza, conhecimento, expectativas, instituições e processos de mercado. Em verdade, seu entendimento desses temas era sofisticado. Empregaram a teorização de equilíbrio, mas de uma maneira precisa e deliberada. Entenderam claramente a distinção entre seus próprios entendimentos da economia mundana e os entendimentos de seus colegas walrasianos e jevonianos. Devotaram suas energias a desenvolver e comunicar os princípios da economia mundana, não porque não conseguiram captar a importância do conhecimento, do processo e da coordenação, mas porque consideravam estes últimos problemas como subordinados à tarefa principal da ciência econômica, mais precisamente: a construção de uma teoria mais satisfatória do valor, da produção, das trocas, dos preços, da moeda, do capital e da intervenção.

Meu argumento é que a Economia Austríaca mundana não somente proporciona uma fundamentação sólida para abordar questões econômicas convencionais sobre mercados e setores industriais, regulamentação, sistemas econômicos comparativos, flutuações macroeconômicas, comércio e crescimento, mas também ajuda a colocar em maior relevo os problemas organizacionais e administrativos. Um foco equivocado no subjetivismo, ordem espontânea e incerteza radical, como sendo a essência da contribuição austríaca, tem levado os acadêmicos de administração a negligenciar a importância das teorias austríacas da formação de preços, capital, dinheiro e flutuações econômicas, teorias que apresentam implicações importantes para as firmas e os empreendedores.

I - Temas Centrais da Economia Austríaca Antes de 1974

Antes de 1974, a maior parte dos economistas austríacos lidavam com assuntos econômicos mundanos. O *Principles*, de Menger[23], por exemplo, trata inteiramente do valor, dos preços e das trocas (mais uma pequena seção sobre o dinheiro). Menger pretendia que sua obra fosse

---
[22] VAUGHN, Karen I. **Austrian Economics in America.** Op. cit. p. 70.
[23] MENGER, Carl. **Principles of Economics**. Op. cit.

uma introdução para um trabalho maior e mais abrangente. A sequência planejada nunca foi escrita, mas, a partir das notas de Menger, Hayek[24] nos diz que *"sabemos que a segunda parte deveria tratar dos 'juros, salários, rendas, receitas, crédito e papel moeda', uma terceira parte 'aplicada' seria a teoria da produção e do comércio, enquanto uma quarta parte deveria discutir críticas ao sistema econômico do presente e apresentar propostas para a reforma econômica"*. O grande tratado de Böhm-Bawerk, em três volumes, *Capital and Interest* (1884-1912), lida principalmente com a teoria do capital e dos juros, mas também inclui seções famosas (no volume II, *Positive Capital Theory*) sobre valor e preços, introduzindo a abordagem dos "pares marginais" para a formação dos preços. O *Social Economics* (1914) de Wieser abrange uma variedade mais ampla, assim como Wieser durante a sua carreira, mas ainda se concentra principalmente nas questões fundamentais do valor, trocas, produção, preços dos fatores e comércio internacional. Os economistas anglo-americanos influenciados pelos austríacos – Phillip Wicksteed, Franl Fetter, Henry Davenport e J. B. Clark, por exemplo – também consideravam o núcleo da Economia Austríaca como sendo a sua teoria do valor e das trocas, e não o conhecimento, as expectativas e o desequilíbrio[25].

---

[24] HAYEK, F. A. Carl Menger (1840-1921). In: HAYEK, F. A. **The Fortunes of Liberalism**: Essays on Austrian Economics and the Ideal of Freedom. KLEIN, Peter G. (Ed.). **The Collected Works of F. A. Hayek**, Vol. 4. Chicago: University of Chicago Press, 1992 [1934]. p. 69.

[25] Curiosamente, os austríacos de terceira e quarta geração estavam não apenas profundamente imersos nos escritos de seus predecessores vienenses, mas também nos daqueles teóricos dos preços mengerianos anglo-americanos. Hayek observa que, *"no início do período pós-guerra, o trabalho dos teóricos americanos John Bates Clark, Thomas Nixon Carver, Irving Fisher, Frank Fetter e Herbert Joseph Davenport eram mais familiares para nós em Viena do que os de quaisquer outros economistas estrangeiros, com exceção talvez dos suecos"* (HAYEK, F. A. The Economics of the 1920a as Seen from Vienna. In: HAYEK, F. A. **The Fortunes of Liberalism**: Essays on Austrian Economics and the Ideal of Freedom. KLEIN, Peter G. (Ed.). **The Collected Works of F. A. Hayek**, Vol. 4. Chicago: University of Chicago Press, 1992 [1963a]. p. 32.). Hayek cita uma carta de Clark a Robert Zuckerkandl na qual Clark elogia o *Theory of Price* (1899) de Zuckerkandl, dizendo que *"nada me dá mais prazer do que prestar homenagem completamente aos eminentes pensadores, principalmente austríacos, que estavam neste campo antes de mim, e que conduziram suas análises a extensões maiores"* (HAYEK, F. A. Review of John Bates Clark: A Memorial. In: HAYEK, F. A. **The Fortunes of Liberalism**: Essays on Austrian Economics and the Ideal of Freedom. KLEIN, Peter G. (Ed.). **The Collected Works of F. A. Hayek**, Vol. 4. Chicago: University of Chicago Press, 1992 [1939a]. p. 39). Hayek acrescenta que *"pelo menos alguns dos membros da segunda ou terceira geração da Escola Austríaca deviam quase tanto aos ensinamentos de J. B. Clark quanto aos de seus professores imediatos"*. Salerno discute a influência de Clark em Mises (SALERNO, Joseph T. Mises's Favorite Anglo-American Economists. **Mises.org**

Possivelmente o exemplo mais impressionante de um comprometimento austríaco com a economia mundana é o livro *Man, Economy, and State* (1962), de Rothbard. Dos doze capítulos da edição original, todos, com exceção de dois, concentram-se nos detalhes do valor, preços, trocas, capital, dinheiro, competição e assim por diante (o Capítulo 1 lida com questões metodológicas e ontológicas, e o Capítulo 12 com a teoria da intervenção governamental). Só a teoria da produção ocupa cinco capítulos. Mesmo se incluirmos *Power and Markets*, o livro contém pouco sobre expectativas subjetivas, aprendizagem, equilíbrio, ordens emergentes e similares. Talvez por esta razão, Vaughn[26] afirma que o tratado de Rothbard *"deve ter parecido, para um leitor típico, como sendo mais ou menos a economia familiar, apresentada quase exclusivamente de forma narrativa, com umas poucas definições controversas e alguns estranhos gráficos descontínuos"*.

Man, Economy, and State foi claramente concebido como uma apresentação mais elementar e sistemática do conteúdo da obra *Ação Humana*, de Mises[27], que cobre uma variedade mais ampla de assuntos filosóficos, históricos e sociológicos[28]. *Ação Humana* começa com extensas seções e capítulos metodológicos e ontológicos sobre "Tempo" e "Incerteza". Além disso, o núcleo do livro – os dezesseis capítulos que compreendem às partes 3, 4 e 5 – trata dos temas econômicos centrais do valor, preços e trocas. O mesmo é verdade, ao menos em parte, no que diz respeito a outra importante contribuição do pós-guerra para a Economia Austríaca, o *Capital and Its Structure*, de Lachmann[29]. O livro de Lachmann inclui discussões longas e perspicazes das "expectativas" (Capítulo 2) e "análise de processos" (Capítulo 3), definida como *"um método causal-genético de estudar a mudança econômica, rastreando os efeitos das decisões feitas independentemente por um certo número de indivíduos ao longo do tempo, e mostrando como a incompatibilidade dessas decisões depois de um tempo exige a sua revisão"*[30]. O que Lachmann tinha em mente era o contínuo reajuste

---

Daily Article, 18 de outubro de 2006).
[26] VAUGHN, Karen I. **Austrian Economics in America**. Op. cit. p. 96.
[27] MISES, Ludwig von. **Ação Humana**. Op. cit.
[28] STROMBERG, Joseph A. Introduction. In: ROTHBARD, Murray N. **Man, Ecoomics, and State**: A Treatise on Economic Principles. Scholar's edition. Auburn, Ala.: Ludwig von Mises Institute, 2004.
[29] LACHMANN, Ludwig M. **Capital and its Structure.** Op. cit.
[30] Idem, p. 39. Lachmann cita Hicks, Lindahl e Lundberg como os principais expoentes da análise de processos, apesar de que esses teóricos não são geralmente incluídos na tradição contemporânea do "processo de mercado". HICKS, John R. **Value and Capital**:

da estrutura de capital da economia – que chama de "remanejamentos" e "reagrupamentos" – enquanto as firmas experimentam com várias combinações de bens de capital. Claramente, entretanto, Lachmann tem um propósito específico em mente: explicar as implicações da heterogeneidade do capital para a teoria da produção, do crescimento econômico e do ciclo de negócios. O livro não se concentra primeiramente em preocupações meta-teóricas, mas na própria teoria econômica do capital.

A principal exceção a este padrão é Hayek, cujos influentes ensaios sobre o conhecimento[31] e a competição[32] apareceram em meados do século XX[33]. Obviamente, a reputação de Hayek naquela época baseava-se em suas contribuições técnicas à teoria monetária e do ciclo de negócios[34], e o principal interesse de Hayek, desde seus primeiros escritos no final dos anos 1920 até sua mudança para Chicago em 1950, continuou sendo a teoria econômica, convencionalmente definida[35]. Mais geralmente, enquanto muitos membros e companheiros de viagem da Escola Austríaca escreveram sobre temas sociais abrangentes, todos consideravam que a economia técnica estava no coração do projeto mengeriano.

An Inquiry into Some Fundamental Principles of Economics Theory. Oxford: Clarendon Press, 1946 [1939]; LINDAHL, Erik. **Studies in the Theory of Money and Capital**. London: George Allen & Unwin, 1939; LUNDBERG, Erik. **Studies in the Theory of Economic Expansion**. London: P. S. King & Son, 1937.

[31] HAYEK, F. A. Economics and Knowledge. Op. cit.; _____. The Use of Knowledge in Society. Op. cit.

[32] HAYEK, F. A. **Individualism and Economic Order**. Op. cit.

[33] Morgenstern também lida com as expectativas e o seu papel na formação do equilíbrio econômico. MORGENSTERN, Oskar. Perfect Foresight and Economic Equilibrium. In: SCHOTTER, Andrew (Ed.). **Selected Economic Writings of Oskar Morgenstern**. New York: New York University Press, 1976 [1935].

[34] Ver os ensaios reunidos em HAYEK, F. A. **Prices and Production and Other Works on Money, the Business Cycle, and the Gold Standard**. Auburn, Ala.: Ludwig von Mises Institute, 2008.

[35] Por volta dos anos 1950, Hayek nos diz:
"Eu me tornei de certa forma obsoleto como um economista e me senti muito desconfortável com a direção na qual a economia estava se desenvolvendo. Embora eu ainda considerasse os trabalhos que realizei durante os anos 1940 sobre método científico, história das ideias e teoria política como excursões temporárias por outros campos, foi difícil para mim retornar ao ensino sistemático da teoria econômica e senti como um alívio não ter sido forçado a lidar com ela em minhas funções docentes." (HAYEK, F. A. **Hayek on Hayek**: An Autobiographical Dialogue. KRESGE, Stephen & WENAR, Leif (Eds.). Chicago: University of Chicago Press, 1994. p. 126).
Ao longo de sua carreira na London School of Economics, de 1932 a 1949, a principal obrigação docente de Hayek tinha sido o curso de pós-graduação obrigatório em teoria econômica. Naturalmente, ele produziu seu primeiro trabalho importante em economia política liberal clássica, *The Road to Serfdom*, em 1944. HAYEK, F. A. **The Road to Serfdom**. Chicago: University of Chicago Press, 1944.

Em contraste, a obra *Economics of Time and Ignorance*, de O'Driscoll e Rizzo[36], contém somente umas poucas referências a Menger e nenhuma a Böhm-Bawerk (salvo o capítulo de Roger Garrison sobre o capital). Após uma introdução, contém capítulos sobre "Subjetivismo Estático *versus* Dinâmico", "Conhecimento e Decisões", "A Concepção Dinâmica de Tempo" e "Incerteza em Equilíbrio". Continua com uma seção de aplicações, trazendo capítulos sobre "Competição e Descoberta", "A Economia Política da Competição e do Monopólio", e capítulos sobre capital e dinheiro. Pelo menos a metade do livro, portanto, lida com questões ontológicas ou meta-teóricas, enquanto os princípios nucleares da valoração, formação de preços e teoria da produção ocupam relativamente pouco espaço. Ou então considere o volume editado *The Market Process: Essays in Contemporary Austrian Economics*[37]. Das cinco partes principais do livro, somente uma, "Dinheiro e Sistema Bancário", lida primariamente com um assunto econômico convencional; uma seção sobre "Custo e Escolha" inclui um capítulo sobre teoria da utilidade, mas mesmo esse capítulo é principalmente ontológico, enquanto as demais seções concentram-se em questões meta-teóricas (com uma seção aplicada sobre economia política).

Pode-se inferir que esses trabalhos consideram como dado o corpo básico da teoria de preços causal-realista, estabelecida tão solidamente que elaborações adicionais são desnecessárias, preferindo, portanto, concentrar-se em aplicações avançadas, fundamentos metodológicos, críticas, etc. Contudo, tal como atestado pelas afirmações de Vaughn[38] citadas acima, os austríacos após 1974 não aceitaram de forma alguma os princípios nucleares da teoria austríaca dos preços como correta, ou mesmo como uma abordagem absolutamente distinta, em oposição a uma versão verbal da economia walrasiana e marshalliana. Em vez disso, os austríacos após 1974 tenderam a considerar temas tais como conhecimento, incerteza e processo como sendo as contribuições distintivas da Escola Austríaca.

Conforme observado, para Vaughn[39] o mais "austríaco" dos textos austríacos clássicos é a coleção de ensaios metodológicos de Menger, de 1883. Esses ensaios foram uma tentativa de defender a abordagem

---

[36] O'DRISCOLL, Gerald P. & RIZZO, Mario J. **The Economics of Time and Ignorance.** Op. cit.
[37] BOETTKE, Peter J. & PRYCHITKO, David L. (Eds.). **The Market Process**: Essays in Contemporary Austrian Economics. Aldershot: Edward Elgar, 1994.
[38] VAUGHN, Karen I. **Austrian Economics in America.** Op. cit.
[39] VAUGHN, Karen I. **Austrian Economics in America.** Op. cit.

teórica de Menger contra os métodos da "Nova" Escola Historicista Alemã, provocando a reação feroz de Gustav Schmoller e de seus seguidores, resultando em um *Methodenstreit* pleno. Aqui, Menger apresenta a sua teoria das instituições "orgânicas", o que Hayek[40] chamou de "ordem espontânea"[41]. Como é possível, pergunta Menger[42], *"que as instituições que servem ao bem-estar comum e que são extremamente significativas para o seu desenvolvimento venham a ser sem uma vontade comum orientada na direção de estabelecê-las?"*. O ensaio de Menger[43] sobre a moeda proporciona um exemplo detalhado deste processo, no qual um meio de troca geralmente aceito emerge como um produto derivado das decisões dos negociantes individuais para adotarem mercadorias específicas como dinheiro. Um padrão monetário, neste sentido, é *o "resultado da ação humana, mas não da intenção humana deliberada"*[44]. Essas ideias relacionam-se com a teoria de preços delineada no *Principles*, de Menger, onde estão praticamente ausentes?

Primeiramente, note-se que a passagem que trata da ordem espontânea ocupa somente dois capítulos curtos (trinta páginas na edição inglesa de 1981) em um livro de 16 capítulos (237 páginas). Esses capítulos são inegavelmente profundos e têm exercido uma importante influência no entendimento austríaco dos fenômenos sociais[45]. Entretanto, o principal do texto lida com a defesa de Menger da economia como uma "ciência teórica", com "leis exatas", ao invés de uma ciência histórica estudando "economias nacionais" historicamente contingentes. Em segundo lugar, os

---

[40] HAYEK, F. A. **Law, Legislation, and Liberty**. Três volumes. Chicago: University of Chicago Press, 1973-79. p. 43.
[41] Ver Klein, e Klein e Orsborn a respeito das diferenças entre o tratamento de Menger das instituições e o entendimento de Hayek da ordem espontânea. Klein argumenta que a noção de coordenação de Menger é mais próxima da de Schelling que da de Hayek. KLEIN, Daniel B. Convention, Social order, and the Two Coordinations. **Constitutional Political Economy**, v. 8 (1997): p. 319-335; KLEIN, Daniel B. & ORSBORN, Aaron. Concatenate Coordination and Mutual Coordination. **Journal of Economic Behavior and Organization**, v. 72 (2009): p. 176-87; SCHELLING, Thomas C. **Micromotives and Macrobehavior**. New York: Norton, 1978.
[42] MENGER, Carl. **Investigations into the Method of the Social Sciences with Special Reference to Economics**. Op. cit. p. 146.
[43] MENGER, Carl. On the origin of money. **Economic Journal**, v. 2 (1892): p. 239-55.
[44] HAYEK, F. A. **Individualism and Economic Orde**r. Op. cit. p. 7. Ver também KLEIN, Peter G. & SELGIN, George A. Menger's Theory of Money: Some Experimental Evidence. In: SMITHIN, John (Ed.). **What Is Money?** London: Routledge, 2000.
[45] WHITE, Lawrence H. Introduction. In: MENGER, Carl. **Investigations into the Method of the Social Sciences with Special Reference to Economics**. New York: New York University Press, 1981.

exemplos de Menger de fenômenos orgânicos não se limitam à linguagem, religião, direito, competição e moeda. De fato, Menger introduz o conceito de processos sociais emergentes com um exemplo mais mundano: preços.

> [Nós] poderíamos indicar uma longa série de fenômenos deste tipo. Nossa pretensão, no entanto, foi demonstrar a ideia acima através de um exemplo tão impressionante que elimine qualquer dúvida a respeito do significado do que planejamos apresentar aqui. Ou seja, o exemplo dos preços sociais [isto é, preços de mercado] dos bens. Como é bem conhecido, há em casos individuais completamente, ou ao menos em parte, o resultado de fatores sociais positivos, p. ex., preços sob a influência das normas fiscais e salariais, etc. Mas, como regra, esses são formados e se modificam livres de qualquer influência do Estado na direção de regulá-los, livres de qualquer arranjo social, como resultados não pretendidos do movimento social. A mesma coisa é verdadeira a respeito dos juros sobre o capital, das rendas fundiárias, dos lucros especulativos, etc.[46]

O conceito mengeriano de ordem espontânea é simplesmente o processo por meio do qual as interações voluntárias estabelecem regularidades sociais tais como preços, salários, taxas de juros e rendas. Não somente o próprio mercado é um produto da ordem espontânea, neste sentido, mas também o são os preços de mercado individuais.

A apresentação de Menger desafia a distinção usual[47] entre o ambiente institucional (ou as "regras do jogo") e os arranjos institucionais (o "jogar o jogo") que emergem nesse ambiente. A nova economia institucional[48] tipicamente trata o primeiro – o sistema legal, a linguagem, as normas e costumes – como resultados da ação humana, mas não do desígnio humano, enquanto os últimos – firmas, contratos, os termos de transações específicas – são vistos como o produto de projeto deliberado por agentes particulares. Menger trata ambos os tipos de instituições como "espontâneas", significando (em geral) que não são dirigidas por planejadores estatais. Em outras palavras, para Menger, a teoria dos preços não é uma disciplina técnica independente da pesquisa sobre

---

[46] MENGER, Carl. **Investigations into the Method of the Social Sciences with Special Reference to Economics**. Op. cit. p. 146.
[47] DAVIS, Lance E. & NORTH, Douglass C. **Institutional Change and American Economic Growth**. Cambridge: Cambridge University Press, 1971.
[48] KLEIN, Peter G. New Institutional Economics. Op. cit.; WILLIAMSON, Oliver E. The New Institutional Economics. Op. cit.

ordens espontâneas: a teoria dos preços é uma pesquisa de ordem espontânea. Novamente, nas palavras de Menger[49]:

> Preços de mercado, salários, taxas de juros, etc., vieram a existir exatamente da mesma maneira que aquelas instituições sociais que mencionamos na seção anterior. Pois eles, também, como regra não são o resultado de causas socialmente teleológicas, mas sim o resultado não pretendido de inumeráveis esforços dos sujeitos econômicos em busca de interesses individuais. Os métodos para o entendimento exato da origem das estruturas sociais "organicamente" criadas e aqueles para a solução dos principais problemas da economia exata são, por natureza, idênticos.

II - Equilíbrio na Teoria Austríaca de Preços

A economia de Menger, tal como tem sido documentada em outros lugares[50], é causal-realista, marginalista e subjetivista. Apesar das frequentes asserções de que a Economia Austríaca é definida como "economia dos processos de mercado" ou "economia do desequilíbrio", o conceito de equilíbrio aparece de forma proeminente na economia causal-realista[51]. Ao menos quatro construções de equilíbrio distintas aparecem nas análises austríacas. Seguindo a terminologia de Mises, conforme alterada por Salerno[52], podemos chamá-las de estado de repouso natural (PSR = *plain state of rest*), estado de repouso totalmente arbitrado, ou wicksteediano (WSR = *Wicksteedian state of rest*), estado de repouso final (FRS = *final state of rest*) e a economia uniformemente circular (ERE =

---

[49] MENGER, Carl. **Investigations into the Method of the Social Sciences with Special Reference to Economics**. Op. cit. p. 158-59.
[50] CALDWELL, Bruce (Ed.). **Carl Menger and His Legacy in Economics**: Annual Supplement to Volume 22: History of Political Economy. Durham, NC: Duke University Press, 1990; SALERNO, Joseph T. Carl Menger: The Founder of the Austrian School. In: HOLCOMBE, Randall G. (Ed.). **Fifteen Great Austrian Economists**. Auburn, Ala.: Ludwig von Mises Institute, 1999a; KLEIN, Peter G. Foreword. In: MENGER, Carl. **Principles of Economics**. Auburn, Ala.: Ludwig von Mises Institute, 2006.
[51] HÜLSMANN, Jörg Guido. A Realist Approach to Equilibrium Analysis. **Quarterly Journal of Austrian Economics**, v. 3 (2000): p. 3-51; MACKENZIE, Douglas W. The Equilibrium Analysis of Mises, Hayek, and Lachmann. **Working Paper**, Department of Economics, SUNY-Plattsburgh, 2008.
[52] SALERNO, Joseph T. Reply to Leland B. Yaeger. **Review of Austrian Economics**, v. 7 (1994a): p. 111-25.

evenly rotating economy). Dois destes, o PSR e o WSR, descrevem resultados do mundo real, enquanto FSR e o ERE são o que Mises chamou de "construções imaginárias", cenários hipotéticos que não se obtêm na realidade, mas que são úteis no raciocínio econômico, permitindo aos teóricos isolar os efeitos de ações ou circunstâncias específicas, mantendo todo o resto constante.

O PSR é obtido todos os dias no mundo real, sempre que um comprador e um vendedor concordam com um preço e realizam uma troca, esgotando momentaneamente os ganhos comerciais (o que Menger chamou de "pontos de repouso", e Böhm-Bawerk de "equilíbrios momentâneos"). Um conjunto de compradores e vendedores potenciais, interagindo em um espaço de mercado definido, também pode ser descrito como estando em um PSR uma vez que o período de negociação é completado. *"Quando a Bolsa de Valores fecha, os corretores efetuaram todas as transações que podiam ser feitas ao preço de mercado. Somente os potenciais vendedores e compradores que consideram o preço de mercado muito baixo ou muito alto deixaram, respectivamente, de vender ou comprar"*[53]. Neste ponto, *"surge um estado de repouso"*. O PSR persiste enquanto as valorizações relativas dos bens e serviços que estão sendo negociados (inclusive as demandas especulativas) pelos participantes do mercado permanecem constantes.

Os preços PSR não são necessariamente aqueles que emergiriam no estado de repouso final (FRS), uma situação hipotética, nunca atingida na realidade, seguindo uma sequência de eventos na qual os dados básicos do mercado estão congelados, mas os participantes do mercado continuam a transacionar, revisando suas crenças a respeito dos preços de reserva dos outros participantes e obtendo melhores informações sobre as possibilidades tecnológicas e as demandas dos consumidores, até que todos os ganhos factíveis das negociações são exauridos. Após analisar o PSR, *"vamos um pouco mais adiante. Passemos a nos interessar pelos fatores capazes de provocar uma tendência à variação de preços. Tentemos descobrir até onde nos levará esta tendência antes que sua força motriz se esgote, fazendo emergir novo estado de repouso"*[54]. Na economia real, obviamente, esses fatores subjacentes estão em constante mudança, então o FSR nunca é atingido[55].

---

[53] MISES, Ludwig von. **Ação Humana**. Op. cit. p. 301.
[54] MISES, Ludwig von. **Ação Humana**. Op. cit. p. 302.
[55] Machlup parece ter o FSR em mente quando escreve:
  Caracterizar uma situação concreta "observada" na realidade como uma

O FSR é utilizado para rastrear os efeitos de mudanças nos gostos, tecnologia, expectativas, disponibilidade de recursos e outras variáveis exógenas sobre padrões de alocação de recursos, focando em uma sequência de equilíbrios PSR nos quais os participantes do mercado ajustam seus comportamentos, até que todos os ganhos das trocas tenham sido exauridos. Conforme explicado por Salerno[56],

> A análise FSR também parte de uma economia totalmente ajustada na qual os lucros são, atualmente, zero. Entretanto, nesta construção, o passado e o futuro são relevantes para o planejamento econômico. Alterações nos dados econômicos podem ocorrer, mas somente um de cada vez e com um lapso de tempo entre as mudanças suficientemente grande para permitir um ajuste completo dos preços e da produção na economia para cada mudança, resultando assim na emergência de um novo FSR de lucro zero antes que uma nova mudança nos dados econômicos possa acontecer. Durante a transição para o novo FSR, lucros e perdas aparecem na economia, estimulando os empreendedores a embaralharem e rearranjarem os recursos e as combinações de capital para aproveitar as oportunidades de lucro e evitar perdas.

Salerno[57] nota que Mises modelou sua construção de acordo com a noção de Clark de equilíbrio "dinâmico", similar àquilo que é chamado, na economia neoclássica contemporânea, de "estática comparativa". Mises *"usou a construção de Clark na formulação de uma análise 'passo a passo' ou de 'processo', demonstrando logicamente a sequência de mudanças que ocorrem através de todo o sistema interdependente de mercados na transição para o novo FSR"* – por exemplo, rastreando os efeitos de um aumento da oferta de

---

situação de "equilíbrio" corresponde a cometer a falácia da concretude descabida. No máximo, o observador pode querer afirmar que, em sua opinião, a situação observada e devidamente identificada corresponde a um modelo em sua mente no qual um conjunto de variáveis selecionadas determinam um certo resultado, e que não encontra uma causa inerente de mudança – ou seja, que acredita que somente uma perturbação externa, não evidente no momento, poderia produzir uma mudança nessas variáveis. Isto, claramente, é um julgamento pessoal, significativo somente se as variáveis forem completamente enumeradas e os pressupostos sobre suas interrelações forem claramente declarados. MACHLUP, Fritz. Equilibrium and Disequilibrium: Misplaced Concreteness and Disguised Politics. In: MACHLUP, Fritz. **Essays in Economic Semantics**. 2 ed. Brunswick, N.J.: Transaction, 1991 [1958]. p. 57.

[56] SALERNO, Joseph T. Mises's Favorite Anglo-American Economists. Op. cit.
[57] Idem.

moeda sobre os preços e a alocação de recursos (a estática comparativa moderna, entretanto, como formalizada por Hicks[58] e Samuelson[59], abstrai o elemento do tempo).

É importante enfatizar que o movimento do PSR ao FSR ocorre no tempo analítico, e não no tempo do calendário; a análise FSR é um exercício lógico, que não pretende explicar a sequência de eventos que ocorrem nos mercados verdadeiros, pois os "dados" subjacentes estão em fluxo constante. Este ponto não é bem entendido, nem mesmo entre os austríacos. Por exemplo, Boettke e Prychitko[60] alertam sobre a confiança excessiva na teorização de equilíbrio da Escola Austríaca, chegando a caracterizar algumas das contribuições clássicas à Economia Austríaca como "austrianismo neoclássico"[61]. *"Quando os austríacos referem-se à proximidade de um estado final em seu tratamento do empreendedorismo, podem estar confiando demais na construção de equilíbrio"*[62]. Entretanto, a teoria dos preços causal-realista de Menger e seus seguidores não faz nenhum pressuposto sobre a "proximidade" dos preços PSR ou WSR com respeito aos seus valores FSR no tempo do calendário. Em vez disso, os teóricos usam a construção imaginária do FSR para explicar quais padrões de atividades e de propriedade seriam alcançados após uma mudança exógena nas preferências, disponibilidade de recursos ou conhecimento tecnológico – tudo o mais constante. O teórico causal-realista não assume que tais ajustes ocorrem no tempo do calendário; de fato, este processo imaginário seria impossível em um mundo no qual as preferências, os estoques, a tecnologia e similares estão mudando constantemente.

Localizado entre o PSR e o FSR temos o WSR, um conceito realista no qual as trocas ocorrem enquanto as preferências permanecem constantes, com os participantes do mercado revisando suas crenças sobre os preços de reserva dos outros participantes, até que todos os ganhos factíveis são exauridos. O mercado de frutas de Wicksteed[63] fornece

---

[58] HICKS, John R. **Value and Capital**. Op. cit.
[59] SAMUELSON, Paul A. **Foundations of Economic Analysis**. Cambridge, Mass.: Harvard University Press, 1947.
[60] Boettke e Prychitko, 1994
[61] Apesar de obras austríacas específicas não serem identificadas, uma nota de rodapé refere-se a "seções relevantes" em Mises (1949), Rothbard (1962), Kirzner (1973, 1979, 1985b) e High (1980, 1982, 1986) como "austrianismo neoclássico".
[62] BOETTKE, Peter J. & PRYCHITKO, David L. (Eds.). **The Market Process**. Op. cit. p. 65.
[63] WICKSTEED, Philip H. **The Common Sense of Political Economy**. London: George Routledge & Sons, 1933 [1910]. p. 219-28

o exemplo canônico[64]. Ao final de cada dia de mercado, um período específico no qual as preferências, os estoques de bens e o conjunto de participantes permanece fixo, atinge-se o que Wicksteed chama de "preço equilibrante". Nesta situação, *"a posição marginal da mercadoria em questão é idêntica sobre as escalas relativas de todos aqueles que asseguram um fornecimento, e maior sobre tudo o que está nas escalas de qualquer um daqueles que não asseguram um fornecimento"*[65]. O dia de mercado é uma construção hipotética, dado que funciona somente enquanto as preferências, o conhecimento técnico, os estoques de bens disponíveis para trocas e assim por diante são mantidos constantes. Mesmo assim, o WSR não é uma construção puramente imaginária, pois este processo equilibrante ocorre nos mercados reais, pelo menos em períodos curtos do tempo de calendário.

> Assumindo que os dados subjacentes não se modificam, [esta] abordagem proporciona uma explicação coerente de como, enquanto a informação torna-se mais completa e a especulação mais precisa, os PSRs sucedem-se um ao outro, até que a situação intermediária de equilíbrio, representada por um estado de repouso totalmente arbitrado (ou WSR), é trazida à existência.[66]

O ERE, utilizado por Mises[67] e Rothbard[68], serve a uma função mais limitada. O ERE é uma construção imaginária na qual as preferências, a tecnologia e a disponibilidade de recursos são mantidas constantes e assume-se que os agentes repetem os mesmos conjuntos de ações a cada dia de mercado. A atividade econômica ocorre – existe uma produção, consumo, poupança e investimento –, mas os empreendedores podem prever o futuro com precisão. A principal função do ERE é mostrar que, na ausência da incerteza, os preços dos fatores serão aumentados até o desconto total dos produtos da receita marginal, eliminando o lucro e a perda empreendedores. Os proprietários de empresas ainda obterão rendimentos de juros caso adiantem os salários aos trabalhadores e a

---

[64] Ver também KIRZNER, Israel M. **Market Theory and the Price System**. Princeton, N.J.: D. Van Nostrand, 1963. p. 105-35; e SALERNO, Joseph T. Reply to Leland B. Yaeger. p. 97-106.
[65] WICKSTEED, Philip H. **The Common Sense of Political Economy**. Op. cit. p. 216.
[66] SALERNO, Joseph T. Reply to Leland B. Yaeger. Op. cit. p. 102.
[67] MISES, Ludwig von. **Ação Humana**. Op. cit. p. 247-51.
[68] ROTHBARD, Murray N. **Man, Economy, and State**. Op. cit. p. 320-28.

outros proprietários dos fatores antes que a produção esteja completa e que as receitas das vendas se realizem, e podem obter pagamentos implícitos pelo trabalho que proporcionam à firma, mas não pode haver lucros e perdas. Somente utilizando uma tal construção, argumenta Mises, o teórico pode decompor a renda da empresa no mundo real em juros, o pagamento implícito do proprietário e o lucro empreendedor[69].

Conforme observado acima, o PSR e o WRS são considerados como fenômenos realistas, e não construções hipotéticas (como o FSR e o ERE). O "equilíbrio de dia de mercado" de Marshall também serve para explicar os preços do mundo real nos mercados, algo como o WSR de Wicksteed, mas inclui pressupostos arbitrários sobre a utilidade marginal do dinheiro[70]. Da mesma maneira, o "equilíbrio temporário" de Hicks – uma forma de equilíbrio geral walrasiano que incorpora as expectativas dos agentes sobre os preços que obterão nos períodos de negociação futuros – compartilha elementos com o WSR austríaco. Entretanto, ele é, tal como o equilíbrio walrasiano, uma construção deliberadamente artificial, que não se destina a explicar os preços reais de mercado, mas sim serve como um passo de modelagem para explicar um conceito de equilíbrio intertemporal[71].

Antes de 1974, portanto, os economistas austríacos utilizavam as construções realistas de equilíbrio do PSR e WSR, e as construções imaginárias do FSR e ERE, para explicar os fenômenos básicos do valor, produção, troca e preços. Seus trabalhos baseavam-se na teoria do valor de Menger e em seus conceitos subjacentes de propósito, subjetivismo e incerteza, e nas extensões da abordagem mengeriana para lidar com a formação de preços sob trocas diretas (o mercado de cavalos de Böhm-Bawerk, o mercado de frutas de Wicksteed), cálculo monetário e trocas indiretas, teoria do capital (a estrutura temporal da produção e a

---

[69] Para discussões adicionais, ver COWEN, Tyler & FINK, Richard. Inconsistent Equilibrium Constructs: The Evenly Rotating Economy of Mises and Rothbard. **American Economic Review**, v. 75 (1985): p. 866-69; GUNNING, J. Patrick. Mises on the Evenly Rotating Economy. **Review of Austrian Economics**, v. 3 (1989): p. 123-35; e MACKENZIE, Douglas W. The Equilibrium Analysis of Mises, Hayek, and Lachmann. Op. cit.
[70] WALKER, D. A. Marshall's Theory of Competitive Exchange. **Canadian Journal of Economics**, v. 2 (1969): p. 590-98. Assim como o FSR (hipotético) de Mises resulta de uma sequência de PSRs, o "equilíbrio normal" de Marshall é trazido à existência por meio de uma série de equilíbrios de dia de mercado (DE VROEY, Michel. Equilibrium and Disequilibrium in Walrasian and Neo-Walrasian Economics. **Journal of the History of Economic Thought**, v. 24 (2002): p. 405-22).
[71] DE VROEY, Michel. Equilibrium and Disequilibrium in Walrasian and Neo-Walrasian Economics. Op. cit.

heterogeneidade dos bens de capital), análise FSR, os efeitos da intervenção governamental (teoria do ciclo de negócios, regulação) e outros aspectos mundanos da vida comercial.

III - Conhecimento, Expectativas e a Convergência para o Equilíbrio

Desde o "renascimento austríaco" dos anos 1970, os temas econômicos mundanos descritos acima têm atraído relativamente pouca atenção. As questões e tópicos mais populares entre os austríacos modernos incluem o "sistema bancário livre" de reservas fracionárias, a economia política e os fundamentos metodológicos da Escola Austríaca. Durante os anos 1980, ocorreu um prolongado debate a respeito da existência das "tendências equilibrantes" na economia de mercado, com Kirzner e Lachmann representando posições opostas[72]. Kirzner argumentou que a existência de oportunidades de lucro sob desequilíbrio, e que a tendência de empreendedores alertas para descobrir e explorar essas oportunidades, era suficiente para estabelecer uma tendência geral e sistemática na direção do equilíbrio. Lachmann, em contraste, sustentava que, diante da incerteza "radical", incluindo as expectativas subjetivas, as tendências equilibrantes não poderiam ser assumidas, na ausência de alguma explicação para a aprendizagem. O conhecimento, as expectativas e a convergência para o equilíbrio vieram a ocupar o lugar central do programa de pesquisa austríaco.

Meu propósito nesta seção não é analisar este debate, mas sim perguntar por que o problema da convergência para o equilíbrio recebeu atenção tão escassa nos primeiros trabalhos austríacos. Nem Menger, nem Böhm-Bawerk, nem Wieser – os austríacos anglo-americanos – nem Mises dedicaram muitos esforços a esta questão. Se a presença ou ausência de tendências equilibrantes no processo de mercado empreendedor é o problema central da teoria de preços, por que os primeiros austríacos fracassaram em reconhecer isso?

Primeiramente, a literatura austríaca moderna utiliza o termo *equilíbrio* de maneira bastante ampla e muitas vezes inconsistente. O'Driscoll

---

[72] SELGIN, George A. Praxeology and Understanding: An Analysis of the Controversy in Austrian Economics. **Review of Austrian Economics**, v. 2 (1988): p. 19-58.

e Rizzo[73], por exemplo, referem-se aos preços "corretos" e "incorretos", identificando estes últimos com os preços de "não-equilíbrio", embora a construção do equilíbrio não seja definida ou tratada em detalhes até muito mais tarde na discussão. Vaughn[74] refere-se a "modelos de equilíbrio"[75], "estados de equilíbrio"[76], "teorização de equilíbrio"[77], "construções de equilíbrio"[78] e mais – tudo isso nas primeiras doze páginas! –, mas não fornece uma definição formal de qualquer conceito de equilíbrio até a discussão de Mises em seu quarto capítulo[79]. É só então que caracteriza a distinção de Mises entre três construções de equilíbrio (PSR, FSR e ERE) como *"surpreendentemente insatisfatórias"*[80], aparentemente tratando o PSR e o FSR como equivalentes, respectivamente, ao equilíbrio parcial marshaliano de curto prazo e de longo prazo, e o ERE como uma construção idiossincrática e inútil do próprio Mises[81].

De maneira mais geral, a moderna literatura austríaca sobre "desequilíbrio" não é sempre cuidadosa para definir o conceito de equilíbrio, e praticamente nunca discute as distinções entre o PSR, WSR, FSR ou ERE. O'Driscoll e Rizzo[82] argumentam que os austríacos modernos tipicamente têm em mente alguma noção de "coordenação de planos". De fato, todas as quatro construções de equilíbrio descritas acima envolvem uma forma de coordenação de planos, no sentido de que os indivíduos engajados nas trocas têm crenças compartilhadas sobre o que está sendo trocado, que preço será pago e assim por diante. Entretanto, conforme observam O'Driscoll e Rizzo[83], a coordenação de planos – que eles chamam de "equilíbrio hayekiano" – é um conceito

---

[73] O'DRISCOLL, Gerald P. & RIZZO, Mario J. **The Economics of Time and Ignorance**. Op. cit. p. 39.
[74] VAUGHN, Karen I. **Austrian Economics in America**. Op. cit.
[75] Idem, p. 2.
[76] Idem, p. 3.
[77] Idem, p. 8.
[78] Idem, p. 11.
[79] Idem, p. 81-82.
[80] Idem, p. 81.
[81] Inexplicavelmente, ela acusa Rothbard de confundir entre o FSR e o ERE, embora sem proporcionar nenhuma referência a alguma página específica (VAUGHN, Karen I. **Austrian Economics in America**. Op. cit. p. 82, n. 35). Ela também diz que Mises *"pareceu confundir suas duas [sic] noções distintas de equilíbrio"*.
[82] O'DRISCOLL, Gerald P. & RIZZO, Mario J. **The Economics of Time and Ignorance**. Op. cit. p. 80-85.
[83] O'DRISCOLL, Gerald P. & RIZZO, Mario J. **The Economics of Time and Ignorance**. Op. cit. p. 80.

muito geral; *"pode ser parcial ou geral, e pode prevalecer sobre as diversas 'execuções' do tempo marshaliano"*[84]. Pode-se dizer que os planos são "coordenados" no PSR, no sentido limitado de coordenação recém mencionado, sem que sejam "coordenados" em qualquer sentido amplo, como em um período de tempo mais longo, um conjunto maior de negociadores potenciais ou feixes de bens. Conforme colocado por O'Driscoll e Rizzo[85]: *"O equilíbrio hayekiano deve, portanto, implicar em expectativas homogêneas com respeito ao período de tempo no qual o equilíbrio prevalece. Fora desse período, entretanto, as expectativas podem, e às vezes precisam, ser divergentes"*. Os autores continuam com a conclusão de que o equilíbrio hayekiano, em qualquer forma que seja, não pode ser obtido nas trocas reais. *"Hayek e os demais austríacos não perceberam que o equilíbrio não é uma construção diretamente operacional e que o mundo real nunca esteve em equilíbrio"*[86]. Isto é claramente falso, entretanto, com respeito ao PSR (e, em um grau mais fraco, ao WSR), quando expresso em temos de "coordenação de planos".

Rothbard[87] é de certo modo impreciso ao distinguir entre construções de equilíbrio. Sua discussão sobre determinação de preços[88] concentra-se principalmente nos preços PSR, embora ocasionalmente faça referência aos preços que "tendem para" seus valores de equilíbrio (WSR). Como descrito acima, todo preço pago em uma transação real é um preço PSR, então o conceito de um preço de mercado tendendo ao seu valor PSR faz pouco sentido. Os preços PSR podem, é claro, ser o que a literatura walrasiana chama de "preços falsos", significando que diferem dos seus valores WSR ou FSR.

---

[84] Kirzner argumenta a favor de uma apreciação com mais nuances do comprometimento de Hayek com a "coordenação de planos", argumentando (contrariamente a O'Driscoll) que Hayek era ambivalente sobre a própria noção de coordenação na economia (KIRZNER, Israel M. Hedgehog or Fox? Hayek and the Idea of Plan-coordination. In: KIRZNER, Israel M. **The Driving Force of the Market Economy**: Essays in Austrian Economics. London: Routledge, 2000; O'DRISCOLL, Gerald P. **Economics as a Coordination Problem**: The Contributions of Friedrich A. Hayek. Kansas City: Sheed Andrews and McMeel, 1977). Para ver mais sobre os conceitos de coordenação, ver KLEIN, Daniel B. Convention, Social Order, and the Two Coordinations. Op. cit.; e KLEIN, Daniel B. & ORSBORN, Aaron. Concatenate Coordination and Mutual Coordination. Op. cit.
[85] O'DRISCOLL, Gerald P. & RIZZO, Mario J. **The Economics of Time and Ignorance**. Op. cit. p. 80-81.
[86] Idem, p. 81.
[87] ROTHBARD, Murray N. **Man, Economy, and State**. Op. cit.
[88] Idem, p. 79-186 e *passim*.

Em seu tratamento das expectativas, Rothbard[89] observa que a formação dos preços PSR não assume conhecimento perfeito. De fato, as curvas de oferta e demanda subjacentes à análise PSR incorporam as expectativas dos participantes do mercado sobre mudanças futuras nos preços, expectativas que podem ou não ser consistentes com as de outros participantes do mercado. Se as expectativas são incorretas, então faltas e excedentes emergem à medida que os participantes do mercado transacionam aos preços PSR – Rothbard[90] os chama de *"pontos de repouso provisórios"* – que diferem de seus valores uma vez que essas diferenças de preços tenham sido arbitrados (um estado de coisas presumivelmente semelhante ao WSR, embora Rothbard não seja explícito neste ponto). Na medida em que essas faltas e excedentes são revelados, os participantes do mercado ajustarão suas expectativas até a emergência do preço totalmente arbitrado, o que Rothbard chama de *"preço de equilíbrio genuíno"*. Rothbard, portanto, assume um processo simples de aprendizagem, embora não enuncie os detalhes deste processo. Entretanto, seus pressupostos sobre conhecimento e a habilidade dos participantes do mercado para aprenderem com seus erros ("erros especulativos") são mínimos. Assume-se que os participantes do mercado ajustam suas expectativas sobre os preços PSR que emergem momento a momento, nos mercados nos quais esses negociantes estão ativos. Em outras palavras, essas são as próprias expectativas de curto prazo, e não expectativas de longo prazo (no sentido marshaliano de longo prazo).

Da mesma forma, a teoria austríaca dos preços de Böhm-Bawerk, Wicksteed, Fetter, Mises e Rothbard trata o movimento dos preços dos valores PSR aos WSR como um processo direto. Ela não requer "conhecimento perfeito"; requer somente que os agentes estejam conscientes das faltas e excedentes (das negociações aos preços falsos) e que ajustem suas ofertas de acordo. As expectativas dos agentes a respeito das preferências dos outros agentes já estão incorporadas nas ofertas de compra e venda de reserva. Embora esses autores não fossem tão explícitos sobre seus pressupostos a respeito do conhecimento e das expectativas quanto Mayer[91], Hayek[92] e os austríacos posteriores, dificilmente não estavam

---

[89] Idem, p. 130-37.
[90] Idem, p. 134.
[91] MAYER, Hans. The Cognitive Value of Functional Theories of Price. In: KIRZNER, Israel M. (Ed.). **Classics in Austrian Economics**: A Sampling in the History of a Tradition. London: William Pickering, 1994 [1932].
[92] HAYEK, F. A. Economics and Knowledge. Op. cit.; Idem. The Use of Knowledge in Society. Op. cit.

cientes dos processos subjacentes ao equilíbrio de mercado. Wicksteed, por exemplo, é explícito em que erros de previsão explicam o desvio dos preços PSR (o "preço real") dos seus equivalentes WSR (o "preço ideal"):

> Um mercado é a maquinaria por meio da qual aqueles em cujas escalas de preferências alguma mercadoria ocupa um lugar relativamente alto são postos em comunicação com aqueles em cujas escalas ela ocupa um lugar relativamente baixo, de modo que as trocas podem ocorrer para a satisfação mútua, até que o equilíbrio seja estabelecido. Mas este processo sempre e necessariamente tomará tempo. As pessoas que potencialmente constituem o mercado não estarão todas presentes ao mesmo tempo, e portanto a composição da escala coletiva (sobre a qual o ponto de equilíbrio ideal depende, juntamente com a quantidade total de mercadoria existente) precisa ser uma questão de estimativa e conjectura. As transações que realmente ocorrem a qualquer momento serão determinadas com relação às possibilidades de transações antecipadas em outros momentos. Especulações quanto a estas possibilidades de fixação serão mais ou menos elaboradas e conscientes, de acordo com a natureza do mercado e a duração do tempo no qual o ajuste irá provavelmente se estender. Mas a especulação sempre está presente quando qualquer detentor da mercadoria recusa-se a vender, no presente momento, ao preço no qual sabe que estaria preparado para aceitar em última instância (seja daqui a uma hora ou daqui a onze meses a partir deste momento), caso conformado em que não conseguirá fazer melhor; ou se qualquer comprador recusar-se, no presente momento, a pagar o preço ao qual sabe que estaria, em última análise, disposto a aumentar caso a alternativa fosse ficar sem a mercadoria; ou se qualquer um comprasse a um preço abaixo do qual, em última instância, venderia cedo, ao invés de ficar com o estoque para seu próprio uso.[93]

Esses erros de previsão são revelados, continua Wicksteed[94], conforme os negociantes realizam trocas a preços não-WSR no tempo real:

---

[93] WICKSTEED, Philip H. **The Common Sense of Political Economy**. Op. cit. p. 236.
[94] Idem, p. 236.

Se ninguém inicialmente tinha uma concepção correta dos fatos, uma série de estimativas provisórias e a observação das transações que ocorrem sob sua influência, podem gradualmente revelá-los; e se pudéssemos eliminar todos os erros das estimativas especulativas e reduzir as preferências derivadas até uma correspondência exata com as preferências primárias que representam, e nas quais se baseiam, o preço real iria sempre corresponder ao preço ideal.

Salerno[95] observa que Mises, em *The Theory of Money and Credit*, invoca a arbitragem em sua consideração da paridade do poder de compra[96]. *"O preço monetário de qualquer mercadoria em qualquer lugar, sob o pressuposto de trocas completamente irrestritas e desconsiderando as diferenças decorrentes do tempo ocupado em trânsito, deve ser o mesmo preço que em qualquer outro lugar, aumentado ou diminuído pelo custo de transporte do dinheiro"*[97]. Logo, argumenta Mises,

> o poder de compra do dinheiro mostra uma tendência a vir para o mesmo nível em todo o mundo, e as alegadas diferenças são quase totalmente explicáveis pelas diferenças na qualidade das mercadorias oferecidas e demandadas, de modo que há somente um resto pequeno e quase desprezível, que se deve às diferenças na qualidade do dinheiro ofertado e demandado.
> A existência da própria tendência é dificilmente questionada.[98]

Mises continua:

> Ninguém desejaria discutir o fato de que os custos de produção diferem enormemente um do outro em localidades diferentes. Mas deve ser negado que isso exerce uma influência sobre o preço das mercadorias e sobre o poder de compra do dinheiro. O contrário segue muito claramente dos princípios da teoria dos preços, e é demonstrado dia após dia no mercado, para precisar de alguma prova adicional em especial. O consumidor que busca a oferta mais barata e o produtor que busca a venda que paga

---

[95] SALERNO, Joseph T. Reply to Leland B. Yaeger. Op. cit. p. 105.
[96] MISES, Ludwig von. **The Theory of Money and Credit**. Op. cit. p. 195-203.
[97] Idem, p. 196-97.
[98] Idem, p. 198. Ênfase no original.

mais concordam no esforço de liberar os preços das limitações do mercado local.[99]

Note que Mises trata a "tendência" do poder de compra do dinheiro a equalizar-se entre e dentro dos mercados, subtraindo os custos de transporte, como algo *"claramente demonstrado dia após dia no mercado"*, isto é, como um fato empírico que não requer nenhuma explicação especial.

Aqui, vale a pena enfatizar um ponto metodológico. Para os economistas neoclássicos e modernos, a abordagem instrumentalista[100] torna discutíveis muitas das questões sobre os mecanismos subjacentes aos processos de equilíbrio dos mercados. O objetivo da teoria econômica, nesta abordagem, não é explicar os preços reais, mas sim explicar preços hipotéticos (por exemplo, preços de informação completa, preços de equilíbrio de Nash, preços perfeitamente competitivos etc.). É improvável que Menger e seus seguidores, imersos na tradição causal-realista, simplesmente assumissem que o "equilíbrio" é alcançado – afinal de contas, estavam buscando explicar os preços reais, e não preços hipotéticos. Eles viam os processos dos compradores e vendedores fazendo ofertas de compra e venda, ou revisando suas ofertas à luz de novas informações, como fenômenos do mundo real, e não como construções instrumentais tais como o *tâtonnement* walrasiano[101].

---

[99] Idem, p. 199-200.
[100] FRIEDMAN, Milton. The Methodology of Positive Economics. Op. cit.
[101] De Vroey argumenta que Marshall também considerava sua construção do equilíbrio de dia de mercado como sendo tanto realista quanto prática, i.e., não exigindo um processo de ajuste subjacente:

> Dois processos de ajuste estão presentes em Marshall: o ajuste na direção do equilíbrio de dia de mercado e o ajuste na direção do equilíbrio normal. Na minha visão, o primeiro deveria ser interpretado como um processo instantâneo, enquanto o segundo (a ser chamado de ajuste intertemporal) surge através de várias rodadas de negociações.
> O conceito de equilíbrio do *equilíbrio estacionário* está de acordo com o entendimento de equilíbrio do senso comum – ou seja, trata-se de um ponto de repouso. Está implícito que este ponto não precisa ser efetivamente alcançado; é suficiente que as forças de reação sejam acionadas sempre que ele não é alcançado. O equilíbrio é visto, portanto, como um atrator. Note-se também que, de acordo com esta linha de pensamento, avaliar a existência do equilíbrio ou desequilíbrio corresponde a fazer uma afirmação a respeito da realidade (DE VROEY, Michel. Equilibrium and Disequilibrium in Walrasian and Neo-Walrasian Economics. Op. cit. p. 406-07).

Lachmann[102], apesar de expressar suas reservas com respeito à consistência lógica de construções de equilíbrio no nível de mercado, tais como o WSR, reconheceu que os pontos de repouso de Menger, o equilíbrio momentâneo de Böhm-Bawerk e o estado de repouso natural de Mises representam fenômenos reais:

> Os austríacos estavam preocupados, em primeiro lugar, com o indivíduo na família e nos negócios. Não há dúvida de que, aqui, o equilíbrio tem um significado claro e uma importância real. Os homens realmente visam tornar consistentes suas várias ações. Aqui, a tendência para o equilíbrio não é somente um conceito necessário da praxeologia, mas também um fato da experiência. É parte da lógica inerente à ação humana. O equilíbrio interindividual, tal como aquele em um mercado simples, como o mercado de cavalos de Böhm-Bawerk, já levanta problemas, mas ainda faz sentido. O "equilíbrio de um setor industrial", ao modo de Marshall, já é mais precário. O "equilíbrio do sistema econômico como um todo", tal como concebido por Walras e Pareto, está certamente aberto às restrições [antiequilíbrio] de Mises.

Em outras palavras, o caráter deliberadamente não realista das construções de equilíbrio que dominam a economia neoclássica – e, por implicação, conceitos austríacos tais como o FSR e o ERE – não tornam o conceito de equilíbrio, em si, não realista.

Claramente, os teóricos mengerianos dos preços não assumiam que os preços reais fossem preços FSR ou ERE. Eles permitiam crenças subjetivas e heterogêneas a respeito de mudanças na demanda, disponibilidade de recursos e conhecimento. Mises[103] é bastante claro em que o movimento do PSR ao FSR ocorre no tempo analítico, e não no tempo do calendário. *"Entre o surgimento de um dado novo e o perfeito ajustamento do mercado ao mesmo decorre algum tempo. (E, naturalmente, enquanto decorre este período de tempo, surgem outros dados novos)."* Em outras palavras, a economia real não converge para um FSR, porque enquanto o mercado está se ajustando a uma mudança nos dados, outra mudança ocorre, e seus efeitos combinados não podem ser conhecidos *ex ante*. Assim, a precisão

---

[102] LACHMANN, Ludwig M. **Capital, Expectations, and the Market Process**. Kansas City: Sheed Andrews and McMeel, 1977. p. 189.
[103] MISES, Ludwig von. **Ação Humana**. Op. cit. p. 302-03.

das expectativas no mundo real não é central para esta abordagem. Esses teóricos não fazem pressupostos sobre a tendência dos preços PSR e WSR a convergirem para certos valores "finais".

E quanto à "incerteza radical"? Podemos talvez imaginar um mercado no qual os preços PSR não "convergem" aos preços WSR devido às expectativas endógenas e subjetivas. Entretanto, conforme discutido acima, não é claro que tal caso tenha muita importância prática, porque o movimento do PSR ao WSR requer somente pressupostos modestos sobre o conhecimento (mais especificamente, a habilidade dos participantes do mercado para aprenderem a partir de seus erros). Mesmo na economia mais simples, de pura troca, a teoria mengeriana dos preços permite aos negociantes que tenham expectativas subjetivas relevantes àquele mercado em particular (isto é, crenças a respeito das preferências de outros negociantes), expectativas essas que são incorporadas às curvas de oferta e demanda do PSR.

Vaughn[104] argumenta que pressupostos muito mais fortes sobre o conhecimento e as expectativas são necessários para a análise econômica, mesmo (presumivelmente) para a teoria mengeriana dos preços:

> Se toda ação é especulação, se as pessoas estão constantemente reavaliando suas preferências, se os empreendedores realizam tanto perdas como ganhos, podemos estar tão certos de que os mercados são fundamentalmente ordenados? Talvez nosso mundo seja um mundo no qual a racionalidade individual resulta em erro e desperdício total. Indo ainda mais ao ponto, em um mundo em constante mudança, como os planos das pessoas podem vir a se realizar? Por que os especuladores são suscetíveis de estarem mais certos a respeito das perspectivas empreendedoras do que os próprios empreendedores? E como isto é uma ação racional bem-sucedida, distinta de pura sorte? Quais são as regularidades na vida econômica, com as quais podemos contar para conferir estabilidade e previsibilidade a um mundo que seria, de outra forma, desconcertante?

O mais provável é que Menger, Böhm-Bawerk, Wieser, Mises e seus contemporâneos vienenses teriam ficado perplexos com a última afirmação na citação acima. A ciência da economia, na formulação de Menger, diz respeito à explicação de regularidades – as "leis exatas" da

---

[104] VAUGHN, Karen I. **Austrian Economics in America**. Op. cit. p. 91.

realidade, descritas em *Investigations*. Como Menger escreveu a Walras em 1884:

> É bastante necessário que voltemos aos elementos mais simples dos fenômenos, em sua maior parte muito complexos, que estão em questão aqui – que, assim, determinemos, de modo analítico, os fatores últimos que constituem os fenômenos, os preços – e que então atribuamos a esses elementos a importância que corresponde à sua natureza, e que, em consonância com esta importância, tentemos estabelecer as leis de acordo com as quais os fenômenos complexos da interação humana resultam de fenômenos simples.[105]

Como observado por Bastiat[106], Paris é alimentada. A tarefa da economia é explicar por quê.

A ênfase dos primeiros austríacos sobre a ordem nos ajuda a entender as afirmações de Mises e Hayek, citadas no início do capítulo, a respeito das estreitas relações entre a Economia Austríaca e a neoclássica. Menger, Walras e Jevons, todos eles procuraram explicar as regularidades da vida econômica. Os historicistas, em contraste, viam a economia como uma inundação caótica que desafiava a explicação racional. De fato, algumas interpretações contemporâneas da Economia Austríaca parecem colocá-la mais próxima da Escola Histórica Alemã do que da Escola Austríaca. Vaughn[107], por exemplo, escreve a respeito de Mises:

> O que dizer sobre as fontes de descoordenação e desordem nos mercados [livres e desimpedidos]? Mises realmente tinha muito pouco a dizer sobre tais problemas, e de fato concluímos que ele pensava que a desordem era um problema relativamente menor. As únicas fontes óbvias de instabilidade ou desordem em seu sistema eram as consequências das más instituições bancárias e a intervenção desestabilizante por parte do governo. Ciclos de negócios eram decorrentes de políticas de crédito equivocadas. O desemprego era uma consequência das taxas de salário mínimo. A inflação era um aumento na quantidade de moeda, provocado pela política do governo.

---

[105] Citado em HÜLSMANN, Jörg Guido. **Mises**: The Last Knight of Liberalism. Auburn, Ala.: Ludwig von Mises Institute, 2007. p. 106.
[106] BASTIAT, Frédéric. **Economic Harmonies**. Trad. W. Hayden Boyers. Irvington-on-Houdson, N.Y.: Foundation for Economic Education, 1996 [1850].
[107] VAUGHN, Karen I. **Austrian Economics in America**. Op. cit. p. 90.

Externalidades eram a consequência de direitos de propriedade especificados de forma imperfeita. Ele nunca considerou fontes possíveis de desordem internas ao mercado; a desordem era um fenômeno exógeno, provocado pela regulação do governo.
Com esta atitude, Mises não é realmente muito diferente de muitos teóricos da economia neoclássica (embora talvez seja mais consistente e mais franco do que outros que compartilhavam de sua avaliação básica do mercado).

Penso que Vaughn está correta em que Mises pensava que a "desordem", no sentido em que descreve acima, era um "problema relativamente menor". Para Mises, a teoria econômica é a análise da coordenação – e não a ideia de "coordenação de planos", geralmente associada a Hayek, ou o que O'Driscoll e Rizzo[108] chamam de "coordenação de padrões", mas o que Mises, seguindo W. H. Hunt, descreveu como "coordenação de preços"[109]. Esta coordenação, conforme observado abaixo, não requer pressuposto algum a respeito da tendência dos preços PSR ou WSR de convergirem para os valores FSR. A coordenação completa dos planos ocorre somente no ERE, um estado de coisas hipotético que não ocorre (de fato, não pode ocorrer) na economia real. Para Mises, seguindo Clark[110], o FSR é um instrumento analítico utilizado para isolar os efeitos, sobre a alocação dos recursos, de mudanças específicas nas preferências, crenças, disponibilidade de recursos, tecnologia produtiva, etc.[111].

O que Mises quer dizer por coordenação, fora de um mundo imaginário de conhecimento perfeito, expectativas consistentes, comportamento "racional" e os demais pressupostos do Primeiro e Segundo Teorema do Bem-Estar da economia neoclássica? Em outras palavras, como Mises pode justificar a eficiência da alocação de recursos sob o

---

[108] O'DRISCOLL, Gerald P. & RIZZO, Mario J. **The Economics of Time and Ignorance**. Op. cit.
[109] SALERNO, Joseph T. Commentary: The Concept of Coordination in Austrian Macroeconomics. In: EBELING, Richard (Ed.). **Austrian Economics**. Hillsdale, Mich.: Hillsdale College Press, 1991.
[110] CLARK, John Bates. **The Distribution of Wealth**: A Theory of Wages Interest and Profits. New York: Macmillan, 1899.
[111] Observe-se que Clark descreve a análise FSR simples ou a estática comparativa – p. ex., se a oferta aumenta, o preço irá cair, *ceteris paribus* – como óbvia, ou o que chama de um "fato comercial". CLARK, John Bates. **Essentials of Economic Theory**. New York: Macmillan, 1907. p. 96.

capitalismo sem fazer pressupostos fortes sobre a proximidade dos preços do mundo real de certos preços idealizados ou "corretos"?

Na noção neoclássica de eficiência, a ideia de que somente os preços FSR contam para avaliar as propriedades de bem-estar do mercado é central[112]. Um objetivo primário do tratamento de Kirzner do processo de mercado empreendedor é mostrar que o movimento dos preços PSR aos seus equivalentes FSR marshalianos/walrasianos não é automático e instantâneo, mas sim o resultado do comportamento empreendedor. No arcabouço de Kirzner, o mercado possui tendências equilibrantes, mas essas tendências não são exógenas, são o resultado das ações dos empreendedores atentos às oportunidades de lucros criadas pelas negociações temporárias a preços falsos, i.e., preços não-FSR. Para Kirzner, os próprios preços PSR não são particularmente importantes; o que importa é se tendem a convergir para seus valores FSR. O conceito de estado de alerta de Kirzner pode ser considerado, portanto, como um adendo ao entendimento neoclássico de equilíbrio de mercado. Sua abordagem, tal como descrita por Boettke e Prychitko[113], *"forneceu os fundamentos de desequilíbrio da economia do equilíbrio que eram necessários para completar o projeto neoclássico de explicar os princípios de funcionamento do sistema de preços"*. O objetivo de Kirzner, neste sentido, é justificar a utilização dos preços FSR, ou quase-FSR, na análise do bem-estar. Se o mercado possui tendências equilibrantes, então os teoremas do bem-estar da economia neoclássica são critérios razoáveis para avaliar a performance do mercado, e a principal tarefa da economia do bem-estar deveria ser a análise dessas tendências e das intervenções no mercado que inibem o processo de equilíbrio[114].

---

[112] E esses preços FSR somente são "eficientes" em mercados perfeitamente competitivos; qualquer grau de informação assimétrica torna os resultados econômicos ineficientes. GROSSMAN, Sanford J. On the Impossibility of Informational Efficient Markets. **American Economic Review**, v. 70 (1980): 393-408.

[113] BOETTKE, Peter J. & PRYCHITKO, David L. (Eds.). **The Market Process**. Op. cit. p. 3

114 KIRZNER, Israel M. Welfare Economics: A Modern Austrian Perspective. In: BLOCK, Walter & ROCKWELL, Llewellyn H., Jr. (Eds.). **Man, Economy and Liberty**: Essays in Honor of Murray N. Rothbard. Auburn, Ala.: Ludwig von Mises Institute, 1988b; Boettke acrescenta:

> Por que tudo isto é importante? Conforme Franklin Fischer apontou em seu livro, *The Disequilibrium Foundations of Equilibrium Economics* (1983), a menos que tenhamos boas razões para acreditar na tendência sistemática para o equilíbrio, não temos absolutamente nenhuma justificativa para defender as

Salerno[115] oferece uma interpretação diferente de Mises, argumentando que a teoria mengeriana dos preços é principalmente uma teoria dos preços PSR, e não dos preços FSR. Nesta perspectiva, a existência ou não de tendências equilibrantes no mercado desimpedido – o tema que dividiu "kirznerianos" e "lachmanianos", e que dominou grande parte dos debates austríacos nos anos 1980 – é relativamente sem importância. Para Mises, o "processo de mercado" crítico não é a convergência para o equilíbrio, mas o mecanismo de seleção por meio do qual empreendedores mal sucedidos – aqueles que sistematicamente apresentam propostas mais elevadas por fatores, em relação às eventuais demandas dos consumidores – são eliminados do mercado[116]. Neste contexto, o debate recente sobre "desomogeneizar" Mises e Hayek[117] não lida simplesmente com o debate do cálculo socialista ou com distinções de segunda ordem entre "cálculo" e "conhecimento", mas com uma interpretação fundamentalmente nova da teoria austríaca dos preços, uma abordagem causal-realista para o mercado que difere, de maneiras importantes, da análise

---

propriedades de bem-estar da economia do equilíbrio. Em outras palavras, sem o tipo de explicação que Kirzner proporciona, toda a empresa do equilíbrio neoclássico é pouco mais do que um salto de fé.

Se rejeitamos o conceito neoclássico de equilíbrio como um referencial de bem-estar, contudo, esta justificativa é desnecessária (BOETTKE, Peter J. **Kirzner?** The Austrian Economists, 10 set. 2005. Disponível em: http://austrianeconomists.typepad.com/weblog/2005/09/kirzner.html. Acesso em: 16 set. 2008). Ver também FISHER, Franklin M. **Disequilibrum Foundations of Equilibrium Economics**. Cambridge: Cambridge University Press, 1983.

[115] SALERNO, Joseph T. Commentary. Op. cit.; SALERNO, Joseph T. The Place of Mises's *Human Action* in the Development of Modern Economic Thought. Op. cit.

[116] MISES, Ludwig von. Profit and Loss. Op. cit.

[117] ROTHBARD, Murray N. The End of Socialism and the Calculation Debate Revisited. Op. cit.; SALERNO, Joseph T. Mises and Hayek Dehomogenized. Op. cit.; SALERNO, Joseph T. Ludwig von Mises's Monetary Theory in the Light of Modern Monetary Thought. **Review of Austrian Economics**, v. 8 (1994b): p. 71-115; SALERNO, Joseph T. A Final Word: Calculation, Knowledge, and Appraisement. **Review of Austrian Economics**, v. 9 (1996b): p. 141-42; YEAGER, Leland B. Mises and Hayek on Calculation and Knowledge. **Review of Austrian Economics**, v. 7 (1994): p. 93-109; YEAGER, Leland B. Rejoinder: Salerno on Calculation, Knowledge, and Appraisement. **Review of Austrian Economics**, v. 9 (1995): p. 137-39; YEAGER, Leland B. Calculation and Knowledge: Let's Write *finis*. **Review of Austrian Economics**, v. 10 (1997): p. 133-36; HERBENER, Jeffrey M. Ludwig von Mises and the Austrian School of Economics. **Review of Austrian Economics**, v. 5 (1991): p. 33-50; HOPPE, Hans-Hermann. Socialism: A Property or Knowledge Problem? **Review of Austrian Economics**, v. 9 (1996): p. 143-49; STALEBRINK, Odd J. The Hayek and Mises Controversy. Bridging Differences. **Quarterly Journal of Austrian Economics**, v. 7 (2004): p. 27-38.

marshaliana/walrasiana que enche os livros-texto contemporâneos. A Economia Austríaca, nesta visão, não é somente a teoria neoclássica – o que Caldwell[118] chama de "raciocínio econômico básico" – mais a teoria de Mises-Hayek do ciclo de negócios, mais o conhecimento, o processo, a coordenação de planos e a ordem espontânea, mas sim um tipo fundamentalmente diferente de microeconomia[119].

Em uma resposta recente a Salerno, Kirzner[120] adota um posicionamento caracteristicamente sutil na relação entre os preços PSR e FSR. Ele argumenta que o PSR é um "equilíbrio" somente em um sentido trivial, e que os preços PSR não são significativos para avaliar as propriedades de bem-estar dos mercados. Também reconhece que a análise PSR era importante para Mises. Para resolver esta aparente contradição, pondera que Mises usou o PSR somente para defender o conceito de soberania do consumidor, e não para analisar o processo de mercado. Entretanto, se os preços PSR são suficientes para assegurar que a produção está satisfazendo os desejos dos consumidores, então não é claro por que os preços FSR são importantes, e por que alguém iria importar-se com a alegada tendência dos preços PSR para alcançá-los.

---

[118] CALDWELL, Bruce J. (Ed.). **Hayek's Challenge**: An Intellectual Biography of F. A. Hayek. Chicago: University of Chicago Press, 2004. p. 328-88.

[119] Caldwell argumenta que os austríacos aceitam *"os modelos simples (embora não realistas) utilizados para o raciocínio econômico básico"*, tais como análise de oferta e demanda, pelo menos para previsões no nível do mercado. Mas a análise de Menger, embora "abstrata", não é "não realista" no sentido dos modelos de Walras ou de Marshall para as trocas no mercado (CALDWELL, Bruce J. (Ed.). **Hayek's Challenge**. Op. cit. p. 333). Na terminologia de Long, os austríacos rejeitam a "abstração precisa", na qual pressupostos falsos são deliberadamente incluídos para simplificar a análise, enquanto abraçam a "abstração não-precisa", segundo a qual certas características da situação simplesmente não são especificadas. Em outras palavras, o "raciocínio econômico básico" dos austríacos é diferente do raciocínio econômico básico da economia neoclássica (LONG, Roderick T. Realism and Abstraction in Economics: Aristotle and Mises versus Friedman. **Quarterly Journal of Austrian Economics**, v. 9 (2006): p. 3-23).

[120] KIRZNER, Israel M. Mises and his Understanding of the Capitalist System. **Cato Journal**, v. 19 (1999): p. 215-32.

IV - Um Novo Caminho a Seguir para a Economia Austríaca: Desenvolvendo a Teoria Austríaca dos Preços

O principal argumento deste Capítulo é que a Economia Austríaca é, sobretudo, uma economia *mundana* – a teoria e as aplicações do valor, produção, trocas, preços, capital, dinheiro, firma, regulação, instituições comparativas e outros tópicos do *mainstream*. O que torna a Economia Austríaca única é a sua abordagem causal-realista para esses assuntos, e não a sua atenção aos processos de ajuste, à formação de conhecimento e de expectativas, à ordem espontânea, à coordenação de planos ou padrões, ao subjetivismo radical e outras manifestações da economia do "desequilíbrio". Tais assuntos são interessantes e potencialmente importantes, porém estão, em última análise, subordinados à tarefa principal da análise econômica, que é o desenvolvimento, extensão, aplicação e refinamento da tradição austríaca mundana estabelecida por Menger. Naturalmente, isto significa que os estudantes da Economia Austríaca devem investir um tempo significativo para dominar a literatura existente, antes de engajar-se em suas próprias revisões e atualizações criativas.

Conforme observado nos Capítulos 4 e 5, a Economia Austríaca está atraindo atenção crescente entre os pesquisadores aplicados em gestão estratégica, economia organizacional e teoria da firma. Geralmente, a agregação de valor do pensamento austríaco nesses campos é considerada como sendo a sua ênfase no desequilíbrio, que parece encaixar-se melhor na abordagem voltada para o lucro da gestão estratégica do que os modelos neoclássicos de equilíbrio parcial e geral. Aqui, entretanto, um entendimento mais sofisticado e matizado do equilíbrio ajudaria. Estruturas organizacionais implementadas, contratos assinados e executados, e outros arranjos de negócios que ocorrem nos mercados reais são fenômenos de equilíbrio, no sentido PSR do equilíbrio. Deveriam ser explicáveis utilizando o mesmo mecanismo causal-realista utilizado pelos austríacos para explicar preços e quantidades reais. A análise FSR, como praticada por Mises, também deveria aplicar-se aqui: como, por exemplo, o mecanismo de lucro e perda proporciona incentivos aos agentes para reestruturar os arranjos PSR de tal modo que se movam na direção dos seus FSR equivalentes? Como as mudanças na regulação ou outros aspectos da política pública, ou mudanças exógenas nos ambientes competitivo ou tecnológico, substituem um PSR por outro?

Infelizmente, apesar dos pedidos dos austríacos modernos por mais análise de "processo", muito pouco progresso nesta área tem sido feito no âmbito da literatura austríaca. De fato, a maior parte do trabalho das últimas décadas em economia evolutiva, programação dinâmica e teoria evolutiva dos jogos é fundamentalmente não causal e não realista, uma extensão da economia matemática do final do século XIX e início do século XX. O'Driscoll e Rizzo[121] citam alguns exemplos dessas literaturas, implicando que são "hayekianos" em espírito; entretanto, apesar de compartilharem de certas palavras-chave com a Economia Austríaca, não é claro que esses programas de pesquisa tenham sido influenciados de algum modo pelas contribuições nucleares ou pela abordagem da austríaca.

Obviamente, o argumento aqui não é que o conhecimento, as expectativas e o processo não são importantes, ou que deveriam ser ignorados pelos austríacos (ou por quaisquer cientistas sociais), mas sim que são secundários, e valiosos somente na medida em que ajudam a construir uma teoria mais satisfatória dos mercados e dos preços. A Economia Austríaca emergiu como uma alternativa causal e realista para o historicismo de sua época, e permanece ainda hoje como uma alternativa tanto para a economia neoclássica mecanicista, quanto para a não-economia do institucionalismo à moda antiga. Sem um comprometimento para preservar e estender o núcleo duro da teoria austríaca dos preços, o lugar distinto da Escola Austríaca será perdido.

---

[121] O'DRISCOLL, Gerald P. & RIZZO, Mario J. **The Economics of Time and Ignorance**. Op. cit. p. 65-66.

Capítulo VIII

COMENTÁRIOS

A) O Governo Inventou a Internet, mas o Mercado a Tornou Gloriosa[1]

Libertários geralmente citam a Internet como um exemplo a favor do argumento de que a liberdade é a mãe da inovação. Os oponentes rapidamente respondem dizendo que a Internet foi um programa do governo, demonstrando mais uma vez que os mercados precisam ser guiados pela mão firme do Estado. Em um certo sentido, os críticos estão certos, embora não da maneira como entendem.

A Internet realmente começou como um típico programa do governo, a ARPANET, desenvolvido para compartilhar poder computacional de *mainframe* e estabelecer uma rede segura para comunicações militares. Obviamente, os projetistas não poderiam ter previsto o que a Internet (comercial) iria se tornar. Entretanto, esta realidade tem importantes implicações para como a Internet funciona – e explica por que há tantos obstáculos no desenvolvimento contínuo de tecnologias on-line. É somente graças aos participantes do mercado que a Internet tornou-se algo além de um típico programa do governo, caracterizado pela ineficiência, supercapitalização e irrelevância.

De fato, o papel do governo na criação da Internet é frequentemente subestimado. A Internet deve sua própria existência ao Estado e ao financiamento estatal. A história começa com a ARPA, criada em 1957 como uma resposta ao lançamento do Sputnik pelos soviéticos, e estabelecida com o propósito de pesquisar a utilização eficiente dos computadores para aplicações civis e militares.

Durante os anos 1960, a RAND Corporation começou a desenvolver uma rede de comunicações militares que seria invulnerável a um ataque nuclear. Paul Baran, pesquisador da RAND cujo trabalho era financiado

---

[1] Publicado originalmente em Mises.org, em 12 de junho de 2006.

pela Força Aérea, produziu um relatório confidencial em 1964, propondo uma solução radical para este problema de comunicação. Baran imaginou uma rede descentralizada de diferentes tipos de computadores "*host*" (anfitriões), sem qualquer painel de comando central, desenhada para operar mesmo se partes dela fossem destruídas. A rede consistiria de diversos "nós", todos com a mesma autoridade, sendo cada um capaz de enviar e receber fragmentos de dados.

Cada fragmento de dados poderia, então, viajar por uma de muitas rotas até o seu destino, de modo que nenhuma parte da rede seria completamente dependente da existência de outra parte. Uma rede experimental deste tipo, fundada pela ARPA e portanto conhecida como ARPANET, foi estabelecida em quatro universidades em 1969. Pesquisadores em qualquer um dos quatro "nós" poderiam compartilhar informações e operar qualquer uma das outras máquinas remotamente, através da nova rede (na realidade, o ex-chefe da ARPA, Charles Herzfeld, disse que o objetivo original da ARPANET era distribuir poder computacional através de uma rede, em vez de criar um sistema militar seguro de comando e controle, embora este seja um ponto de vista minoritário).

Por volta de 1972, o número de computadores anfitriões conectados à ARPANET tinha aumentado para 37. Devido à sua praticidade para o envio e recuperação de dados, em poucos anos a ARPANET começou a deixar de ser uma rede para computação compartilhada e começou a tornar-se o que foi chamado de "*correio eletrônico de alta velocidade e subsidiado pelo governo*". O tráfego principal na ARPANET não consistia de computação à longa distância, mas de notícias e mensagens pessoais.

Como partes da ARPANET não eram confidenciais, redes comerciais começaram a conectar-se a ela. Qualquer tipo de computador utilizando um padrão de comunicação particular, ou "protocolo", poderia enviar e receber informações ao longo da rede. Universidades privadas tais como a Stanford e a Universidade de Londres foram contratadas para o desenvolvimento desses protocolos, com financiamento de uma variedade de agências federais. As vias principais, ou "linhas-tronco", continuaram a ser financiadas pelo Departamento de Defesa. Por volta do início dos anos 1980, o uso privado do protocolo de comunicações da ARPA – o que hoje é chamado de "TCP/IP" – ultrapassou em muito o seu uso militar. Em 1984, a National Science Foundation (Fundação Nacional da Ciência) assumiu a responsabilidade de construir e manter as linhas-tronco ou "*backbones*" (a ARPANET expirou formalmente em 1989; naquela época, quase ninguém percebeu). A Agência para Computação Avançada, da

Fundação Nacional da Ciência, financiou a infraestrutura da Internet de 1984 até 1994, quando os *backbones* foram privatizados.

Em resumo, tanto o projeto quanto a implementação da Internet basearam-se quase exclusivamente em dólares do governo. O fato de seus projetistas terem imaginado uma rede comutada por pacotes tem sérias implicações para a maneira como a Internet funciona atualmente. Por exemplo, a comutação de pacotes é uma tecnologia excelente para transferência de arquivos, e-mail e navegação na web, mas não é necessariamente a melhor para aplicações em tempo real, tais como *feeds* de áudio e vídeo e, em menor escala, para aplicações baseadas em servidor.

Mais ainda, sem qualquer mecanismo para precificar pacotes individuais, a rede é utilizada em demasia, tal como ocorre com qualquer outro bem público. Cada pacote recebe uma prioridade idêntica. Um pacote contendo um diagnóstico de um cirurgião para um procedimento médico de emergência tem as mesmas oportunidades de passar que um pacote contendo partes do single mais recente de uma estrela *pop* ou que a instrução de um jogador on-line para ferir seu adversário. Como o custo marginal do remetente para cada transmissão é efetivamente zero, a rede é utilizada em excesso, o que a deixa frequentemente congestionada. Como qualquer recurso essencial que não possui um dono, uma rede ilimitada de comutação de pacotes sofre do que Garrett Hardin notoriamente chamou de "Tragédia dos Comuns".

Não podemos dizer, em nenhum sentido, que a comutação de pacotes é a tecnologia "certa". Uma de minhas citações prediletas sobre este assunto vem de *Netizens: On the History and Impact of Usenet and the Internet*, de Michael Hauben e Ronda Hauben[2]:

> A atual rede global de computadores foi desenvolvida por cientistas, pesquisadores e usuários que encontravam-se livres das forças do mercado. Devido à supervisão e subsídio do governo para o desenvolvimento da rede, esses pioneiros não estavam sob a pressão do tempo ou restrições de resultado que dominam os empreendimentos comerciais. Portanto, podiam contribuir com o tempo e o trabalho necessários para assegurar-se de que os problemas estavam resolvidos. E a maioria estava fazendo isso para contribuir para a comunidade de rede.

---

[2] HAUBEN, Michael & HAUBEN, Ronda. **Netizens**: On the History and Impact of Usenet and the Internet. Disponível em: http://www.columbia.edu/~rh120/. Acesso em: 25 mar. 2010 [1995].

Em outras palavras, os projetistas da Internet estavam "livres" do constrangimento de precisar satisfazer os desejos dos consumidores.

Devemos ser cuidadosos para não descrever a Internet como uma tecnologia "privada", uma ordem espontânea ou um exemplo brilhante da engenhosidade do capitalismo. Ela não é nada disso. Obviamente, quase todas as aplicações atuais da Internet – não previstas por seus projetistas originais – têm sido desenvolvidas no setor privado (infelizmente, a web original e o navegador não estão entre elas, pois foram desenvolvidos pela Organização Europeia para a Pesquisa Nuclear – CERN – e o Centro Nacional de Aplicações de Supercomputação – NCSA – da Universidade de Illinois). E a Internet de hoje seria impossível sem os esforços heróicos da Xerox PARC (Centro de Pesquisas da Xerox em Palo Alto) e da Apple para desenvolver uma GUI (interface gráfica do utilizador) intuitiva, um mouse leve e durável, e o protocolo de Ethernet. Entretanto, nada disso teria sido viável sem o enorme investimento de dólares públicos que trouxeram a rede à existência em primeiro lugar.

Agora, é fácil admirar a tecnologia da Internet. Fico maravilhado com ela todos os dias. Mas o valor tecnológico não é a mesma coisa que o valor econômico. Este último pode ser determinado somente pela livre escolha dos consumidores para comprar ou não comprar. A ARPANET pode muito bem ter sido tecnologicamente superior a qualquer rede comercial que existia na época, assim como o Betamax pode ter sido tecnologicamente superior ao VHS, o MacOS ao MS-DOS e o Dvorak ao QWERTY (na realidade, o Dvorak não era). Mas os produtos e as características valorizados pelos engenheiros não são sempre os mesmos que os consumidores valorizam. O mercado seleciona pela superioridade econômica, e não pela superioridade tecnológica (mesmo na presença dos nefários "efeitos de rede", tal como mostrado de forma convincente por Liebowitz e Margolis[3]).

Os libertários entusiastas da Internet tendem a se esquecer da "falácia da janela quebrada". Vemos a Internet. Vemos seus usos. Vemos os benefícios que ela traz. Navegamos na web, checamos nosso e-mail, baixamos nossas músicas. Porém, nunca veremos as tecnologias que não

---

[3] LIEBOWITZ, Stanley J. & MARGOLIS, Stephen E. The Fable of the Keys. **Journal of Law and Economics**, v. 33 (1990): p. 1-26; LIEBOWITZ, Stanley J. & MARGOLIS, Stephen E. Path Dependence, Lock-in and History. **Journal of Law, Economics, and Organization**, v. 11 (1995): p. 205-26; LIEBOWITZ, Stanley J. & MARGOLIS, Stephen E. **Winners, Losers, and Microsoft**: Competition and Antitrust in High Technology. Oakland: Independent Institute, 1999.

foram desenvolvidas, porque os recursos que teriam sido utilizados para desenvolvê-as foram confiscados pelo Departamento de Defesa e fornecidos para engenheiros da Stanford. Da mesma maneira, posso admirar a majestade e grandeza de uma pirâmide egípcia, uma barragem TVA ou um foguete Saturno V, mas daí não se segue que eu pense que deveriam ter sido criados, muito menos às custas dos contribuintes.

Que tipo de rede global de computadores o mercado teria selecionado? Podemos apenas tentar adivinhar. Talvez tivesse sido parecida com as redes on-line comerciais, tais como a Comcast ou a MSN, ou como os *bulletin boards* privados (BBS) dos anos 1980. Muito provavelmente, utilizaria algum tipo de tabela de preços, através da qual preços diferentes seriam conferidos para tipos diferentes de transmissões. Infelizmente, toda a ideia de precificação da Internet como um recurso escasso – embora não nos demos conta disso, a largura de banda, dada a tecnologia atual, é escassa – é ignorada na maior parte das propostas para legislar a neutralidade da rede, uma forma de "socialismo de rede" que pode somente entravar o crescimento e desenvolvimento contínuo da Internet. O debate sobre a neutralidade da rede ocorre à sombra da intervenção governamental. Assim também ocorre com o debate sobre a divisão do espectro para transmissão sem fio. Qualquer recurso controlado pelo governo será alocado de acordo com prioridades políticas.

Em conclusão: sim, o governo foi o fundador da Internet. Como resultado, ficamos com uma panóplia de ineficiências remanescentes, alocações inadequadas, abusos e favoritismo político. Em outras palavras, o envolvimento do governo é responsável pelos problemas persistentes da Internet, enquanto é o mercado que deve receber o crédito pelas suas glórias.

B) REDES, PRODUÇÃO SOCIAL E PROPRIEDADE PRIVADA[4]

The Wealth of Networks, de Yochai Benkler, é uma meditação abrangente, informativa e desafiadora a respeito do surgimento da "economia da informação em rede" e suas implicações para a sociedade, política e cultura. Benkler é uma das principais autoridades sobre o direito, economia e política das redes, inovação, propriedade intelectual e Internet, e faz bom uso de seu vasto conhecimento e entendimento perspicaz. Argumenta que a revolução digital é mais revolucionária do que tem sido reconhecido, mesmo pelos seus defensores mais apaixonados. As novas tecnologias de informação e de comunicações não apenas tornam mais eficientes as maneiras antigas de fazer as coisas, mas também proporcional maneiras fundamentalmente novas de fazê-las. Em particular, nos últimos anos testemunhamos o surgimento da produção social, uma maneira radicalmente descentralizada e distribuída de interação que Benkler chama de "produção entre iguais baseada em comuns".

A produção entre iguais envolve a criação e disseminação de "conteúdos gerados pelos usuários", incuindo a Wikipedia e softwares de código aberto, tais como o Linux, que permitem aos usuários que gerem suas próprias entradas e modifiquem as entradas criadas por outros. A produção entre iguais baseada em comuns é caracterizada por direitos de propriedade fracos, uma ênfase nas recompensas intrínsecas ao invés de extrínsecas (monetárias), e a exploração do conhecimento tácito e disperso (alguns leitores pensarão imediatamente no conceito de Hayek do mercado como gerador e transmissor de conhecimento, embora Hayek não apareça de forma proeminente no livro).

The Wealth of Networks divide-se em três partes principais. A primeira lida com a economia da informação em rede. Este é um terreno bastante percorrido, foi explorado em detalhes por Shapiro e Varian[5], Liebowitz e Margolis[6], assim como por outros trabalhos, mas o tratamento de Benkler é, não obstante, perspicaz, inteligente e cativante. As características da

---

[4] Publicado originalmente como resenha de *The Wealth of Networks: How Social Production Trnsforms Markets and Freedom*, de Yochai Benkler, em **The Independent Review**, v. 13, n. 3, Winter 2009.

[5] SHAPIRO, Carl & VARIAN, Hal R. **Information Rules**: A Strategic Guide to the Network Economy. Boston: Harvard Business School Press, 1998.

[6] LIEBOWITZ, Stanley J. & MARGOLIS, Stephen E. **Winners, Losers, and Microsoft**. Op. cit.

informação como um bem econômico – altos custos fixos e baixos custos marginais; a capacidade de ser consumido sem exaustão; a dificuldade de excluir os "*free-riders*" (caronistas) – apoiam o amplo uso da produção entre iguais baseada em comuns.

Benkler propõe a produção social como uma alternativa aos modos organizacionais tradicionais do *mercado* e da *hierarquia*, na terminologia de Oliver Williamson. De fato, a produção de código aberto difere, em importantes maneiras, da interação no mercado à vista e da produção no interior da firma privada. Mas aqui, como em outros lugares, Benkler tende a exagerar a novidade da produção social. Firmas empregam, há muito tempo, mercados internos; delegam direitos de decisão por toda a organização; constituem-se em redes, aglomerados e alianças; e têm, de outras maneiras, aproveitado as vantagens dessa abertura e da colaboração. Muitas formas organizacionais diferentes proliferam dentro da matriz dos direitos de propriedade privada. A produção entre iguais não é nova; em vez disso, a questão relevante diz respeito à magnitude das mudanças.

Aqui, o livro padece de um problema comum a outras obras neste gênero. Benkler proporciona uma grande quantidade de anedotas para ilustrar a natureza revolucionária da nova economia, mas pouca informação a respeito de magnitudes. Quão novas? Quão grandes? O quanto? A produção social e cooperativa é, ela própria, dificilmente uma novidade, como qualquer leitor de *I, Pencil*[7] pode atestar. Antes da página na web, existia o panfleto; antes da Internet, o telégrafo; antes do catálogo de endereços do Yahoo, a lista telefônica; antes do computador pessoal, o serviço elétrico, a geladeira, a máquina de lavar, o telefone e o aparelho de vídeo-cassete. Em resumo, os fenômenos apregoados incansavelmente, tais como os efeitos de rede, a rápida difusão da inovação tecnológica e os ativos intangíveis de alto valor, não são novidade (vale a pena ler, a este respeito, *The Victorian Internet*, de Tom Standage[8], a história do telégrafo e do seu impacto revolucionário).

A segunda parte, "The Political Economy of Property and Commons", é a seção mais original, provocante e, para mim, mais frustrante do livro. Benkler vê a produção social como uma força poderosa para a liberdade individual. As pessoas costumavam receber passivamente as novidades,

---

[7] READ, Leonard. **I, Pencil**: My Life Story as Told to Leonard Read. Irvington-on-Hudson, N.Y.: Foundation for Economic Education, 1958.
[8] STANDAGE, Tom. **The Victorian Internet**. New York: Walker, 1998.

informação, normas e cultura; agora, são criadoras ativas. Cada participante de um projeto de *código aberto, cada criador de conteúdo gerado por usuários na Wikipedia ou no YouTube, "decidiu tirar vantagem de alguma combinação de condições técnicas, organizacionais e sociais dentro das quais vivemos, e tornou-se um criador ativo em seu mundo, ao invés de meramente aceitar o que já estava ali. A crença de que é possível fazer algo de valor acontecer no mundo, e a prática de realmente agir com base nessa crença, representa uma melhoria qualitativa na condição da liberdade individual"*[9].

O que Benkler entende por "liberdade", entretanto, não é a noção liberal clássica da ausência de coerção estatal, mas sim a visão progressista moderna da "autonomia", da capacidade dos indivíduos para alcançarem seus objetivos sem restrições – sejam voluntárias, sejam de qualquer outro tipo. Este entendimento de liberdade, que tem sua origem em Kant e Rousseau, é central na economia política de Benkler. *Autonomia* significa que *"os indivíduos são menos suscetíveis à manipulação por uma classe de outros legalmente definida – os donos da infraestrutura de comunicações e da mídia"*[10] – daqui a simpatia de Benkler pelos bens comuns, um arcabouço institucional no qual os direitos de propriedade não pertencem aos indivíduos, mas à coletividade. Não importa, para Benkler, se o coletivo é um clube privado, tal como os participantes de um projeto de código aberto, ou os assinantes de um serviço de informações particular, ou o Estado. O que importa é como os bens comuns facilitam a "liberdade de ação" em comparação a como um sistema de direitos de propriedade privada proporciona liberdade.

Benkler opõe-se fortemente à privatização dos bens comuns de informação, permitindo que os proprietários exerçam direitos de propriedade. Queixa-se da Cisco Systems, por exemplo, por desenvolver e implementar "roteadores inteligentes" que permitem aos provedores de serviços de banda larga controlarem o fluxo dos pacotes através de seus sistemas (por exemplo, dando prioridade a algumas formas de conteúdo sobre outras). Esta ação assemelha-se a erigir barreiras de portagem na Supervia da Informação. Para assegurar o acesso livre à economia em rede, Benkler[11] defende a propriedade pública da infraestrutura da rede, execução frouxa dos direitos de propriedade intelectual, P&D subsidiada

---

[9] BENKLER, Yochai. **The Wealth of Networks**. Op. cit. p. 137.
[10] Idem, p. 9.
[11] Idem, p. 21.

e *"intervenções de regulação estratégicas para negar o controle monopolista sobre recursos essenciais no ambiente digital"*.

Esta abordagem apresenta alguns problemas. Primeiro, embora a informação em si mesma não possa ser "possuída", a mídia tangível na qual a informação está imersa e transmitida corresponde a bens econômicos escassos. A informação pode almejar ser livre, porém os cabos, interruptores, roteadores, *drives*, microprocessadores e similares aspiram ter donos. Tais inovações não brotam do nada; elas são criações de empreendedores voltados para o lucro que os consumidores ou outros empreendedores compram para usar como bem entendem. Obviamente, a propriedade privada pode ser nacionalizada. Governos federais, estaduais e locais podem possuir linhas de banda larga, assim como possuem ruas e rodovias, ou podem tratar a infraestrutura da rede como um serviço público regulamentado. Se esses recursos devem ser tratados como bens públicos, então o que dizer dos computadores, iPods e telefones celulares? Essas portas de entrada para a Supervia da Informação também fazem parte dos bens comuns digitais? Se os indivíduos podem possuir telefones celulares, podem também assinar contratos com os provedores de serviços, para o envio de qualquer conteúdo que seja mutuamente acordado? Os provedores de conteúdo e os consumidores são livres para terminar seus acordos caso estejam insatisfeitos. Neste sentido, um regime de propriedade privada permite tanta "autonomia", no sentido libertário, quanto um sistema baseado nos bens comuns. Ademais, se levamos em consideração os problemas da propriedade coletiva, a respeito dos quais Benkler fica, em grande medida, silencioso, o argumento em prol dos bens comuns torna-se ainda mais problemático.

Em segundo lugar, Benkler parece adotar a concepção da Escola de Frankfurt, dos consumidores como receptores passivos de cultura, facilmente manipulados por poderosos interesses corporativos. *"A partir da perspectiva da teoria política de esquerda progressista, o tipo de cultura popular de participação aberta e transparente que está emergindo no ambiente da rede é, normativamente, mais atrativo do que era o sistema industrial de produção cultural tipificado por Hollywood e a indústria fonográfica"*[12]. Entretanto, como Cowen[13], Cantor[14] e outros têm argumentado de forma convin-

---

[12] Idem, p. 277.
[13] COWEN, Tyler. **In Praise of Commercial Culture**. Cambridge, Mass.: Harvard University Press, 1998.
[14] CANTOR, Paul. **Gilligan Unbound**: Pop Culture in the Age of Globalization. Lanham, MD: Rowman and Littlefield, 2001.

cente, a cultura comercial – que, propriamente, inclui o teatro elisabetano, a música clássica e o romance vitoriano, assim como a televisão, os filmes e a música popular – tem sido sempre participativa, no sentido amplo que Benkler descreve. Longe de serem consumidores passivos de cultura, os indivíduos desempenham um papel ativo na elaboração das peças, livros, canções e shows disponíveis, simplesmente por decidirem comprar ou não comprar, patrocinar ou não patrocinar, apoiar ou rejeitar determinados produtores e determinados produtos. A principal diferença, hoje, é que a mudança tecnológica – o advento da tecnologia digital, da infraestrutura barata e similares – tem baixado os custos de entrada (custos de produção, custos de distribuição e assim por diante), dando aos consumidores opções adicionais além de voz e saída. Esta diferença é de grau ou de espécie?

Em qualquer modelo de produção social e cultural, os formadores de opinião desempenham um papel importante. Mesmo hoje, em blogs políticos e outras formas de conteúdo gerado por usuários, a variedade de opiniões aceitáveis entre os sites dominantes, aqueles à esquerda da "cauda longa" de Anderson[15], dificilmente é mais abrangente do que a que encontramos no *New York Times* ou no *Wall Street Journal*. Sim, existe uma grande quantidade de conteúdo gerado por usuários, mas a maior parte é ignorada, e é improvável que exerça qualquer influência duradoura. Um grupo de elite de guardiões, os "negociantes de ideias de segunda mão" de Hayek, continuam a exercer uma importante influência sobre as tendências sociais, políticas e culturais. Neste sentido, Benkler parece estar influenciado, ironicamente, pelo modelo do equilíbrio geral perfeitamente competitivo da economia neoclássica, com seu pressuposto de que todos os agentes possuem informação completa e perfeita. Ele se preocupa: a propriedade privada dos recursos digitais *"confere a algumas pessoas o poder para controlar as opções percebidas ou as preferências de outros [o que] é... uma lei que fere a autonomia"*[16]. Em um mundo de conhecimento e crenças subjetivas, e de conhecimento tácito e disperso, como podem, todos, perceber as mesmas opções? Em outra parte, o autor repudia a efetividade da competição como um meio de possibilitar a "autonomia" sob a propriedade privada, devido aos custos de transação. Em outras palavras, a competição precisa ser "perfeita" para ser efetiva. Contudo,

---

[15] ANDERSON, Chris. **The Long Tail**: Why the Future of Business Is Selling Less of More. New York: Hyperion, 2006.
[16] BENKLER, Yochai. **The Wealth of Networks**. Op. cit. p. 149.

empreende pouca análise institucional comparativa. Quais são os custos de transação associados à produção entre iguais baseada em comuns?

O livro conclui com uma seção sobre políticas públicas, resumindo as preocupações de Benkler[17] sobre a privatização dos comuns digitais – o que chama de "segundo movimento de cercamentos" e delineando um papel positivo para o Estado, cujo trabalho mais importante, argumenta, é manter a abertura, ou a "neutralidade", dentro da infraestrutura digital da economia. Aqui, como em outro lugar, considero o tratamento das falhas de governo demasiado simplista. A informação, em si, não é escassa, mas, conforme observado anteriormente, está incorporada em recursos tangíveis, sujeitos às leis econômicas usuais da oferta e da demanda. A propriedade pública implica em que uma série de problemas de agência, informação e cálculo precisam ser tratados de maneira adequadamente comparativa, e Benkler não faz isso. Apesar dessas dificuldades, *The Wealth of Networks* é um guia útil para a economia da informação em rede e uma afirmação eloquente da concepção da esquerda liberal a respeito da "ecologia institucional" da internet. Benkler claramente acredita que a produção social é mais do que um modismo e que apresenta implicações pontencialmente revolucionárias. Ainda não me convenci, mas, depois de ler o livro de Benkler, sinto-me mais informado a respeito das questões relevantes.

C) Por Que os Intelectuais Ainda Apoiam o Socialismo[18]

Os intelectuais, particularmente os acadêmicos, tendem a louvar o socialismo e o intervencionismo. Como foi que a universidade norte-americana transformou-se de um centro de ensino superior em um posto avançado para a cultura e a política de inspiração socialista? Logo no início dos anos 1950, o típico professor universitário norte-americano mantinha visões sociais e políticas bastante semelhantes àquelas da população em geral. Hoje... bom, todos vocês ouviram as piadas que circularam após o colapso do planejamento central na Europa Oriental e na antiga União Soviética, quando o único lugar do mundo onde os marxistas ainda estavam florescendo era o departamento de ciência política de Harvard.

---

[17] Idem, p. 25.
[18] † Publicado originalmente em Mises.org, em 16 de novembro de 2006.

De maneira mais geral, a educação superior nos Estados Unidos está dominada pelos estudantes que foram radicalizados nos anos 1960 e que agora ascenderam a posições de influência dentro das faculdades e universidades. Basta somente observar a busca agressiva pela "diversidade" nas admissões e contratações, o abandono dos currículos tradicionais em favor de "estudos" altamente politizados e baseados na identidade de grupo, os seminários obrigatórios sobre treinamento de sensibilidade, e assim por diante. Um estudo de 1989 para a Carnegie Foundation for the Advancement of Teaching (Fundação Carnegie para o Avanço do Ensino) utilizou as categorias "liberal" e "conservador". A conclusão é que 70% dos professores nas principais faculdades de artes liberais e universidades de pesquisa consideram-se liberais ou moderadamente liberais, com menos de 20% identificando-se como conservadores ou moderadamente conservadores[19] (obviamente, o termo "liberal", aqui, significa liberal de esquerda ou socialista, e não liberal clássico).

Cardiff e Klein[20] examinaram as filiações políticas dos acadêmicos usando os registros do recenseamento eleitoral para o corpo docente de quadro permanente em 11 universidades da Califórnia. Encontraram uma razão média Democratas:Republicanos de 5:1, variando de 9:1 em Berkeley a 1:1 em Pepperdine. Nas áreas de ciências humanas, a média foi 10:1, enquanto as escolas de negócios apresentaram somente 1,3:1 (desnecessário dizer que, mesmo nas "frias" escolas de negócios, do tipo cobra-comendo-cobra, sicofantas da burguesia, a razão não fica abaixo de 1:1). Enquanto os republicanos de hoje dificilmente são antissocialistas – particularmente em política externa – esses números são consistentes com uma ampla percepção de que os corpos docentes das universidades são cada vez menos representativos das comunidades a que supostamente servem.

Aqui, temos uma surpresa: mesmo em economia, 63% dos professores no estudo da Carnegie identificaram-se como liberais, em comparação com 72% em antropologia, ciência política e sociologia, 76% em estudos étnicos, história e filosofia, e 88% em assuntos públicos. O estudo de Cardiff e Klein encontra uma razão D:R média nos depar-

---

[19] Citado em LEE, Dwight R. Go to Harvard and Turn Left: The Rise of Socialist Ideology in Higher Education. In: BOXX, T. William & QUINLIVAN, Gary M. (Eds.). **The Cultural Context of Economics and Politics**. Lanham, MA: University Press of America, 1994.
[20] CARDIFF, Christopher & KLEIN, Daniel B. Faculty Partisan Affiliations in All Disciplines: A Voter-registration Study. **Critical Review**, v. 17 (2005): p. 237-255.

tamentos de economia de 2,8:1 – mais baixa do que os 44:1 dos sociólogos, certamente, porém mais alta do que a encontrada em engenharia biológica e química, engenharia elétrica, ciência da computação, administração, marketing, contabilidade e finanças. Uma pesquisa com membros da American Economic Association (Associação Americana de Economia), examinada por Klein e Stern[21], mostra que a maior parte dos economistas apoia regulamentações de segurança, controle de armas, redistribuição, ensino público e leis antidiscriminação. Outra pesquisa, relatada no Southern Economic Journal, revela que *"71% dos economistas americanos acreditam que a distribuição de renda nos Estados Unidos deveria ser mais igualitária, e 81% sentem que a redistribuição de renda é um papel legítimo do governo. O apoio para essas posições é ainda maior entre os economistas com filiações acadêmicas, e mais forte ainda entre os economistas com filiações acadêmicas de elite"*[22].

Por que razão tantos professores universitários – e intelectuais, de modo geral – favorecem o socialismo e o intervencionismo? F. A. Hayek proporcionou uma explicação parcial em seu ensaio de 1949, *The Intellectuals and Socialism* (Os Intelectuais e o Socialismo). Hayek perguntou por que *"os homens mais ativos, inteligentes e originais entre os intelectuais [norte-americanos] inclinam-se com mais frequência para o socialismo"*. Sua resposta baseia-se nas oportunidades disponíveis para pessoas de talentos variados.

Acadêmicos tendem a ser pessoas altamente inteligentes. Dadas as suas inclinações para a esquerda, poderíamos ser tentados a inferir, a partir daqui, que as pessoas mais inteligentes costumam favorecer o socialismo. Entretanto, esta conclusão padece do que os pesquisadores empíricos chamam de "viés de seleção amostral". Pessoas inteligentes mantêm uma variedade de perspectivas. Algumas são amantes da liberdade, defensoras da propriedade, e apoiadoras da "ordem natural" – ou seja, defensoras do mercado. Outras são reformadoras, desejando refazer o mundo de acordo com suas próprias visões a respeito de como seria a sociedade ideal. Hayek argumenta que as pessoas excepcionalmente inteligentes que favorecem o mercado tendem a encontrar oportunidades para o sucesso profissional e financeiro fora do meio acadêmico (ou seja, nos negócios ou no mundo profissional). Aqueles que são extremamente

---

[21] KLEIN, Daniel B. & STERN, Charlotta. Economists' Policy Views and Voting. **Public Choice**, v. 126 (2006): p. 331-42.
[22] LEE, Dwight R. Go to Harvard and Turn Left. Op. cit. p. 21.

inteligentes, porém hostis ao mercado, são mais propensos a escolher uma carreira acadêmica. Por esta razão, as universidades são preenchidas, desde o início, por aqueles intelectuais que apresentam uma disposição favorável ao socialismo.

Isto também leva a outro fenômeno. Os acadêmicos não sabem muito a respeito de como os mercados funcionam, dado que têm tão pouca experiência, por viverem em suas torres de marfim, subsidiados e protegidos pela estabilidade acadêmica. Conforme explicado por Joseph Schumpeter em *Capitalism, Socialism, and Democracy* (Capitalismo, Socialismo e Democracia)[23], é a *"ausência de responsabilidade direta por assuntos práticos"* o que distingue o intelectual acadêmico de outros *"que exercem o poder da palavra falada e escrita"*. Esta ausência de responsabilidade direta leva à ausência correspondente de conhecimento em primeira mão sobre assuntos práticos. A atitude crítica desses intelectuais surge, diz Schumpeter, *"não menos da situação do intelectual como um espectador – na maior parte dos casos também como um forasteiro – do que do fato de que sua principal oportunidade de afirmar-se reside em seu valor de aborrecimento, real ou potencial"*.

A avaliação de Hayek é incompleta, entretanto, pois não explica por que os acadêmicos têm se tornado mais e mais intervencionistas ao longo do século XX. Como mencionado acima, durante a primeira metade do século XX, os membros dos corpos docentes das universidades tendiam a ter visões políticas similares às mantidas pela população geral. O que provocou essa mudança?

Para responder a essa questão, precisamos notar primeiramente que os acadêmicos recebem muitos benefícios diretos do Estado de bem-estar social, e que esses benefícios têm aumentado ao longo do tempo. Excluindo a ajuda financeira aos estudantes, as universidades públicas recebem aproximadamente 50% de seu financiamento dos governos federal e estadual, diminuindo assim a importância dos 18% que recebem de mensalidades e taxas. Mesmo universidades "privadas" como Stanford e Harvard recebem em torno de 20% dos seus orçamentos de subvenções federais e contratos[24]. Incluindo a ajuda financeira aos estudantes, o número sobe para quase 50%. De acordo com o Departamento de Educação dos Estados Unidos, aproximadamente um terço de todos os estudantes nas universidades e

---
[23] SCHUMPETER, Joseph A. **Capitalism, Socialism and Democracy**. Op. cit. p. 17.
[24] Departamento de Educação dos Estados Unidos, 1996.

faculdades públicas cujos cursos têm 4 anos de duração, e a metade dos estudantes em faculdades e universidades privadas, recebem ajuda financeira do governo federal.

Neste sentido, o exemplo mais dramático do "bem-estar corporativo", nos Estados Unidos é o GI Bill, que subsidiou o setor acadêmico, inchando-o para muito além do nível que o mercado teria proporcionado. O GI Bill, assinado pelo presidente Roosevelt em 1944 para mandar os soldados que estavam retornando da guerra para faculdades e universidades, custou aos contribuintes US$ 14.5 bilhões entre 1944 e 1956[25]. Espera-se que a última versão do GI Bill (2008) custe US$ 52 bilhões durante os próximos dez anos.

Para entender por que essa ajuda do governo é tão importante para a instituição da educação superior, precisamos considerar o que os acadêmicos fariam em uma sociedade puramente livre. A verdade é que a maior parte dos acadêmicos simplesmente não é tão importante. Em uma sociedade livre, haveria muito menos do que há hoje. A sua visibilidade pública seria, sem dúvida, muito menor. A maior parte seria mal remunerada. Embora alguns pudessem engajar-se na pesquisa acadêmica, a grande maioria seria de professores. Seu trabalho consistiria em transmitir a sabedoria coletiva acumulada ao longo das eras, para a próxima geração. Muito provavelmente, também haveria muito menos estudantes. Alguns estudantes frequentariam faculdades e universidades tradicionais, porém muitos mais iriam para as escolas técnicas e vocacionais, onde seus instrutores seriam homens e mulheres com conhecimento prático.

Hoje, muitos professores nas principais universidades de pesquisa dão poucas aulas. Sua principal atividade é a pesquisa, embora grande parte dela seja questionável como conhecimento real. Precisamos apenas percorrer os últimos periódicos especializados para ver o que se passa por pesquisa acadêmica na maior parte das disciplinas. Nas ciências humanas e sociais é provável que seja besteirol pós-moderno; nas escolas profissionais, relatórios técnicos orientados vocacionalmente. Grande parte desta pesquisa é financiada, nos Estados Unidos, por agências do governo, tais como a National Science Foundation (Fundação Nacional da Ciência), os National Institutes of Health (Institutos Nacionais da Saúde), o National Endowment for the Humanities (Agência Nacional de Fomento para as Humanidades), o USDA (Departamento de Agricultura

---

[25] SKOCPOL, Theda. Delivering for Young Families: The resonance of the GI Bill. **American Prospect**, v. 28 (1996): p. 66-72.

dos Estados Unidos), e outras. As grandes universidades têm dezenas de milhares de estudantes, apoiados por empréstimos e subvenções subsidiados pelo governo.

Além da vida universitária, os acadêmicos também competem por postos de prestígio nas agências do governo. Considere a economia. O governo federal dos Estados Unidos emprega pelo menos 3 mil economistas – dos quais quase 15% são membros da American Economic Association (Associação Americana de Economia). Só o Federal Reserve System (Sistema de Reserva Federal) emprega muitas centenas. Também há cargos de assessoria, afiliações a importantes agências governamentais, associações a comissões nomeadas pelo governo federal, e outras atividades de crescimento na carreira. Esses benefícios não são simplesmente financeiros. Também são psicológicos. Conforme colocado por Lee[26]:

> Tal como qualquer outro grupo, os acadêmicos gostam de exercer influência e de se sentir importantes. Poucos acadêmicos nas ciências sociais e nas humanidades contentam-se em apenas observar, descrever e explicar a sociedade; a maior parte quer melhorar a sociedade, e são suficientemente ingênuos para acreditar que poderiam fazê-lo se apenas tivessem influência suficiente. A existência de um governo enorme oferece aos acadêmicos a real possibilidade de vivenciar suas fantasias reformistas[27].

Está claro que, para os acadêmicos, há muitos benefícios em viver em uma sociedade altamente intervencionista. Não deveria surpreender, portanto, que os acadêmicos tendam a apoiar tais intervenções. Os economistas, em particular, desempenham papéis ativos como conselheiros do governo, criando e sustentando o estado de bem-estar que agora nos cerca. Naturalmente, como o governo financia suas pesquisas, economistas nos campos aplicados, tais como economia agrícola e economia monetária, não serão propensos a pedir sérias reformas regulatórias em suas áreas de especialidade.

Murray Rothbard devota um interessante capítulo de *Man, Economy,*

---

[26] LEE, Dwight R. Go to Harvard and Turn Left. Op. cit. p. 22.
[27] Ver também Pasour e White (2005) sobre a influência dos gastos governamentais nas pesquisas em economia agrícola e economia monetária, respectivamente. PASOUR, E. C., Jr. Agricultural Economists and the State. **Econ Journal Watch**, v. 1 (2004): p. 106-33; WHITE, Lawrence J. The Federal Reserve System's Influence on Research in Monetary Economics. **Econ Journal Watch**, v. 2 (2005): p. 325-54.

and State ao papel tradicional dos economistas na vida pública. Rothbard observa que as funções do economista no livre-mercado diferem grandemente daquelas do economista no mercado regulado. *"O que o economista pode fazer no mercado puramente livre?", pergunta Rothbard. "Pode explicar o funcionamento da economia de mercado (uma tarefa vital, especialmente dado que as pessoas sem instrução tendem a considerar a economia de mercado como um enorme caos), mas pode fazer pouca coisa além disso".*

Mais ainda, os economistas não são tradicionalmente populares como conselheiros políticos. Os economistas ensinam que os recursos são limitados, que as escolhas feitas implicam em oportunidades perdidas, que nossas ações podem ter consequências não pretendidas. Tipicamente, não é isto o que os oficiais do governo desejam ouvir. Quando propõem uma tarifa de importação para ajudar as manufaturas domésticas, nós, economistas, explicamos que esta proteção ocorrerá somente à custa dos consumidores domésticos. Quando sugerem uma lei de salário mínimo para aumentar a renda dos trabalhadores de baixos salários, mostramos que tal lei fere as próprias pessoas que pretende ajudar, por deixá-las desempregadas. Ao longo das últimas décadas, entretanto, o papel dos economistas tem se expandido de maneira dramática. Devido, em parte, às razões que discutimos anteriormente, o estado de bem-estar tem cooptado parcialmente o profissional da economia. Assim como uma taxa de assassinatos mais elevada aumenta a demanda por criminologistas, também o crescimento do estado regulatório de bem-estar aumenta a demanda por analistas de políticas, consultores antitruste, peritos fiscais e regulamentares, e diversos previsores.

Em algum grau, a profissionalização crescente do negócio da economia deve compartilhar da culpa por esta mudança. A principal sociedade profissional dos economistas, a American Economic Association (Associação Americana de Economia), foi criada como uma organização explicitamente "progressista". Seu fundador, o reformador religioso e social Richard T. Ely, conforme relatou a um colega, planejou uma associação de *"economistas que repudiam o laissez-faire como uma doutrina científica"*[28]. Os demais membros fundadores, que foram todos treinados na Alemanha por Gustav Schmoller e outros membros da Nova Escola Historicista Alemã – os chamados Socialistas de Cátedra – possuíam também o zelo reformista. A constituição da AEA contém ainda referências ao *"papel*

---

[28] COATS, A. W. The First Two Decades of the American Economic Association. **American Economic Review**, v. 50 (1960): p. 555-74. p. 556.

positivo da igreja, do estado e da ciência na solução dos problemas sociais por meio do desenvolvimento de políticas legislativas"[29]. Afortunadamente, a AEA subsequentemente distanciou-se dos objetivos de seus fundadores, embora sua palestra anual ainda seja chamada de "Palestra Richard T. Ely"[30].

Se me pedissem para selecionar um único evento que mais encorajou a transformação do economista mediano de um crítico da intervenção em um defensor do estado de bem-estar, eu nomearia a Segunda Guerra Mundial. Certamente, foi a Era Progressista que testemunhou a introdução permanente do imposto de renda e o estabelecimento do Sistema de Reserva Federal. E foi durante a Grande Depressão que Washington, D.C. começou a empregar um número substancial de economistas para se juntarem às organizações de planejamento central, tais como o National Resources Planning Board (Comitê de Planejamento dos Recursos Nacionais). Ademais, mesmo naqueles anos, o economista mediano apoiava o livre comércio, os baixos impostos e o equilíbrio monetário.

A Segunda Guerra Mundial, entretanto, foi um divisor de águas para a profissão. Pela primeira vez, economistas profissionais juntaram-se massivamente às fileiras dos gabinetes de planejamento do governo. Um dos projetos consistia em controlar preços, como na Office of Price Administration (Gabinete da Administração de Preços), liderada por Leon Henderson e mais tarde por John Kenneth Galbraith. Este grupo incluía proeminentes economistas de livre-mercado, tais como Herbert Stein e George Stigler. Outro papel era estudar a aquisição de material militar (o que mais tarde tornou-se conhecido como "pesquisa operacional"), no Columbia University's Statistical Research Group (Grupo de Pesquisas Estatísticas da Universidade de Columbia) (incluindo Stigler, Milton Friedman, Harold Hotelling, Abraham Wald e Leonard Savage), ou com o Army's Statistical Control Group (Grupo de Controle Estatístico do Exército), que era liderado por Tex Thornton, mais tarde presidente da Indústrias Litton, e seus "Garotos Brilhantes". O garoto brilhante mais famoso foi Robert McNamara, o principal protegido de Thornton, que posteriormente aplicou as mesmas técnicas ao gerenciamento da Guerra do Vietnã[31].

---

[29] Idem, p. 558.
[30] Para mais detalhes a respeito da profissionalização da economia, ver BERNSTEIN, Michael A. **A Perilous Progress**: Economists and Public Purpose in Twentieth-Century America. Princeton, N.J.: Princeton University Press, 2001.
[31] Sobre a Litton, ver também SOBEL, Robert. **The Rise and Fall of the Conglomerate Kings**. New York: Stein and Day, 1984. p. 68-72. Sobre a relação entre Thornton e

Antes da Segunda Guerra Mundial, a língua principal da economia, no mundo anglófono, era o inglês. Desde então, contudo, a teoria econômica começou a expressar-se em jargão matemático obscuro, enquanto a história econômica tornou-se um ramo da estatística aplicada. É usual atribuir esta mudança ao tratado matemático de Paul Samuelson[32] e ao desenvolvimento dos computadores. Esses fatores são, sem dúvida, importantes. Entretanto, o que provavelmente mudou a direção da disciplina foi o gosto pelo planejamento central que os economistas – mesmo economistas nominalmente de livre-mercado – desenvolveram durante a Segunda Guerra Mundial.

E o que dizer a respeito das outras figuras públicas, que Hayek chamou de *"negociantes de ideias de segunda mão"* – os jornalistas, editores de livros, professores de escolas secundárias, e outros membros da classe de "formadores de opinião"? Em primeiro lugar, liberais (no sentido clássico) inteligentes e articulados tendem a ir para as áreas profissionais e de negócios (o argumento de Hayek do viés de seleção). Em segundo lugar, muitos jornalistas trocam a integridade pelo acesso; poucos são corajosos o suficiente para desafiar o Estado, dado que imploram ao Estado por informações, entrevistas e tempo dos seus funcionários.

O que o futuro nos reserva? É impossível dizer com certeza, mas há sinais encorajadores. A principal razão é a tecnologia. A web tem, como nunca antes, desafiado as universidades estatais e os cartéis estatais da mídia. Você não precisa ter um doutorado para escrever na Wikipedia. Qual é a implicação, para as universidades como fábricas de credenciais, do surgimento das novas mídias, dos novos meios de compartilhar informações e das novas formas de estabelecimento de autoridade e credibilidade? Além disso, à medida que as universidades tornam-se mais orientadas vocacionalmente, enfrentam dificuldades para competir com instituições especializadas e intensivas em tecnologia tais como a Universidade DeVry e a Universidade de Phoenix, que são as universidades norte-americanas de crescimento mais acelerado.

As crises atuais na educação superior e na mídia são, provavelmente, coisas boas no longo prazo, se forçarem a repensar as metas e objetivos educacionais e intelectuais, e drenarem poder das instituições do *establishment*. Então, e somente então, poderemos ver um renascimento da vida acadêmica, da comunicação e da educação genuínas.

McNamara, ver SHAPLEY, Deborah. **Promise and Power**. Op. cit.; e BYRNE, John A. **The "Whiz Kids"**. Op. cit.
[32] SAMUELSON, Paul A. **Foundations of Economic Analysis**. Op. cit.

D) TEORIA DA ADMINISTRAÇÃO E O CICLO DE NEGÓCIOS[33]

com Nicolai J. Foss

Devemos culpar a teoria da administração pela atual crise na economia mundial? Alguns comentadores pensam que o foco das escolas de negócios na maximização da riqueza dos acionistas, na remuneração baseada em desempenho e nas virtudes do auto-interesse levaram os bancos, as corporações e os governos ao engano. Bônus robustos promoveram a tomada de riscos excessivos, e a filosofia do livre-mercado, ensinada nas escolas de negócios, removeu os últimos freios éticos a respeito desse comportamento. *"É o tipo de pensamento"*, preocupam-se Raymons Fisman e Rakesh Khurana[34], *"que agora está deixando o capitalismo de joelhos"*.

A ofensiva populista sobre a remuneração dos executivos está ligada a esse tipo de pensamento. O falecido Sumantra Ghoshal, da London Business School, amplamente aclamado como um dos mais proeminentes gurus da administração do mundo, era um crítico contundente da remuneração baseada em desempenho, com suas consequências supostamente destrutivas. De maneira mais geral, Ghoshal pensava que a teoria da administração era financeira, ética e politicamente *"ruim para a prática"*[35].

Pensamos, contudo, que a teoria da administração tem muito a oferecer aos formuladores de políticas, praticantes e analistas que tentam entender a crise atual. Considere-se, por exemplo, a noção de heterogeneidade. A ideia de que os recursos, as firmas e os setores industriais diferem uns dos outros – de que o capital e o trabalho são especializados para projetos e atividades específicas, de que as pessoas são distintas – é onipresente na teoria e prática da administração. O que os

---

[33] † Publicado originalmente como "Management Theory is Not to Blame", Mises.org, 19 de março de 2009. Para maiores detalhes, ver também AGARWAL, Rajshree; BARNEY, Jay B.; FOSS, Nicolai & KLEIN, Peter G. Heterogeneous Resources and the Financial Crisis: Implications of Strategic Management Theory. **Strategic Organization**, v. 7 (2009): p. 467-84.

[34] FISMAN, Raymond & KHURANA, Rakesh. The Marie Antoinettes of Corporate America. **Forbes** 12 (Dec.), 2008.

[35] GHOSHAL, Sumantra & MORAN, Peter. Bad for Practice: A Critique of the Transaction Cost Theory. **Academy of Management Review**, v. 21 (1996): p. 13-47; GHOSHAL, Sumantra. Bad Management Theories are Destroying Good Management Practices. **Academy of Management Learning and Education**, v. 4 (2005): p. 75-91.

estrategistas chamam de vantagem competitiva surge da heterogeneidade, de fazer algo de forma diferente da competição. Gestores de recursos humanos lidam com uma força de trabalho cada vez mais diversificada e com pessoas dotadas de talentos altamente especializados. Firmas que se expandem internacionalmente aprendem as lições da heterogeneidade cultural, institucional e do mercado. Consequentemente, os acadêmicos de administração entendem as firmas como feixes de recursos ou ativos heterogêneos. Os ativos podem ser específicos para certas firmas. Ativos podem ser "co-especializados" com outros ativos, de modo que geram valor somente em determinadas combinações. E, como qualquer contador sabe, ativos têm expectativas de vida (econômica) diferentes. Esses ativos únicos e especializados também podem ser intangíveis, tais como o conhecimento específico de trabalho e as capacidades específicas de firma.

Para o não-iniciado, isto pode parecer banal. Mas observem a economia. Aqui, a homogeneidade – e não a heterogeneidade – rege o poleiro. Os modelos econômicos das economias e dos setores industriais começam tipicamente com "firmas representativas", implicando que todas as firmas de um setor são parecidas. Isto pode ser um ponto de partida conveniente, se estamos interessados no setor *per se* em vez de em firmas individuais, mas pode ser seriamente enganoso se estamos interessados no desempenhorelativo de firmas ou setores.

Neste caso, os macroeconomistas são os piores transgressores. Seus modelos da economia como um todo tratam os fatores de produção como homogêneos dentro de categorias. Assim, "trabalho" significa fatores de trabalho homogêneos. "Capital" tem a mesma interpretação. O prêmio Nobel Robert Solow adotou a noção de "shmoo", da tirinha Lil'Abner – shmoos são criaturas idênticas, com o formato de pinos de boliche com pernas – para capturar este tipo de homogeneidade. Este estilo de raciocínio originou-se com Ricardo, que o considerou como uma simplificação útil. E realmente pode ser. Mas, às vezes, o pressuposto de homogeneidade dos economistas os coloca em apuros, como é o caso com a crise atual.

O problema macroeconômico é que os "bancos" realizam investimentos imprudentes, e agora não estão "emprestando" o suficiente. Os "negócios" e os "consumidores" não conseguem obter "empréstimos". As "firmas" possuem muitos "ativos de má qualidade" em seus livros. A questão-chave, contudo, é: quais são eles? Por que os bancos não estão emprestando a quais clientes? Quais firmas têm realizado investimentos fracos? Um empréstimo não é um empréstimo não é um empréstimo. A questão relevante, na análise da desordem do crédito, é saber: quais empréstimos não estão sendo feitos, para quem e por quê? As questões críticas têm a ver com a composição dos empréstimos, e não com a quantidade. O total de empréstimos, a liquidez total, os preços médios das ações, etc., tornam obscuras as questões-chave a respeito de como os recursos são alocados nos setores, firmas e indivíduos e se os maus investimentos estão sendo liquidados.. Tais noções agregadas tendem a homogeneizar – e, ao fazerem isso, suprimem informações críticas sobre os preços relativos. A principal função dos mercados de capitais, afinal de contas, não consiste em moderar a quantidade total do capital financeiro, mas sim em alocar o capital entre as atividades.

O pacote norte-americano de estímulos, e propostas semelhantes ao redor do mundo, são, igualmente, frustrados pela sua dependência crua, de estilo keynesiano, dos agregados macroeconômicos. De acordo com a sabedoria convencional, a crise bancária levou a um colapso da demanda agregada efetiva, e somente aumentos massivos nos gastos governamentais (e na dívida do governo) pode dar um pontapé de saída na economia. Gastos – em quê? Não importa: apenas gaste. O único critério é que os projetos estejam *"prontos para a pá"*[36].

Mas uma pá não é uma pá não é uma pá. Como Hayek – o oponente intelectual mais importante de Keynes – argumentou nos anos 1930 e 1940, a estrutura de capital da economia é uma estrutura delicada e complexa, que não pode ser amassada e empurrada como massa de vidraceiro. Os recursos não podem ser deslocados sem custo de uma atividade para outra, especialmente em uma economia moderna na qual muitos desses recursos estão incorporados em capacidades específicas de indústria, de firma e de trabalho. Mesmo recursos ociosos podem ser mal alocados – o que Hayek e Mises chamavam de *"malinvestment"* –, caso sejam investidos em atividades que não produzem os bens e serviços de que a economia precisa.

Todo administrador sabe que direcionar recursos especializados para os projetos errados é uma má aposta, mesmo se resultar em um ligeiro impulso nos ganhos de curto prazo. Da mesma maneira, o caminho para a recuperação econômica consiste em permitir que os mercados canalizem os recursos especializados para seus usos de valor mais elevado,

---

[36] N. do T.: A expressão *"shovel-ready"* denota um projeto que já passou das fases de planejamento e está pronto para ser iniciado pelos trabalhadores.

e não em despejar os recursos dos contribuintes em quaisquer firmas e setores que possam estar prontos para recebê-los – ou que estejam politicamente conectados. Em um sentido importante, o fracasso dos bancos para distinguir entre os tomadores de empréstimo heterogêneos trouxe-nos para esta confusão. Um foco equivocado na homogeneidade, em busca de uma solução rápida, resultará apenas em mais do mesmo.

E) MENGER, O REVOLUCIONÁRIO[37]

"Nunca viveram ao mesmo tempo", escreveu Ludwig von Mises[38], *"mais que uma vintena de pessoas cuja contribuição à ciência econômica pudesse ser considerada essencial"*. Um desses homens foi Carl Menger (1840-1921), professor de economia política na Universidade de Viena e fundador da Escola Austríaca de Economia. A obra pioneira de Menger, *Grundsätze der Volkswirtschaftslehere* (*Princípios de Economia*), publicada em 1871, não somente introduziu o conceito de análise marginal, mas também apresentou uma abordagem radicalmente nova para a análise econômica, que ainda participa do núcleo da teoria austríaca do valor e do preço.

Ao contrário de seus contemporâneos William Stanley Jevons e Léon Walras, que desenvolveram, independentemente, os conceitos de utilidade marginal durante os anos 1870, Menger favoreceu uma abordagem dedutiva, teleológica e, em um sentido fundamental, humanista. Embora Menger compartilhasse da preferência de seus contemporâneos pelo raciocínio abstrato, estava interessado principalmente em explicar as ações das pessoas reais no mundo real, e não em criar representações artificiais e estilizadas da realidade. A economia, para Menger, é o estudo das escolhas humanas intencionais, a relação entre os meios e os fins. *"Todas as coisas estão sujeitas à lei da causa e efeito"*, começa ele em seu tratado. *"Este grande princípio não conhece exceção"*[39]. Jevons e Walras rejeitaram a causa e efeito em favor da determinação simultânea, a ideia de que os sistemas complexos podem ser modelados como sistemas de equações simultâneas nos quais não se pode dizer que uma variável "causa" alguma outra. Esta abordagem tornou-se padrão na economia

---

[37] † Publicado originalmente como o Prefácio do livro **Principles of Economics**, de Carl Menger (reimpressão, Auburn, Ala.: Ludwig von Mises Institute, 2006).
[38] MISES, Ludwig von. **Ação Humana**. Op. cit. p. 988.
[39] MENGER, Carl. **Principles of Economics**. Op. cit. p. 51.

contemporânea, e é aceita por quase todos os economistas, exceto pelos seguidores de Menger.

Menger procurava explicar os preços como resultado das interações intencionais e voluntárias entre compradores e vendedores, cada um orientado pelas suas próprias avaliações subjetivas a respeito da utilidade dos vários bens e serviços para satisfazer seus objetivos (o que agora chamamos de utilidade marginal, termo cunhado posteriormente por Friedrich von Wieser). As trocas são, portanto, o resultado das tentativas deliberadas das pessoas para melhorar seu bem-estar, e não de uma *"propensão a intercambiar, permutar ou trocar"* inata, conforme sugerido por Adam Smith[40]. As quantidades exatas dos bens transacionados – seus preços, em outras palavras – são determinadas pelos valores que os indivíduos atribuem às unidades marginais desses bens. Com um único comprador e vendedor, os bens são transacionados enquanto os participantes concordam com uma taxa de troca que deixa cada um em situação melhor do que estava antes.

Em um mercado com muitos compradores e vendedores, o preço reflete as valorizações do comprador menos propenso a comprar e do vendedor menos desejoso de vender, aquilo que Böhm-Bawerk chamaria de "pares marginais". Em cada troca voluntária, portanto, os ganhos com a troca são momentaneamente exauridos, independentemente da estrutura exata do mercado. A explicação altamente geral de Menger para a formação dos preços continua a formar o núcleo da microeconomia austríaca.

A análise de Menger recebeu o rótulo de "causal-realista", em parte para enfatizar a distinção entre a abordagem de Menger e a dos economistas neoclássicos (ver o Capítulo 7 para uma discussão detalhada da teoria econômica de Menger). Além de seu foco nas relações causais, a análise de Menger é realista no sentido de que não procurou desenvolver modelos formais de relações econômicas hipotéticas, mas sim explicar os preços reais, pagos todos os dias nos mercados reais. Os economistas clássicos tinham explicado que os preços resultam da oferta e da demanda, porém careciam de uma teoria satisfatória do valor para explicar a disposição dos compradores para pagar por bens e serviços. Rejeitando o subjetivismo do valor, os economistas clássicos tendiam

---

[40] SMITH, Adam. **An Inquiry into the Nature and Causes of the Wealth of Nations**. CAMPBELL, R. H.; SKINNER, A. S. & TODD, W. B. (Eds.). Indianapolis: Liberty Classics, 1981 [1776]. I, p. 24.

a tratar a demanda como relativamente não importante e a se concentrar nas condições hipotéticas de "longo prazo", nas quais características "objetivas" dos bens – sobretudo seus custos de produção – determinariam seus preços. Os economistas clássicos também costumavam agrupar os fatores de produção em categorias amplas – terra, trabalho e capital –, tornando-os incapazes de explicar os preços das unidades discretas e heterogêneas desses fatores. Menger percebeu que os preços reais pagos pelos bens e serviços não refletem certas características objetivas e "intrínsecas", mas sim os usos para os quais aos quais as unidades discretas dos bens e serviços são colocados conforme percebidos, subjetivamente, pelos compradores e vendedores individuais.

O *Principles* foi escrito como um volume introdutório em um trabalho que se propunha a ter muitos volumes. Conforme notado no Capítulo 7, os volumes posteriores não foram escritos. Menger não desenvolveu explicitamente, no *Principles*, o conceito de custo de oportunidade, não estendeu sua análise para explicar os preços dos fatores de produção e não desenvolveu uma teoria do cálculo monetário. Tais avanços viriam mais tarde, através de seus estudantes e discípulos Böhm-Bawerk, Wieser, J. B. Clark, Wicksteed, Fetter, Davenport, Mises e Hayek. Contudo, muitas das ideias mais importantes estão implícitas na análise de Menger. Por exemplo, sua distinção entre bens de "ordens" mais baixas e mais elevadas, com relação ao seu lugar na sequência temporal da produção, forma o coração da teoria austríaca do capital, um de seus elementos mais distintos e importantes. De fato, Menger enfatiza a passagem do tempo ao longo de sua análise, uma ênfase que ainda não abriu seu espaço na teorização econômica *mainstream*.

Enquanto a maior parte dos tratados econômicos contemporâneos são túrgidos e monótonos, o livro de Menger é notavelmente fácil de ler, mesmo nos dias de hoje. Sua prosa é lúcida, sua análise é lógica e sistemática, seus exemplos são claros e informativos. O *Principles* permanece como uma excelente introdução ao raciocínio econômico e, para o especialista, à formulação clássica dos princípios centrais da Escola Austríaca.

Como colocado por Hayek[41], a importância da Escola Austríaca *"deve-se inteiramente aos fundamentos lançados por este único homem"*. Entretanto, embora Menger seja universalmente reconhecido como o fundador da Escola Austríaca, sua abordagem causal-realista para a

---

[41] HAYEK, F. A. **Denationalisation of Money**: An Analysis of the Theory and Practice of Concurrent Currencies. London: Institute of Economic Affairs, 1976. p. 12.

formação dos preços nem sempre é apreciada, mesmo na Economia Austríaca contemporânea. Conforme vimos no Capítulo 7, Vaughn[42] considera que a teoria dos preços de Menger não é original, e identifica suas breves referências às instituições, à evolução, como sendo a contribuição "austríaca" distinta de Menger. Meu ponto de vista é diferente: a principal contribuição de Menger à tradição austríaca é sua teoria dos preços, sua economia "mundana", a qual é distinta da tradição neoclássica, e a qual também é um dos blocos de construção fundamentais da análise econômica austríaca.

Outra característica notável da contribuição de Menger é que apareceu em alemão, em uma época na qual a abordagem dominante no mundo germanófono era aquela da "Nova" Escola Histórica Alemã, que evitava completamente a análise teórica em favor de estudos históricos de caso indutivos e ideologicamente orientados. Os economistas teóricos mais talentosos, os clássicos britânicos tais como J. S. Mill, eram em grande parte desconhecidos para os autores de língua alemã. Conforme observado por Hayek[43], *"na Inglaterra, o progresso da economia teórica estagnou. Na Alemanha, surgiu uma segunda geração de economistas históricos que não somente nunca se familiarizaram com o único sistema teórico bem desenvolvido que existia, mas que também aprenderam a considerar as especulações teóricas de qualquer tipo como inúteis, se não positivamente daninhas"*. A abordagem de Menger – arrogantemente repudiada pelo líder da Escola Histórica Alemã, Gustav Schmoller, como sendo meramente "austríaca", de onde vem a origem desse rótulo – conduziu a um renascimento da teoria econômica na Europa e, posteriormente, nos Estados Unidos.

Em resumo, os conceitos centrais da Economia Austríaca contemporânea – ação humana, meios e fins, valor subjetivo, análise marginal, individualismo metodológico, estrutura temporal da produção – juntamente com a teoria austríaca do valor e dos preços, que forma o núcleo da análise austríaca, todos fluem a partir do trabalho pioneiro de Menger. Como colocado por Salerno[44], *"a Economia Austríaca sempre foi e para sempre permanecerá sendo a economia mengeriana"*.

---

[42] VAUGHN, Karen I. **Austrian Economics in America**. Op. cit.
[43] HAYEK, F. A. **Denationalisation of Money**. Op. cit. p. 13.
[44] SALERNO, Joseph T. Carl Menger: The Founder of the Austrian School. Op. cit. p. 71

F) Hayek, o Inovador[45]

F. A. Hayek é, sem dúvida, o mais eminente dos economistas austríacos modernos. Aluno de Friedrich von Wieser, protegido e colega de Ludwig von Mises, e o principal representante de uma notável geração de teóricos da Escola Austríaca, Hayek teve mais sucesso do que qualquer outro na difusão das ideias austríacas no mundo anglófono. *"Quando a história definitiva da análise econômica durante os anos 1930 vier a ser escrita"*, disse John Hicks em 1967, *"um personagem principal no drama (foi de fato um drama) será o professor Hayek. Dificilmente é lembrado que tratava-se de uma época na qual as novas teorias de Hayek eram as principais rivais das novas teorias de Keynes"*[46]. Infelizmente, a teoria de Hayek do ciclo de negócios foi posta de lado pela revolução keynesiana. Finalmente, entretanto, este trabalho foi novamente reconhecido quando Hayek recebeu, juntamente com Gunnar Mydral, o Prêmio Nobel de Economia em 1974. Hayek foi um autor prolífico durante quase sete décadas; suas *Obras Completas*, que atualmente estão sendo publicadas pela University of Chicago Press e pela Routledge, estão planejadas para ocupar dezenove volumes.

Vida e Obra

A vida de Hayek atravessou o século XX, e ele participou de algumas das grandes comunidades intelectuais do período[47]. Nascido como Friedrich August von Hayek em 1899, em uma distinta família de intelectuais vienenses[48], Hayek frequentou a Universidade de Viena, recebendo doutorados em 1921 e 1923. Hayek iniciou seus estudos universitários aos 19 anos, logo após a Primeira Guerra Mundial, quando a Universidade de Viena era um dos três melhores lugares do mundo para se estudar economia (os outros eram Estocolmo e Cambridge, na Inglaterra). Embora estivesse matriculado como estudante de direito, seus principais interesses eram economia e psicologia, esta última devido à influência

---

[45] † Publicado originalmente como "F. A. Hayek: Economista Austríaco e Teórico Social", em HOLCOMBE, Randall G. (Ed.). **Fifteen Great Austrian Economists**. Auburn, Ala.: Mises Institute, 1999, p. 181-94.
[46] HICKS, John R. **Critical Essays in Monetary Theory**. Oxford: Clarendon Press, 1967. p. 203.
[47] Ver HAYEK, F. A. **Hayek on Hayek**. Op. cit.; e a introdução por Stephen Kresge.
[48] O pai de Hayek foi médico e botânico. Um de seus avôs, um estatístico, foi amigo de Eugen von Böhm-Bawerk; o filósofo Ludwig Wittgenstein era primo em segundo grau.

da teoria da percepção de Mach sobre Wieser e Othmar Spann, colega de Wieser, e a primeira decorrente do ideal reformista do socialismo fabiano, tão típico da geração de Hayek.

Como muitos estudantes de economia desde então, Hayek escolheu a disciplina não por seu próprio valor científico, mas porque desejava melhorar as condições sociais – a pobreza da Vienna do pós-guerra servia como uma lembrança diária de tal necessidade. O socialismo parecia proporcionar uma solução. Então, em 1922, Mises publicou seu *Die Gemeinwirtschaft*, posteriormente traduzido como *Socialism*. *"Para nós, os jovens que leram o livro assim que apareceu"*, recordou Hayek, *"o mundo nunca mais foi o mesmo"*[49]. Em *Socialism*, uma elaboração do artigo pioneiro de Mises de dois anos antes, o autor argumentou que o cálculo econômico requer um mercado livre para os meios de produção; sem um tal mercado, não há maneira de estabelecer os preços desses meios e, consequentemente, não há forma de encontrar sua utilização adequada na produção. O desvastador ataque de Mises contra o planejamento central converteu Hayek ao *laissez-faire*, juntamente com alguns de seus contemporâneos, tais como Wilhelm Röpke, Lionel Robbins e Bertil Ohlin. Foi por volta dessa época que Hayek começou a frequentar o famoso *Privatseminar*, de Mises. Participantes regulares, que não recebiam créditos acadêmicos ou nenhum outro reconhecimento oficial pelo seu tempo e ensino, incluíam Hayek, Gottfried Haberler, Fritz Machlup, Oskar Morgenstern, Paul Rosenstein-Rodan, Richard von Strigl, Karl Schleisinger, Felix Kaufmann, Alfred Schütz, Eric Voegelin e Karl Menger Jr., além de outros não tão notórios. Durante muitos anos, o *Privatseminar* foi o centro da comunidade econômica em Viena, atraindo visitantes tais como Robbins, de Londres, e Howard S. Ellis, de Berkeley. Mais tarde, Hayek tornou-se o primeiro do grupo a deixar Viena; a maior parte dos demais, juntamente com o próprio Mises, também saiu por volta do início da Segunda Guerra Mundial.

Mises tinha trabalhado, anteriormente, com teoria monetária e bancária, aplicando com sucesso o princípio austríaco da utilidade marginal ao valor do dinheiro, e então esboçando uma teoria das flutuações industriais com base nas doutrinas da *British Currency School*[50] e nas

---

[49] HAYEK, F. A. In Honour of Professor Mises. In: HAYEK, F. A. **The Fortunes of Liberalism**: Essays on Austrian Economics and the Ideal of Freedom. KLEIN, Peter G. (Ed.). **The Collected Works of F. A. Hayek**, Vol. 4. Chicago: University of Chicago Press, 1992 [1956]. p. 133.

[50] A *Currency School* é uma escola de pensamento econômico britânica muito ativa no

ideias do economista sueco Knut Wicksell. Hayek utilizou esta última como ponto de partida para suas próprias pesquisas sobre flutuações, explicando a origem do ciclo de negócios em termos da expansão do crédito bancário e sua transmissão em termos dos investimentos equivocados de capital (*malinvestment*). Seus trabalhos nesta área por fim lhe renderam um convite para lecionar na London School of Economics and Political Science e a ocupar a Cátedra Tooke em Economia e Estatística, a qual aceitou em 1931. Lá, tomou parte em um grupo intelectualmente vibrante: Robbins, J. R. Hicks, Arnold Plant, Dennis Robertson, T. E. Gregory, Abba Lerner, Kenneth Boulding e George Shackle, para citar apenas os mais proeminentes. Hayek levou seus pontos de vista pouco familiares (para eles)[51] e, gradualmente, a teoria "austríaca" do ciclo de negócios tornou-se conhecida e aceita. Na LSE, Hayek lecionou sobre a teoria do ciclo de negócios de Mises, a qual estava refinando e que, até o aparecimento da *General Theory*, de Keynes, em 1936, estava rapidamente ganhando adeptos na Grã-Bretanha e nos Estados Unidos, tornando-se a explicação preferida sobre a Grande Depressão. No início dos anos 1930, Hayek e Keynes tinham se enfrentado nas páginas do Economic Journal, a respeito do *Treatise on Money* de Keynes. Como um dos principais adversários profissionais de Keynes, Hayek estava bem posicionado para elaborar uma refutação completa da *General Theory*. Porém, nunca fez isso. Parte da explicação reside, sem dúvida, no charme pessoal e na lendária habilidade retórica de Keynes, juntamente com a relutância geral de Hayek de engajar-se em confronto direto com seus colegas[52]. Hayek também considerava Keynes como um aliado na luta contra a inflação da época da guerra e não desejava prejudicar essa questão[53]. Mais ainda, conforme Hayek explicou posteriormente, Keynes estava constantemente modificando seu arcabouço teórico, e Hayek não via razão para desenvolver uma crítica detalhada da *General*

---

período de 1840 a 1850 que acreditava na restrição da emissão e circulação da moeda, além de defender o lastro monetário em ouro. Opunha-se às ideias da *British Banking School*. (N. do E.)

[51] Hicks observou, com referência ao primeiro livro em inglês de Hayek (1931), que "Prices and Production *estava em inglês, mas não era economia inglesa*". HICKS, John R. **Critical Essays in Monetary Theory**. Op. cit. p. 204.

[52] Adicionalmente, Hayek mencionou seu próprio "cansaço pela controvérsia"; já tinha se engajado contra os socialistas de mercado a respeito do cálculo econômico, contra Knight sobre a teoria do capital e contra Keynes sobre a moeda. HAYEK, F. A. The Economics of the 1930s as Seen from London. In: HAYEK, F. A. **Contra Keynes and Cambridge**: Essays, Correspondence. CALDWELL, Bruce (Ed.). **The Collected Works of F. A. Hayek**, Vol. 9. Chicago: University of Chicago Press, 1963b. p. 60.

[53] HAYEK, F. A. **Hayek on Hayek**. Op. cit. p. 91.

Theory, já que Keynes poderia mudar seu pensamento novamente[54]. Hayek pensou que um percurso melhor seria produzir uma elaboração mais completa da teoria do capital de Böhm-Bawerk, e começou a devotar suas energias a esse projeto. Infelizmente, *The Pure Theory of Capital* somente foi finalizado em 1941, e nessa época o modelo macro keynesiano já estava firmemente estabelecido[55].

Dentro de poucos anos, no entanto, a sorte da Escola Austríaca sofreu um revés dramático. Primeiro, a teoria austríaca do capital, uma parte integrante da teoria do ciclo de negócios, foi atacada pelo economista de Cambridge (de origem italiana) Piero Sraffa, e pelo norte-americano Frank Knight, enquanto a própria teoria do ciclo ficou esquecida em meio ao entusiasmo pela *General Theory*. Em segundo lugar, começando com a mudança de Hayek para Londres e continuando até o início dos anos 1940, os economistas austríacos deixaram Viena por razões pessoais e depois por motivos profissionais, e então a Escola deixou de existir como tal[56]. Mises mudou-se de Viena para Genebra em 1934 e, depois, para New York, onde continuou a trabalhar em isolamento; Hayek permaneceu na LSE até 1950, quando juntou-se ao Committee on Social Thought (Comitê

---

[54] HAYEK, F. A. The Economics of the 1930s as Seen from London. Op. cit. p. 60; HAYEK, F. A. Personal Recollections of Keynes and the 'Keynesian Revolution'. In: HAYEK, F. A. **Contra Keynes and Cambridge**: Essays, Correspondence. CALDWELL, Bruce (Ed.). **The Collected Works of F. A. Hayek**, Vol. 9. Chicago: University of Chicago Press, 1966. p. 240-41.

[55] Para mais detalhes sobre a falta de uma resposta de Hayek à *General Theory*, ver CALDWELL, Bruce J. Introduction. In: HAYEK, F. A. **Contra Keynes and Cambridge**: Essays, Correspondence. CALDWELL, Bruce (Ed.). **The Collected Works of F. A. Hayek**, Vol. 9. Chicago: University of Chicago Press, 1995; especialmente p. 40-6. Hayek também acreditava que uma refutação eficaz de Keynes deveria começar com uma crítica minuciosa do agregado, ou da "macro" economia de forma mais geral (HAYEK, F. A. The Economics of the 1930s as Seen from London. Op. cit. p. 60-61; HAYEK, F. A. Personal Recollections of Keynes and the 'Keynesian Revolution'. Op. cit. p. 240-41). Caldwell sugere uma outra razão: foi durante esta época que Hayek estava perdendo sua fé na teoria do equilíbrio e orientando-se para uma perspectiva de "processo de mercado" da atividade econômica, tornando difícil para ele engajar-se contra Keynes nos mesmos termos nos quais tinham debatido anteriormente (CALDWELL, Bruce J. Hayek's Transformation. **History of Political Economy**, v. 20 (1988): p. 513-41). McCormick e Blaug propõem uma razão totalmente diferente: Hayek não poderia responder porque a teoria austríaca do capital, sobre a qual a teoria do ciclo estava erigida, era simplesmente errada. MCCORMICK, Brian J. **Hayek and the Keynesian Avalanche**. New York: St. Martin's Press, 1992. p. 99-134; BLAUG, Mark. Hayek revisited. **Critical Review**, v. 7 (1993): p. 51-60. p. 53-55.

[56] Sobre a emigração dos economistas austríacos, ver CRAVER, Earlene. The Emigration of the Austrian Economists. **History of Political Economy**, v. 18 (1986): p. 1-32.

para o Pensamento Social) na Universidade de Chicago. Outros austríacos da geração de Hayek tornaram-se proeminentes nos Estados Unidos – Gottfried Haberler em Harvard, Fritz Machlup e Oskar Morgenstern em Princeton, Paul Rosenstein-Rodan no MIT – mas seus trabalhos não mais pareciam mostrar traços distintos da tradição fundada por Menger.

Em Chicago, Hayek encontrou-se novamente em um grupo deslumbrante: o departamento de economia, liderado por Knight, Milton Friedman, e mais tarde por George Stigler, era um dos melhores que existiam, e Aaron Director, da escola de direito, logo estabeleceu o primeiro programa de direito e economia[57]. Mas a teoria econômica, em particular seu estilo de raciocínio, estava mudando rapidamente; o *Foundations*, de Paul Samuelson, tinha aparecido em 1947, estabelecendo a física como a ciência que a economia deveria imitar, e o ensaio de 1953 de Friedman sobre "economia positiva" estabeleceu um novo padrão para o método econômico. Em acréscimo a isso, Hayek parou de trabalhar com teoria econômica, e concentrou-se em psicologia, filosofia e política, e a Economia Austríaca entrou em um prolongado eclipse[58]. Trabalhos importantes na tradição austríaca foram realizados durante este período por Rothbard[59], Kirzner[60] e Lachmann[61], mas, ao menos publicamente, a tradição austríaca permaneceu, em sua maior parte, dormente.

---

[57] Entretanto, em Chicago Hayek foi considerado, de certa forma, como um forasteiro; seu cargo era no Committee on Social Thought, e não no departamento de economia, e seu salário era pago por uma organização privada, o Fundo William Volker (a mesma organização que pagou o salário de Mises como professor visitante na Universidade de New York).

[58] Por esta época, Hayek disse: *"Eu me tornei de certa forma obsoleto como um economista e me senti muito desconfortável com a direção na qual a economia estava se desenvolvendo. Embora eu ainda considerasse os trabalhos que realizei durante os anos 1940 sobre método científico, história das ideias e teoria política como excursões temporárias por outros campos, foi difícil para mim retornar ao ensino sistemático da teoria econômica e senti como um alívio não ter sido forçado a lidar com ela em minhas funções docentes"* (HAYEK, F. A. **Hayek on Hayek**. Op. cit. p. 126).

[59] ROTHBARD, Murray N. Toward a Reconstruction of Utility and Welfare Economics. In: SENNHOLZ, Mary (Ed.). **On Freedom and Free Enterprise**: Essays in Honor of Ludwig von Mises. Princeton: Van Nostrand, 1956; ROTHBARD, Murray N. **Man, Economy, and State**. Op. cit.; ROTHBARD, Murray N. **America's Great Depression**. 2 rev. ed. New York: Richardson and Snyder, 1983 [1963a]; ROTHBARD, Murray N. **What Has Government Done to Our Money?** Auburn, Ala.: Ludwig von Mises Institute, 1990 [1963b].

[60] KIRZNER, Israel M. **Market Theory and the Price System**. Op. cit.; KIRZNER, Israel M. **An Essay on Capital**. Op. cit.; KIRZNER, Israel M. **Competição e Atividade Empresarial**. Op. cit.

[61] LACHMANN, Ludwig M. **Capital and its Structure**. Op. cit.

Quando o Prêmio Nobel de Economia de 1974 foi conferido a Hayek, o interesse na Escola Austríaca reviveu repentina e inesperadamente. Embora este não tenha sido o primeiro evento do assim chamado "renascimento austríaco", a memorável conferência South Royalton tendo ocorrido anteriormente nesse mesmo ano, a redescoberta de Hayek pela profissão da economia foi, no entanto, um fator decisivo para o renascimento da Economia Austríaca[62]. As obras de Hayek foram ensinadas às novas gerações, e o próprio Hayek apareceu nas primeiras conferências do Institute for Humane Studies, em meados dos anos 1970. Continuou a escrever, produzindo *The Fatal Conceit*[63], em 1988, aos 89 anos de idade. Hayek faleceu em 1992, em Freiburg, Alemanha, onde residia desde que deixou Chicago em 1961.

Contribuições à Economia

O legado de Hayek à economia é complexo. Entre os economistas *mainstream*, é conhecido principalmente por sua obra mais popular, *The Road to Serfdom*[64], de 1944, e pelos seus trabalhos sobre o conhecimento nos anos 1930 e 1940[65]. Especialistas na teoria do ciclo de negócios reconhecem seus trabalhos iniciais sobre flutuações industriais, e teóricos da informação modernos geralmente reconhecem os trabalhos de Hayek sobre os preços como sinalizações, apesar de suas conclusões serem

---

[62] Os anais da conferência South Royalton foram publicados como DOLAN, Edwin G. (Ed.). **The Foundations of Modern Austrian Economics**. Kansas City: Sheed & Ward, INC., 1976. Um volume de continuação apareceu dois anos mais tarde: SPADARO, Louis (Ed.). **New Directions in Austrian Economics**. Kansas City: Sheed & Ward, INC., 1978. Para perspectivas sobre o renascimento austríaco, ver ROTHBARD, Murray N. The Present State of Austrian Economics. Op. cit.; e VAUGHN, Karen I. **Austrian Economics in America**. Op. cit. Salerno argumenta que o renascimento austríaco não deve ser datado em 1974, mas sim desde 1962-63, quando Rothbard publicou *Man, Economy, and State* (1962), *America's Great Depression* (1963), e *What Has Government Done to Our Money?* (1963), as obras que acenderam o interesse dos jovens participantes da conferência South Royalton pela Economia Austríaca. SALERNO, Joseph T. A Final Word: Calculation, Knowledge, and Appraisement. Op. cit.
[63] N. do T.: Publicado no Brasil como HAYEK, F. A. **A Arrogância Fatal**: Os Erros do Socialismo. Tradução de Ana Maria Capovilla e Candido Mendes Prunes. Porto Alegre: Ortiz, 1995.
[64] N. do T.: Publicado no Brasil como HAYEK, F. A. **O Caminho da Servidão**. Tradução de Ana Maria Capovilla, José Ítalo Stelle e Liane de Morais Ribeiro. São Paulo: Instituto Ludwig von Mises Brasil, 2010.
[65] HAYEK, F. A. Economics and Knowledge. Op. cit.; HAYEK, F. A. The Use of Knowledge in Society. Op. cit.

tipicamente disputadas[66]. Os trabalhos de Hayek são também conhecidos na filosofia política[67], teoria jurídica[68] e psicologia[69]. Dentro da Escola Austríaca de economia, a influência de Hayek, embora inegavelmente imensa, tornou-se recentemente tema de alguma controvérsia. Sua ênfase na ordem espontânea e seus trabalhos sobre sistemas complexos têm exercido ampla influência sobre muitos austríacos. Outros têm preferido enfatizar os trabalhos econômicos mais técnicos de Hayek, particularmente sobre o capital e o ciclo de negócios, citando uma tensão entre alguns pontos de vista de Hayek e Mises a respeito da ordem social (enquanto Mises era um racionalista e utilitarista, Hayek concentrava-se nos limites da razão, fundamentando sua defesa do capitalismo em sua habilidade de usar o conhecimento limitado e o aprendizado por meio de tentativa e erro).

TEORIA DO CICLO DE NEGÓCIOS. As obras de Hayek sobre o capital, a moeda e o ciclo de negócios são amplamente consideradas como suas contribuições mais importantes à economia[70]. Baseando-se na obra *Theory of Money and Credit* de Mises[71], Hayek mostrou como as

---

[66] Lucas cita Hayek como um dos principais expoentes da teoria do ciclo de negócios pré-keynesiana (LUCAS, Robert E.; Jr. Understanding Business Cycles. In: LUCAS, Robert E., Jr. **Studies in Business Cycle Theory**. Cambridge, Mass: MIT Press, 1981 [1977]). Grossman e Stiglitz, e Grossman argumentam que, em oposição a Hayek, os preços de mercado não são "estatística suficiente" para mudanças nos gostos e na tecnologia (GROSSMAN, Sanford J. & STIGLITZ, Joseph E. Information and Competitive Price Systems. **American Economic Review**, v. 66 (1976): p. 246-53; GROSSMAN, Sanford J. On the Impossibility of Informational Efficient Markets. Op. cit.; GROSSMAN, Sanford J. **The Informational Role of Prices**. Cambridge, Mass., and London: MIT Press, 1989). Esta literatura tenta testar o "conteúdo informativo" das sinalizações de preços, e argumentam que, em geral, somente os preços perfeitamente competitivos transmitem informações úteis. Farrell e Bolton afirmam que Hayek exagera as propriedades de coordenação das trocas no mercado descentralizado (FARRELL, Joseph & BOLTON, Patrick. Decentralization, Duplication, and Delay. **Journal of Political Economy**, v. 98 (1990): p. 803-26). O artigo de Hayek, de 1945, é também frequentemente citado na literatura da nova economia institucional enfatizando o processo e a adaptação, embora a coordenação através do mercado seja vista como somente um tipo de coordenação desejável (HAYEK, F. A. The Use of Knowledge in Society. Op. cit.). Ver, por exemplo, WILLIAMSON, Oliver E. Economic Institutions. Op. cit.
[67] HAYEK, F. A. **The Constitution of Liberty**. Chicago: University of Chicago Press, 1960.
[68] HAYEK, F. A. **Law, Legislation, and Liberty**. Op. cit.
[69] HAYEK, F. A. **The Sensory Order**. Chicago: University of Chicago Press, 1952b.
[70] HICKS, John R. **Critical Essays in Monetary Theory**. Op. cit.; MACHLUP, Fritz. Hayek's Contributions to Economics. In: MACHLUP, Fritz (Ed.). **Essays on Hayek**. Hillsdale, Mich: Hillsdale College Press, 1976b.
[71] MISES, Ludwig von. **The Theory of Money and Credit**. Op. cit.

flutuações na produção e no emprego da economia como um todo relacionam-se com a estrutura de capital da economia. Em *Prices and Production*[72], introduziu os famosos "triângulos de Hayek" para ilustrar a relação entre o valor dos bens de capital e seu lugar na sequência temporal da produção. Dado que a produção leva tempo, os fatores de produção devem ser comprometidos no presente para fabricar os bens finais que terão valor somente no futuro, após serem vendidos. Contudo, o capital é heterogêneo. Como os bens de capital são usados na produção, são transformados de materiais e componentes de propósito geral em produtos intermediários específicos para determinados bens finais. Consequentemente, esses ativos não podem ser facilmente redistribuídos para usos alternativos se a demanda por bens finais for alterada. Assim, o problema macroeconômico central em uma economia moderna baseada na utilização de capital é de *coordenação intertemporal*: como a alocação de recursos entre os bens de consumo e de capital pode ser alinhada com as preferências dos consumidores entre o consumo futuro e presente? Em *The Pure Theory of Capital*[73], que é talvez seu trabalho mais ambicioso, Hayek descreve como a estrutura de produção da economia depende das características dos bens de capital – durabilidade, complementariedade, substituibilidade, especificidade. Esta estrutura pode ser descrita pelos diversos "períodos de investimento" dos insumos, uma extensão da noção de *"roundaboutness"*[74] de Böhm-Bawerk, o grau no qual a produção ocupa recursos ao longo do tempo[75].

Em *Prices and Production*[76], e em *Monetary Theory and the Trade Cycle*[77], Hayek demonstrou como as injeções monetárias, por reduzirem a taxa de juros abaixo do que Mises (seguindo Wicksell) chamou de sua "taxa natural", distorcem a estrutura intertemporal da produção na

---

[72] HAYEK, F. A. **Prices and Production**. Op. cit.
[73] HAYEK, F. A. **The Pure Theory of Capital**. Op. cit.
[74] N. do T.: O termo *roundaboutness* denota a característica dos métodos de produção de serem indiretos.
[75] Hayek finalmente rejeitou o "período médio de produção" de Böhm-Bawerk como um conceito útil, embora o tenha utilizado anteriormente em *Prices and Production*. Ver HAYEK, F. A. **Hayek on Hayek**. Op. cit. p. 141; e WHITE, Lawrence H. **Hayek's Pure Theory of Capital**. Manuscrito não publicado. Department of Economics, University of Georgia, 1996.
[76] HAYEK, F. A. **Prices and Production**. Op. cit.
[77] HAYEK, F. A. **Monetary Theory and the Trade Cycle**. London: Jonathan Cape, 1933b.

economia⁷⁸. A maior parte das teorias sobre os efeitos da moeda nos preços e na produção (desde então) consideram somente os efeitos da oferta total de moeda no nível de preços e no investimento ou no produto agregado. A teoria austríaca, tal como desenvolvida por Mises e Hayek, concentra-se na maneira como a moeda entra na economia (os "efeitos de injeção") e como isto afeta os preços relativos e o investimento em setores específicos. No arcabouço de Hayek, os investimentos em alguns estágios da produção são equivocados (*malinvestments*) se não ajudam a alinhar a estrutura da produção com as preferências intertemporais dos consumidores. A redução das taxas de juros provocada pela expansão do crédito orienta os recursos para os processos intensivos em capital e para os estágios iniciais da produção (cujas demandas por investimentos são mais elásticas à taxa de juros), "ampliando" assim o período de produção. Se as taxas de juros tivessem caído porque os consumidores tinham modificado suas preferências para favorecer o consumo futuro mais do que o presente, então a estrutura temporal mais longa da produção teria sido uma resposta apropriada e de coordenação. Uma queda nas taxas de juros provocada pela expansão do crédito, no entanto, teria sido uma "sinalização falsa", provocando mudanças na estrutura da produção que não estariam de acordo com as preferências intertemporais dos consumidores⁷⁹. O crescimento gerado pelo aumento no investimento é artificial. Os participantes do mercado percebem que não há poupança suficiente para completar todos os novos projetos; o crescimento torna-se um fracasso à medida que esses investimentos equivocados (*malinvestments*) são descobertos e liquidados⁸⁰. Todo crescimento artificial induzido por

---

[78] Hayek pensou que o caso mais importante ocorria quando a taxa de juros do mercado era mantida constante apesar de um aumento na taxa natural de juros. Em seus escritos, contudo, concentrou-se no caso expositivamente mais fácil, quando a expansão do crédito reduz a taxa de juros do mercado abaixo de uma taxa natural inalterada.

[79] Durante a maior parte de sua carreira, Hayek considerou um sistema bancário de reserva fracionada como sendo inerentemente instável, endossando (em princípio) um papel para a estabilização governamental da oferta de moeda. Em obras posteriores, começando com *The Constitution of Liberty* (1960) e culminando com *Denationalization of Money* (1976), desenvolveu argumentos favoráveis à competição entre emissores privados de moeda fiduciária. Ver WHITE, Lawrence H. Why didn't Hayek Favor *laissez-faire* in Banking? **History of Political Economy**, v. 34 (1999): p. 753-69.

[80] Antecipando as teorias modernas do ciclo, Hayek reconheceu que o comportamento do ciclo depende das expectativas sobre os preços futuros e os movimentos da taxa de juros (HAYEK, F. A. Price Expectations, Monetary Disturbances, and Malinvestments. In: HAYEK, F. A. **Profits, Interest, and Investment**. London: Routledge and Kegan Paul, 1939b). Conforme colocado por Garrison e Kirzner, para Hayek *"os preços são sina-*

meio de expansão de crédito é, portanto, auto-reversível. A recuperação consiste da liquidação dos investimentos errôneos induzidos pela queda das taxas de juros abaixo de seus níveis naturais, restaurando assim a estrutura temporal da produção de tal maneira que possa estar de acordo com as preferências intertemporais dos consumidores[81].

CONHECIMENTO, PREÇOS E COMPETIÇÃO COMO UM PROCEDIMENTO DE DESCOBERTA. As obras de Hayek sobre o conhecimento disperso e a ordem espontânea também são amplamente conhecidos, porém são mais controversos. Em *Economics and Knowledge*[82] e *The Use of Knowledge in Society*[83], Hayek argumentou que o principal problema econômico que a sociedade enfrenta não é, como geralmente encontramos nos livros-texto, a alocação dos recursos dados entre fins concorrentes. *"Em vez disso, um problema de como assegurar a melhor utilização dos recursos conhecida por qualquer um dos membros da sociedade para fins cuja importância relativa é conhecida somente por esses indivíduos. Ou, brevemente, é um problema a respeito da utilização do conhecimento que não é dado a ninguém em sua totalidade"*[84].

Grande parte do conhecimento necessário para o funcionamento do sistema econômico, argumentou Hayek, não está na forma de

---

lizações, e não ordens de marcha" (GARRISON, Roger W. & KIRZNER, Israel M. Hayek, Friedrich August von. In: EATWELL, John. MILGATE, Murray & NEWMAN, Peter (Eds.). **The New Palgrave Dictionary of Law and Economics**. London: Macmillan, 1998 [1987]. p. 612). Mas Hayek não acreditava que os agentes pudessem conhecer a estrutura real da economia, de modo a distinguirem corretamente os movimentos das taxas de juros provocados pelas mudanças nas preferências intertemporais dos consumidores daquelas geradas por mudanças na oferta de moeda.

[81] Para visões gerais das perspectivas macroeconômicas de Hayek, ver O'DRISCOLL, Gerald P. **Economics as a Coordination Problem**. Op. cit.; e GARRISON, Roger W. & KIRZNER, Israel M. Hayek, Friedrich August von. Op. cit. Para exposições e interpretações da teoria austríaca do ciclo econômico, em particular como se relaciona com as teorias modernas do ciclo, ver GARRISON, Roger W. Austrian Macroeconomics: A Diagrammatical Exposition. In: SPADARO, Louis M. (Ed.). **New Directions in Austrian Economics**. Kansas City, Mo.: Sheed Andrews and McMeel, 1978; GARRISON, Roger W. **Time and Money**. Op. cit.; BEILANTE, Don & GARRISON, Roger W. Phillips Curves and Hayekian Triangles: Two Perspectives on Monetary Dynamics. **History of Political Economy**, v. 20 (1988): p. 207-34; ZIJP, Rudy van. **Austrian and New Classical Business Cycle Theories**: A Comparative Study Through the Method of Rational Reconstruction. Brookfield, VT: Edward Elgar, 1993; e FOSS, Nicolai J. **The Austrian School and Modern Economics**: A Reassessment. Copenhagen: Handelshøjskolens Forlag, 1994b. p. 39-55.

[82] HAYEK, F. A. Economics and Knowledge. Op. cit.
[83] HAYEK, F. A. The Use of Knowledge in Society. Op. cit.
[84] Idem, p. 78.

conhecimento "científico" ou tecnológico – a percepção consciente das regras que governam os fenômenos naturais e sociais – mas sim de conhecimento "tácito", as porções idiossincráticas e dispersas do entendimento das *"circunstâncias do tempo e lugar"*. Este conhecimento tácito geralmente não é conhecido de maneira consciente, mesmo por aqueles que o possuem, e não pode nunca ser comunicado a uma autoridade central. O mercado tende a usar este conhecimento tácito através de um tipo de *"procedimento de descoberta"*[85], por meio do qual esta informação é inconscientemente transmitida através da economia como uma consequência não pretendida dos indivíduos procurando seus próprios fins[86]. De fato, a distinção de Hayek entre a noção neoclássica de "competição", identificada como um conjunto de condições de equilíbrio (número de participantes no mercado, características do produto, etc.), e a antiga noção da competição como um processo de rivalidade, exerce ampla influência na Economia Austríaca[87].

Para Hayek, a competição no mercado gera um tipo específico de ordem – uma ordem que é o produto *"da ação humana mas não da intenção humana"* (uma frase que Hayek tomou emprestada de Adam Ferguson, mentor de Adam Smith). Esta "ordem espontânea" é um sistema que acontece através das ações independentes de muitos indivíduos, e produz benefícios gerais não pretendidos – e, em sua maior parte, não previstos – por aqueles cujas ações têm por resultado o sistema. Para distinguir entre este tipo de ordem e aquela de um sistema deliberado e planejado, Hayek[88] utilizou o termo grego *cosmos* para uma ordem espontânea e

---

[85] HAYEK, F. A. Competition as a Discovery Procedure. Op. cit.
[86] A utilização, por Hayek, de um argumento de ignorância como defesa do mercado é incomum. Os economistas modernos tipicamente demandam pressupostos de hiperracionalidade – informação completa e perfeita, expectativas racionais, mercados perfeitos e assim por diante – para justificar as alocações do mercado como sendo "eficientes". Na nova literatura microeconômica sobre informação e incentivos, teóricos como Joseph Stiglitz utilizam desvios esses pressupostos de perfeição para alcançar um veredito de *falha de mercado* e para proporcionar uma justificativa para a intervenção governamental (ver a nota 60 acima). Para Hayek, em contraste, o fato de que os agentes não são hiperracionais é um argumento não contra a liberdade individual, mas sim contra o planejamento estatal e o controle social.
[87] KIRZNER, Israel M. **Competição e Atividade Empresarial**. Op. cit.; MACHOVEC, Frank M. **Perfect Competition and the Transformation of Economics**. London: Routledge, 1995.
[88] HAYEK, F. A. The Confusion of Language in Political Thought. In: HAYEK, F. A. **New Studies in Philosophy, Politics and Economics**. Chicago: University of Chicago Press, 1978 [1968c].

taxis para uma ordem conscientemente planejada[89]. Exemplos de *cosmos* incluem o sistema de mercado como um todo, o dinheiro, a lei comum, e mesmo a linguagem. Uma *taxis*, em contraste, é uma organização projetada ou construída, como uma firma ou um escritório; essas são as *"ilhas de poder consciente no oceano da cooperação inconsciente, tal como pedaços de manteiga coagulando em um balde de leitelho"*[90].

A maior parte dos comentadores consideram os trabalhos de Hayek sobre o conhecimento, a descoberta e a competição como uma consequência de sua participação no debate do cálculo socialista dos anos 1920 e 1930. Os socialistas erraram, na visão de Hayek, ao falharem em ver que a economia como um todo é necessariamente uma ordem espontânea e que nunca pode ser deliberadamente construída do mesmo modo que os operadores de uma ordem planejada podem controlar sua organização. Isto ocorre porque ordens planejadas podem lidar somente com problemas de complexidade estritamente limitada. Ordens espontâneas, em contraste, tendem a evoluir através de um processo de seleção natural, e portanto não precisam ser projetadas ou mesmo compreendidas por uma única mente[91].

Hayek e a Economia Austríaca

O renascimento austríaco deve mais a Hayek do que a qualquer outro. Mas será que as obras de Hayek são realmente "Economia Austríaca" – parte de uma tradição separada e reconhecível – ou devemos considerá-las, em vez disso, como contribuições originais e profundamente pessoais[92]? Alguns observadores acusam que os últimos trabalhos de

---

[89] Anteriormente, Hayek tinha usado os termos "organismo" e "organização", emprestados de Mises, para distinguir as duas; esta é a distinção citada por Coase em seu famoso artigo de 1937, *The Nature of the Firm*. HAYEK, F. A. **Monetary Theory and the Trade Cycle**. Op. cit. p. 27.

[90] D. H. Robertson, citado por COASE, Ronald H. The Nature of the Firm. Op. cit. p. 35. Sobre a relação entre o debate do cálculo socialista e a teoria da firma, ver o Capítulo 1.

[91] Para mais detalhes sobre a ordem espontânea, ver FEHL, Ulrich. Spontaneous order and the subjectivity of expectations: A contribution to the Lachmann-O'Driscoll problem. In: KIRZNER, Israel M. (Ed.). **Subjectivism, Intelligibility, and Economic Understanding**. New York: New York University Press, 1986. Vanberg argumenta que a noção de Hayek de ordem espontânea pela via da seleção de grupo é incompatível com o individualismo metodológico. VANBERG, Viktor J. Spontaneous Market Order and Social Rules: A Critical Examination of F. A. Hayek's Theory of Cultural Evolution. In: VANBERG, Viktor J. **Rules and Choice in Economics**. London and New York: Routledge, 1994.

[92] As contribuições de Wieser têm sido geralmente consideradas como pessoais, pelo

Hayek, particularmente após começar a afastar-se da economia técnica, apresentam mais influência de seu amigo Sir Karl Popper do que de Carl Menger ou Mises: um crítico separa entre "Hayek I" e "Hayek II"; outro refere-se à "Transformação de Hayek"[93].

É verdade que Popper exerceu um impacto significativo sobre o pensamento maduro de Hayek. De maior interesse é a natureza precisa da relação de Hayek com Mises. Sem dúvida, nenhum economista teve um impacto maior sobre o pensamento de Hayek do que Mises – nem mesmo Wieser, de quem Hayek aprendeu seu ofício, mas que morreu em 1927, quando Hayek ainda era jovem. Em acréscimo, Mises claramente considerou Hayek como o mais brilhante de sua geração[94]. No entanto, como Hayek[95] observou, desde o início foi sempre pouco menos do que um puro seguidor: *"Apesar de dever [a Mises] um estímulo decisivo em um ponto crucial de meu desenvolvimento intelectual, e inspiração contínua durante uma década, talvez eu tenha me beneficiado mais de seu ensinamento porque inicialmente não fui seu estudante na universidade, um jovem inocente que tomou suas palavras como um evangelho, mas cheguei a ele como um economista treinado, versado em*

---

próprio Hayek e por outros. Para uma visão contrária, ver EKELUND, Robert B. Wieser's Social Economics: A Link to Modern Austrian Theory. **Austrian Economics Newsletter**, v. 6 (1986): p. 4, 9-11.

[93] Para os Hayeks I e II, ver HUTCHISON, Terence W. Austrians on Philosophy and Method (since Menger). In: HUTCHISON, Terence W. **The Politics and Philosophy of Economics**: Marxians, Keynesians and Austrians. New York and London: New York University Press, 1981. p. 210-19; para a "transformação", ver CALDWELL, Bruce J. Hayek's Transformation. Op. cit. A literatura secundária contém algum debate a respeito de se o artigo de 1937 de Hayek, "Economics and Knowledge", apresenta uma ruptura decisiva com Mises em favor de uma abordagem popperiana "falsificacionista", considerando que as evidências empíricas podem ser usadas para falsificar uma teoria (embora não para "verificá-la" por indução). Para o caso que considera 1937 como um ponto crucial de virada, ver HUTCHISON, Terence W. Austrians on Philosophy and Method (since Menger). Op. cit. p. 215 e CALDWELL, Bruce J. Hayek's Transformation. Op. cit. p. 528; para a visão oposta, ver GRAY, John. **Hayek on Liberty**. 2 ed. Oxford: Basil Blackwell, 1986 [1984]. p. 16-21; e GARRISON, Roger W. & KIRZNER, Israel M. Hayek, Friedrich August von. Op. cit. p. 610. O próprio Hayek apoiou a primeira interpretação, sustentando que era de fato Mises quem ele esperava persuadir com o artigo de 1937 (HAYEK, F. A. **The Fortunes of Liberalism**. Op. cit. p. 55-56; HAYEK, F. A. **Hayek on Hayek**. Op. cit. p. 72-74). Se isso for verdade, a tentativa de Hayek foi notavelmente sutil, pois Mises aparentemente acolheu o argumento de Hayek, sem dar-se conta de que era dirigido a ele.

[94] Margit von Mises recorda, a respeito do seminário de seu marido em New York, que ele *"encontrava cada estudante novo esperançoso de que um deles pudesse se tornar um segundo Hayek"*. MISES, Margit von. **My Years with Ludwig von Mises**. 2nd. enlarged ed. Cedar Falls, Iowa: Center for Futures Education, 1984. p. 133.

[95] HAYEK, F. A. Coping with Ignorance. Op. cit.

um ramo paralelo da Economia Austríaca [o ramo de Wieser], a partir do qual ele gradualmente, mas nunca completamente, conquistou-me".

Muito tem sido escrito sobre as perspectivas de Hayek e Mises a respeito do debate do cálculo socialista. A questão é se uma economia socialista é mesmo "impossível", como defendido por Mises, em 1920, ou simplesmente menos eficiente ou mais difícil de implementar. Hayek[96] sustentou posteriormente que *"a tese central [de Mises] não era, como às vezes é colocado erroneamente, que o socialismo é impossível, mas sim que ele não pode alcançar uma utilização eficiente dos recursos"*. Essa interpretação é subjetiva e está sujeita a disputa. Aqui, Hayek está argumentando contra a perspectiva padrão a respeito do cálculo econômico, encontrada por exemplo em Schumpeter[97] ou Bergson[98]. Este ponto de vista sustenta que a afirmação original de Mises sobre a impossibilidade do cálculo econômico sob o socialismo foi refutada por Oskar Lange, Fred Taylor e Abba Lerner, e que modificações posteriores por Hayek e Robbins equivaleram a uma admissão de que a economia socialista é possível em teoria, porém difícil na prática, pois o conhecimento é descentralizado e os incentivos são fracos. A resposta de Hayek no texto citado, de que a real posição de Mises fora exagerada, recebe apoio do principal historiador revisionista do debate do cálculo, Don Lavoie, que afirma que os *"argumentos centrais desenvolvidos por Hayek e Robbins não constituíram um 'recuo' a partir de Mises, mas, ao invés disso, um esclarecimento orientando o desafio para as versões posteriores do planejamento central. Embora comentários tanto de Hayek quanto de Robbins sobre as dificuldades computacionais [das abordagens posteriores] fossem responsáveis pelas interpretações equivocadas de seus argumentos, de fato suas principais contribuições foram totalmente consistentes com o desafio de Mises"*[99]. De forma semelhante, Kirzner[100] argumenta que as posições de Mises e Hayek devem ser vistas conjuntamente, como uma tentativa inicial de elaborar a perspectiva austríaca da "descoberta empreendedora" a respeito do processo de mercado. Salerno[101] argumenta, em contraste, favorecendo o ponto de vista tradicional –

---

[96] HAYEK, F. A. **The Fortunes of Liberalism.** Op. cit. p. 127.
[97] SCHUMPETER, Joseph A. **Capitalism, Socialism and Democracy.** Op. cit. p. 172-186
[98] BERGSON, Abram. Socialist Economics. Op. cit.
[99] LAVOIE, Don. **Rivalry and Central Planning**. Op. cit. p. 20.
[100] KIRZNER, Israel M. The Economic Calculation Debate. Op. cit.
[101] SALERNO, Joseph T. Postscript. Op. cit.

que o problema do cálculo original de Mises é diferente do problema do processo da descoberta enfatizado por Lavoie e Kirzner[102].

Mais ainda, a ênfase posterior de Hayek na seleção de grupo e na ordem espontânea não é compartilhada por Mises, embora existam elementos desta linha de pensamento em Menger. Uma pista para esta diferença está na afirmação de Hayek[103] de que *"o próprio Mises ainda era muito mais um filho da tradição racionalista do Iluminismo e do liberalismo continental, em vez do inglês, do que eu mesmo"*. Isto é uma referência aos "dois tipos de liberalismo" aos quais Hayek refere-se frequentemente: o racionalista continental, ou tradição utilitarista, e a tradição inglesa da *common law*, que enfatiza os limites da razão e as forças "espontâneas" da evolução[104].

Recentemente, a relação entre Mises e Hayek tornou-se de pleno direito um debate de "desomogeneização". Salerno[105] e Rothbard[106] consideram a ênfase de Hayek no conhecimento e na descoberta como substancialmente diferente da ênfase de Mises na ação humana proposital. Salerno[107], por exemplo, argumenta que há duas vertentes na Economia Austríaca moderna, ambas descendendo de Menger. Uma, a vertente de Wieser-Hayek, concentra-se no conhecimento disperso e no sistema de preços como um dispositivo de comunicação de conhecimento. Outra, a vertente de Böhm-Bawerk-Mises, concentra-se no cálculo monetário (ou "apreciação", com o significado de antecipação dos preços futuros),

---

[102] Os escritos de Hayek sobre o cálculo econômico socialista estão reunidos em HAYEK, F. A. **Socialism and War**: Essays, Documents, Reviews. CALDWELL, Bruce (Ed.). **The Collected Works of F. A. Hayek**, Vol. 10. Chicago: University of Chicago Press, 1997. Para uma visão geral, ver CALDWELL, Bruce J. Hayek and Socialism. **Journal of Economic Literature**, v. 35 (1997): p. 1856-90.
[103] HAYEK, F. A. Coping with Ignorance. Op. cit.
[104] Para mais detalhes sobre a complexa e sutil relação entre Mises e Hayek, ver Klein e as referências ali citadas. KLEIN, Peter G. Introduction. In: HAYEK, F. A. **The Fortunes of Liberalism**: Essays on Austrian Economics and the Ideal of Freedom. KLEIN, Peter G. (Ed.). **The Collected Works of F. A. Hayek**, Vol.4. Chicago: University of Chicago Press, 1992. p. 7-13.
[105] SALERNO, Joseph T. Postscript. Op. cit.; SALERNO, Joseph T. Ludwig von Mises as Social Rationalist. **Review of Austrian Economics**, v. 4 (1990b): p. 26-54; SALERNO, Joseph T. Mises and Hayek Dehomogenized. Op. cit.; SALERNO, Joseph T. Reply to Leland B. Yaeger. Op. cit.
[106] ROTHBARD, Murray N. The End of Socialism and the Calculation Debate Revisited. Op. cit.; ROTHBARD, Murray N. The Present State of Austrian Economics. Op. cit.
[107] SALERNO, Joseph T. Mises and Hayek Dehomogenized. Op. cit.

com base nos preços monetários existentes. Kirzner[108] e Yeager[109] argumentam, em contraste, que as diferenças entre Hayek e Mises são muito mais uma questão de ênfase e linguagem do que de substância[110].

Independentemente, há um consenso generalizado de que Hayek figura entre os maiores membros da Escola Austríaca e entre os principais economistas do século XX. Seu trabalho continua influente na teoria

---

[108] KIRZNER, Israel M. Introduction. In: KIRZNER, Israel M. (Ed.). **Classics in Austrian Economics**: A Sampling in the History of a Tradition. London: William Pickering, 1994; KIRZNER, Israel M. Review of Jack Birner and Rudy van Zijp, Hayek, Co-ordination, and Evolution. **Southern Economic Journal**, v. 61 (1995): p. 1243-44; KIRZNER, Israel M. Reflections on the Misesian Legacy in Economics. **Review of Austrian Economics**, v. 9 (1996): p. 143-54; KIRZNER, Israel M. Entrepreneurial Discovery and the Competitive Market Process. Op. cit.

[109] YEAGER, Leland B. Mises and Hayek on Calculation and Knowledge. Op. cit.; YEAGER, Leland B. Rejoinder. Op. cit.

[110] Kirzner, por exemplo, escreve que as críticas de Mises e de Hayek ao socialismo *"são simplesmente maneiras diferentes de expor o mesmo insight austríaco básico. Falhar em ver o entendimento econômico comum compartilhado por Mises e Hayek corresponde a estar desnecessariamente enganado pelas diferenças superficiais na exposição e na ênfase. Constituir este erro percebendo um choque, entre os austríacos modernos, ou dos 'hayekianos' contra os 'misesianos', é converter uma falha interpretativa em um pesadelo dogmengeschichtliche"* (KIRZNER, Israel M. Review of Jack Birner and Rudy van Zijp, Hayek, Co-ordination, and Evolution. Op. cit. p. 1244). Para mais detalhes sobre o debate de desomogeneização, ver HERBENER, Jeffrey M. Ludwig von Mises and the Austrian School of Economics. Op. cit.; HERBENER, Jeffrey M. Calculation and the Question of Arithmetic. **Review of Austrian Economics**, v. 9 (1996): p. 151-62; SALERNO, Joseph T. Reply to Leland B. Yaeger. Op. cit.; SALERNO, Joseph T. A Final Word. Op. cit.; HOPPE, Hans-Hermann. Socialism. Op. cit.; BOETTKE, Peter J. Economic Calculation: The Austrian Contribution to Political Economy. **Advances in Austrian Economics**, v. 5 (1998): p. 131-58; e YEAGER, Leland B. Rejoinder. Op. cit. Rothbard identifica três *"paradigmas distintos e geralmente discordantes dentro da Economia Austríaca: a praxeologia misesiana; a ênfase de Hayek-Kirzner no mercado como transmissão de conhecimento e coordenação de planos – em vez da ênfase de Mises na coordenação contínua dos preços; e o ultra-subjetivismo de [Ludwig] Lachmann"* (ROTHBARD, Murray N. Review of Bruce Caldwell and Stephan Boehm, eds., Austrian Economics: Tensions and New Directions. **Southern Economic Journal**, v. 61 (1994): p. 559-60. p. 559).

De maneira interessante, o próprio Hayek procurou distinguir seu trabalho daquele dos pensadores de livre-mercado dos quais discordava metodologicamente. Em uma entrevista, nos anos 1980, descreveu Milton Friedman como um "positivista lógico" que *"acredita que os fenômenos econômicos podem ser explicados como macrofenômenos, aos quais pode-se averiguar a causa e efeito dos agregados e das médias. [Friedman] está correto na maior parte das coisas, em problemas gerais do mercado. Eu o quero ao meu lado. Você sabe, uma das coisas que tenho geralmente dito publicamente é que uma das coisas de que mais me arrependo é não ter voltado para a elaboração de uma crítica do tratado de Keynes, mas isso também vale igualmente para não ter criticado os [Essays in] Positive Economics, de Milton, que de um certo modo é um livro bastante perigoso"*. Citado em HAYEK, F. A. **Hayek on Hayek**. Op. cit. p. 144-45.

do ciclo de negócios, sistemas econômicos comparativos, filosofia social e política, teoria jurídica, e mesmo na psicologia cognitiva. Os escritos de Hayek não são sempre fáceis de acompanhar – ele descreve a si mesmo como uma "pessoa que confunde" ou que "atrapalha" ao invés de um "mestre do seu assunto" – e isto pode ter contribuído para a variedade de interpretações que seus trabalhos têm despertado[111]. Em parte por esta razão, Hayek permanece como uma das figuras intelectuais mais intrigantes de nossa época.

G) Williamson e os Austríacos[112]

O prêmio Nobel de 2009, para Oliver Williamson, compartilhado com Elinor Ostrom, é uma grande notícia para os austríacos. A análise pioneira de Williamson a respeito de como formas organizacionais alternativas – mercados, hierarquias e híbridas, como ele as chama – emergem, desempenham e se adaptam, tem definido o campo moderno da economia organizacional. Williamson não é um austríaco, mas tem simpatia pelos temas austríacos (em particular o entendimento hayekiano do conhecimento tácito e da competição no mercado), seu conceito de "especificidade de ativos" melhora e estende a teoria austríaca do capital, e sua teoria das fronteiras da firma de uma só tacada quase deslocou, de partes importantes da organização industrial e da economia antitruste, o modelo referencial da competição perfeita. Também é um economista pragmático, cuidadoso e prático, que está preocupado, em primeiro lugar, com os fenômenos econômicos do mundo real, escolhendo a clareza e a relevância sobre a elegância matemática formal. Por essas e muitas outras razões, seu trabalho merece um estudo cuidadoso por parte dos austríacos.

---

[111] A respeito das pessoas que confundem e os mestres de seus assuntos, ver HAYEK, F. A. Two Types of Mind. In: HAYEK, F. A. **The Trend of Economic Thinking**: Essays on Political Economists and Economic History. BARTLEY III, W. W. & KRESGE, Stephen (Eds.). **The Collected Works of F. A. Hayek**, Vol. 3. Chicago: University of Chicago Press, 1991 [1975]. Juntamente com ele próprio, Hayek nomeou Wieser e Frank Knight como representativos do tipo dos que confundem, e Böhm-Bawerk, Joseph Schumpter e Jacob Viner como representativos dos mestres de seus assuntos. Conforme Hayek recordou, *"devo qualqer ideia nova que vale a pena que eu possa ter tido a não ser capaz de recordar o que todo especialista competente deve ter na ponta da língua. Sempre que vi uma nova luz a respeito de alguma coisa, isso foi o resultado de um esforço doloroso para reconstruir um argumento que economistas mais competentes reproduziriam sem esforço e instantaneamente"* (Idem, p. 51).
[112] † Publicado originalmente em Mises.org, 14 de outubro de 2009.

Abrindo a Caixa-Preta

Nos livros-texto de economia, a "firma" é uma função de produção ou um conjunto de possibilidades de produção, uma "caixa-preta" que transforma insumos em produtos. Dado o estado da tecnologia existente, os preços dos insumos e uma relação de demanda, a firma maximiza lucros monetários sujeita à restrição de que seus planos de produção devem ser tecnologicamente factíveis. A firma é modelada como um único ator, que enfrenta uma série de decisões descomplicadas: qual é o nível de produção a ser produzido, o quanto contratar de cada fator, e assim por diante. Essas "decisões", claramente, não são decisões em absoluto; são cálculos matemáticos triviais, implícitos nos dados subjacentes. Em resumo: a firma é um conjunto de curvas de custo, e a "teoria da firma" é um problema de cálculo.

Williamson ataca esta concepção da firma, que chama de perspectiva da "firma como função de produção". Desenvolvendo a partir da abordagem dos custos de transação ou "contratual" de Coase[113], Williamson argumenta que a firma é melhor considerada como uma "estrutura de governança", um meio para organizar um conjunto de relações contratuais entre agentes individuais. A firma, dessa maneira, consiste de um empreendedor-proprietário, dos ativos tangíveis que ele possui, e de um conjunto de relações de emprego – uma perspectiva austríaca realista e minuciosa. Williamson enfatiza a "especificidade de ativos" – o grau no qual os recursos são especializados para determinados parceiros comerciais – como o principal determinante das fronteiras da firma, definidas como o conjunto de transações internas à firma (ou, colocado de outra maneira, o conjunto de ativos possuídos pelo empreendedor). De forma mais geral, sustenta que os empreendedores tenderão a escolher a forma da organização – uma rede flexível de pequenas firmas, transacionando no mercado aberto; uma rede de franquias, uma aliança ou uma *joint-venture*; ou uma firma grande e verticalmente integrada – mais adequada para as circunstâncias.

Alguns austríacos têm argumentado – seguindo Alchian e Demsetz[114] que Coase e Williamson afirmam erradamente que as firmas não são parte do mercado, que empreendedores substituem coerção

---
[113] COASE, Ronald H. The Nature of the Firm. Op. cit.
[114] ALCHIAN, Armen A. & DEMSETZ, Harold. Production, Information Costs, and Economic Organization. Op. cit.

por consentimento volutário e que as hierarquias corporativas são, de algum modo, inconsistentes com o livre-mercado[115]. Eu penso que esta é uma leitura equivocada de Coase e de Williamson. É verdade que Coase fala das firmas "superando" o mercado e dos empreendedores "suprimindo" o mecanismo de preços, enquanto Williamson diz que as firmas emergem para superar as "falhas de mercado". Porém, não querem dizer que a firma está situada fora do mercado em algum sentido geral, que o sistema de mercado como um todo é ineficiente com relação ao planejamento governamental, ou qualquer coisa do tipo. Mais ainda, Williamson não usa o termo "falhas de mercado" no sentido intervencionista usual de esquerda, mas significando simplesmente que os mercados do mundo real não são "perfeitos" como no modelo do equilíbrio geral perfeitamente competitivo, o que explica por que as firmas existem. De fato, os trabalhos de Williamson sobre integração vertical podem ser lidos como uma celebração do mercado. Não somente as firmas são parte do mercado, concebido de maneira ampla, mas a variedade de formas organizacionais que observamos nos mercados – incluindo as empresas grandes e verticalmente integradas – é um testemunho da criatividade dos empreendedores para imaginarem a melhor maneira de organizar a produção.

E o que dizer da afirmação de Williamson de que os mercados, hierarquias e organizações híbridas são formas alternativas de governança? Ele quer dizer que as formas e organizações híbridas não fazem parte do mercado? Não. Coase e Williamson estão falando de um assunto completamente diferente, ou seja, a distinção entre tipos de contratos ou relações de negócios dentro de um contexto de mercado mais amplo. A questão é simplesmente se a relação de emprego é diferente de, por exemplo, uma transação no mercado à vista ou um acordo de fornecimento com um fornecedor independente. Alchian e Demsetz[116] argumentaram notoriamente que não há diferença essencial entre os dois tipos – ambos são relações contratuais voluntárias, não há "coerção" envolvida, não há

---

[115] P. ex. ELLIG, Jerry & GABLE, Wayne. **Introduction to Market-Based Management**. Op. cit.; MINKLER, Alanson P. The Problem with Dispersed Knowledge. Op. cit.; LANGLOIS, Richard N. The Boundaries of the Firm. Op. cit.; MATHEWS, Don. Management vs. the Market: An Exaggerated Distinction. **Quarterly Journal of Austrian Economics**, v. 1 (1998): p. 41-46.
[116] ALCHIAN, Armen A. & DEMSETZ, Harold. Production, Information Costs, and Economic Organization. Op. cit.

poder, etc. Coase[117], Williamson, Herbert Simon[118], Grossman e Hart[119], meu próprio trabalho e a maior parte da literatura moderna a respeito de firma argumentam que há diferenças importantes e qualitativas. Coase e Simon enfatizam o "exercício da autoridade", pelo que querem dizer simplesmente que os contratos de emprego são, dentro de certos limites, indeterminados. O empregador não negocia com o empregado a respeito da realização da tarefa A, B ou C em um certo dia; simplesmente o instrui a fazê-la. Claramente, o contrato de emprego em si é negociado no mercado de trabalho, assim como qualquer contrato é negociado. Mas, uma vez assinado, é qualitativamente diferente de um contrato que diz "o contratado independente X irá realizar a tarefa A no dia 1". Uma relação de emprego é caracterizada pelo que Simon[120] chamou de "zona de autoridade". Williamson enfatiza a distinção legal, ou seja, que disputas entre empregadores e empregados são resolvidas diferentemente de disputas entre firmas, entre firmas e consumidores, entre firmas e fornecedores ou distribuidores independentes, etc. Grossman e Hart, assim como meu próprio trabalho com Nicolai Foss, enfatizam a distinção entre proprietários e não-proprietários de ativos. Se porventura contrato alguém para trabalhar com a minha máquina, mantenho o controle residual e os direitos de renda do uso da máquina que esse profissional não tem, e portanto sua habilidade para usar a máquina como achar melhor é limitada. Se o profissional possui sua própria máquina, eu o contrato para produzir serviços com essa máquina; então ele (neste caso, um contratado independente) mantém essa renda residual e os direitos de controle, e isso afeta diversos aspectos da nossa relação.

Enquanto Coase, Simon, Hart e outros economistas organizacionais não recorrem explicitamente aos austríacos. Essa distinção também pode ser interpretada em termos da distinção de Menger entre *ordens* e *organizações*, ou a distinção entre *cosmos* e *taxis* de Hayek. Coase e Williamson estão dizendo simplesmente que a firma é uma *taxis*, e o mercado é um *cosmos*. Isto não nega que há aspectos "não planejados" ou "espontâneos" da organização interna das firmas, ou que há propósito, razão, a utilização do cálculo monetário, etc., no mercado.

---

[117] COASE, Ronald H. The Nature of the Firm. Op. cit.
[118] SIMON, Herbert A. A Formal Theory of the Employment Relationship. **Econometrica**, v. 19 (1951): p. 293-305.
[119] GROSSMAN, Sanford J. & HART, Oliver D. The Costs and Benefits of Ownership. Op. cit.
[120] SIMON, Herbert A. A Formal Theory of the Employment Relationship. Op. cit.

Especificidade de Ativos e a Teoria Austríaca do Capital

Conforme vimos em capítulos anteriores, a abordagem da caixa-preta para a firma, que dominou a economia neoclássica, omite os detalhes organizacionais críticos da produção. A produção é tratada como processo em um estágio, no qual os fatores são constantemente transformados em bens finais, em vez de um processo complexo e de múltiplos estágios que se desenvolve ao longo do tempo e que emprega rodadas de bens intermediários. O capital é tratado como um fator de produção homogêneo. Williamson, em contraste, enfatiza que os recursos são heterogêneos, frequentemente especializados, e frequentemente custosos para redistribuir. O que chama de especificidade de ativos refere-se a *"investimentos duráveis que são empreendidos em apoio a transações específicas, com custo de oportunidade muito mais baixo nos melhores usos alternativos, ou por usuários alternativos, caso a transação original seja terminada prematuramente"*[121]. Isto poderia descrever uma variedade de investimentos específicos de relacionamento, incluindo tanto o capital físico especializado quanto o capital humano, juntamente com intangíveis tais como P&D e conhecimento ou capacidades específicas de firma. Assim como Klein *et al*[122], Williamson enfatiza o problema de *hold-up* que pode decorrer de tais investimentos, e o papel das salvaguardas contratuais para assegurar os retornos (o que Klein *et al* chamam de "quase-rendas") para esses ativos.

A teoria austríaca do capital concentra-se em um tipo diferente de especificidade, mais especificamente a extensão na qual recursos são especializados em lugares específicos na estrutura temporal da produção. Menger notoriamente caracterizou os bens em termos de "ordens": os bens de ordem mais baixa são aqueles consumidos diretamente. Ferramentas e máquinas utilizadas para produzir esses bens de consumo são de ordem mais elevada, e os bens de capital utilizados para produzir as ferramentas e as máquinas apresentam uma ordem ainda mais alta. Desenvolvendo a partir de sua teoria de que o valor de todos os bens é determinado pela sua habilidade de satisfazer os desejos dos consumidores (ou seja, sua utilidade marginal), Menger mostrou que o valor dos bens de ordem mais alta é dado ou 'imputado' pelo valor dos bens de ordem mais baixa que produzem. Mais ainda, como certos bens

---

[121] WILLIAMSON, Oliver E. **The Economic Institutions of Capitalism.** Op. cit. p. 55.
[122] KLEIN, Benjamin; CRAWFORD, Robert A. & ALCHIAN, Armen A. Vertical Integration, Appropriable Rents, and the Competitive Contracting Process. Op. cit.

de capital são produzidos por outros bens de capital, de ordem mais elevada, segue-se que os bens de capital não são idênticos, ao menos no momento em que são empregados no processo de produção. A afirmação não é que não há substituição entre os bens de capital, mas que o grau de substituição é limitado; como Lachmann (1956) pondera, os bens de capital são caracterizados pela "especificidade múltipla". Alguma substituição é possível, mas somente a um certo custo.

Mises e Hayek utilizaram este conceito de especificidade para desenvolver sua teoria do ciclo de negócios. A especificidade de ativos de Williamson concentra-se na especialização, não para um processo de produção específico, mas sim para um conjunto particular de parceiros comerciais (transação entre partes independentes, contrato formal, integração vertical, etc.). Os austríacos, em outras palavras, focam nos ativos que são específicos para usos particulares, enquanto Williamson foca nos ativos que são específicos para usuários particulares. Mas há paralelos óbvios, e oportunidades para a obtenção de ganhos a partir do comércio. A teoria austríaca do ciclo de negócios pode ser aprimorada considerando como a integração vertical e relações de fornecimento de longo prazo podem mitigar, ou exacerbar, os efeitos da expansão do crédito na estrutura de produção da economia. De maneira semelhante, a economia dos custos de transação pode beneficiar-se ao considerar não somente a estrutura temporal da produção, mas também o refinamento de Kirzner[123], que define os bens de capital em termos de planos de produção subjetivos e individuais, planos que são formulados e continuamente revisados por empreendedores voltados para o lucro (e pelo conceito de Edith Penrose[124] de "conjunto subjetivo de oportunidades" da firma).

Integração vertical, prática estratégica e economia

A orientação geral dos ensinamentos de Williamson sobre integração vertical não é que os mercados, de alguma maneira, "falham", mas sim que eles têm sucesso, de maneiras ricas, complexas e geralmente imprevisíveis. Uma conclusão básica da economia dos custos de transação é que as fusões verticais, mesmo quando não há sinergias tecnológicas óbvias, pode melhorar a eficiência pela redução dos custos de

---

[123] KIRZNER, Israel M. **An Essay on Capital**. Op. cit.
[124] PENROSE, Edith. **The Theory of the Growth of the Firm**. Op. cit.

governança. Logo, Williamson[125] contesta aquilo que chama de "tradição de inospitalidade" no antitruste – mais precisamente, que as firmas engajadas em práticas de negócios que não são o padrão, tais como a integração vertical, restrições territoriais e de clientes, vendas casadas, franquias e assim por diante, devem estar buscando ganhos monopolistas. De fato, as autoridades antitruste são mais lenientes na avaliação de tais práticas, considerando-as caso a caso ao invés de imporem restrições *per se* sobre formas de conduta específicas. Enquanto esta mudança pode refletir sensibilidade às afirmações da Escola de Chicago de que a integração vertical e as restrições não precisam reduzir a competição, ao invés de afirmações de que tais arranjos proporcionam salvaguardas contratuais[126], a posição de Chicago sobre as restrições verticais baseia-se, em grande parte (embora não explicitamente), no raciocínio dos custos de transação[127].

Neste sentido, o trabalho de Williamson pode ser interpretado como um ataque frontal ao modelo perfeitamente competitivo, em particular quando utilizado como referencial para políticas de antitruste e regulatórias.

Da mesma maneira, Williamson argumenta que, para os administradores, "economizar" é a melhor forma de "prática estratégica". A literatura de estratégia de negócios, seguindo Porter[128], mostra uma tendência de enfatizar o "poder de mercado" como a fonte da vantagem competitiva ao nível da firma. Desenvolvendo diretamente a partir do modelo estrutura-conduta-desempenho para a organização industrial, Porter e seus seguidores argumentaram que as firmas deveriam buscar limitar a rivalidade mediante a adoção de barreiras à entrada, formando coalizões, limitando o poder de barganha de compradores e fornecedores, etc. Williamson desafia esta abordagem de posicionamento estratégico em um artigo influente de 1991, "Strategizing, Economizing, and Economic Organization"[129], no qual defende que os administradores deveriam concentrar-se no aumento da eficiência econômica, mediante

---

[125] WILLIAMSON, Oliver E. **The Economic Institutions of Capitalism**. Op. cit. p. 19.
[126] JOSKOW, Paul L. The Role of Transaction Cost Economics in Antitrust and Public Utility Regulatory Policies. **Journal of Law, Economics, and Organization**, v. 7 (1991): p. 53-83. p. 79-80.
[127] MEESE, Alan. Price Theory and Vertical Restraints: A Misunderstood Relation. **UCLA Law Review**, v. 143 (1997): p. 143-204.
[128] PORTER, Michael R. **Competitive Strategy**. New York: Free Press, 1980.
[129] WILLIAMSON, Oliver E. Strategizing, Economizing, and Economic Organization. **Strategic Management Journal**, v. 12 (1991d): p. 75-94.

a escolha das estruturas de governança apropriadas, ao invés de aumentarem seu poder de mercado. Aqui, novamente, movimentos das firmas para integrar-se, cooperar com parceiros à jusante e à montante, formar alianças e ações similares não são somente beneficiais para as firmas, mas também para os consumidores. Desvios da competição perfeita são, neste sentido, parte do processo de mercado de alocação de recursos aos seus usos de valor mais elevado, tudo para o benefício (como Mises enfatizou) do consumidor.

Coda

Em um nível pessoal, Williamson é amigável e simpático com respeito aos austríacos e suas preocupações. Ele encoraja os estudantes a lerem os austríacos (em particular Hayek, que cita com frequência). Williamson presidiu minha banca de defesa da tese de doutorado, e um dos meus primeiros artigos publicados, "Economic Calculation and the Limits of Organization", foi apresentado originalmente no *Workshop* sobre Análise Institucional de Williamson, em Berkeley. Williamson não aceitou meu argumento sobre a distinção entre problemas de cálculo e de incentivo – sustentou (e continua a sustentar) que os custos de agência, e não o argumento do cálculo de Mises, explicam o fracasso do planejamento central –, mas suas objeções me ajudaram a moldar meu argumento e refinaram meu entendimento das principais literaturas misesiana e hayekiana (além disso, o grande sovietólogo Alec Nove, em visita a Berkeley naquele semestre, calhou de estar na audiência naquele dia, e deu-me diversas referências e contra-argumentos). Williamson, conhecendo meu interesse pelos austríacos, certa vez sugeriu-me escrever uma dissertação sobre a Escola do Ordoliberalismo, a influência de Hayek sobre Eucken e Röpke, e o papel da ideias na elaboração da política econômica. Advertiu-me que escrever sobre um tópico assim não seria vantajoso no mercado de trabalho, mas incitou-me a seguir minhas paixões em vez de seguir a multidão. Terminei escrevendo sobre tópicos mais prosaicos, porém nunca esqueci daquele conselho, e o tenho transmitido para meus alunos.

Posfácio à Edição Brasileira

O capitalismo e o papel dos empresários têm sido temas recorrentes em muitos fóruns de discussão. Os intensos debates e as discussões acirradas servem para tornar precisas as posições dos debatedores, mas não têm contribuído de forma ampla e objetiva para a clareza necessária a temas tão relevantes e urgentes.

É sabido que a atividade humana é norteada por inúmeras motivações. O agir de cada um implica estar atento a uma multiplicidade de fatores, tanto no que se refere aos fins a atingir, quanto aos meios utilizados para tal, ou ainda, quanto aos fatores condicionantes.

A literatura contemporânea, que representa boa parte da voz corrente, na sua grande maioria, trata de questões como o crescimento econômico e o desenvolvimento como sendo uma consequência da acumulação de capital e do progresso tecnológico. Essa visão limitada exclui – e por isso não avalia de modo adequado – o papel do empreendedor como o principal agente para a promoção e o desenvolvimento do progresso econômico. Faz-se necessário atentar para o papel dessa figura, comumente mal vista e cuja importância não tem sido adequadamente dimensionada.

Na atividade humana, as decisões e os relacionamentos da economia são decididos por pessoas. Mas quem toma as decisões? Que perguntas podem ser feitas e respondidas a respeito de quem orienta a acumulação de capital e decide que tipo de capital será investido, ou quais entre as diversas opções tecnológicas serão escolhidas? Os críticos morais de todos os espectros frequentemente voltam o seu foco para os ganhos dos empresários, como se ter riqueza (essa mesma riqueza que eles muitas vezes buscam sem alcançar) fosse algo por si só injusto ou reprovável. Mas, por alguma razão, não mencionam os riscos que essas pessoas se dispõem a enfrentar para obtê-la. O fato é que muito antes que os empreendedores possam desfrutar do retorno das suas ideias e investimentos, têm de submeter os seus bens e o seu tempo a um destino incerto. Fazem investimentos, pagam salários e impostos, antes de saber se as suas previsões terão sucesso, ou se as suas ideias oferecerão retorno. E quando há lucro, além de compulsoriamente terem de dividi-lo com o fisco para beneficiar toda a sociedade, boa parte dele é normalmente reinvestido.

O que é singular nesta atividade de empreender é que ela não requer intervenção de terceiros, nem para se estabelecer nem para se manter. Tampouco têm de recorrer ao "guarda-chuva" de programas governamentais, como tratamentos fiscais diferenciados, subsídios ou juros baixos. Nem mesmo uma educação especializada se faz necessária.

Entender o papel do empreendedor é descobrir por que alguns países prosperam e outros não; por que algumas sociedades são eficientes e outras amargam contínuos fracassos, permanecendo dependentes das outras mais bem-sucedidas. O empreendedorismo deve ser definitivamente agregado no corpo da teoria econômica do crescimento e do desenvolvimento.

Esta obra nos remete a alguns pensadores liberais, como Schumpeter[1], que entendeu claramente o papel essencial do empreendedor no desenvolvimento da atividade econômica. Em sua obra *Teoria do Desenvolvimento Econômico* (1911), ele mostra o papel fundamental que o empresário tem como agente de promoção do progresso econômico através da "destruição criativa". A chamada "destruição criativa" fundamenta-se basicamente na ideia de que a economia capitalista dos tempos modernos é caracterizada por uma busca incessante pela inovação. Para ele, o empreendedor é inspirado por uma ideia ou modelo de negócios que pretende realizar com a ajuda de recursos emprestados. O empreendedor é como uma figura heroica que escolhe o campo de batalha no mundo dos negócios, com o propósito de viver o seu espírito de conquista e do seu desejo de dominação. Schumpeter argumentava que o empresário é uma pessoa que compartilha com um imperador e conquistador atributos como criar e governar um domínio próprio e fundar uma dinastia.

A atividade do empresário como destruidor criativo leva à criação de novos mercados, novos modelos de negócios, novas indústrias, novos produtos ou novos métodos de produção que revolucionam o estado atual da economia, tornando os produtos e procedimentos vigentes obsoletos. Olhado por este ângulo, pode-se dizer que o progresso econômico é impulsionado pela busca incessante da inovação.

---

[1] *Joseph Schumpeter, (1883-1950) economista nascido na Áustria, ganhou fama no início da sua carreira acadêmica com a publicação de Teoria do Desenvolvimento Econômico (1911). Lecionou na Universidade de Harvard, EUA.*

Outro dos pilares do pensamento liberal, abordado no livro, está fundamentado em Mises[2] e no papel do empreendedor no desenvolvimento econômico, proposto pela Escola Austríaca de Economia, corroborado pela teoria do conhecimento. Para Ludwig von Mises, a função do empreendedor existe porque o futuro não pode ser previsto com precisão.

Dentre as três formas básicas de lidar com a incerteza do futuro – a especulação, a probabilidade e a engenharia – a especulação é a forma típica para a ação humana ao lidar com assuntos econômicos e financeiros e com as incertezas da vida em geral. A especulação é o modo básico do juízo empresarial. Se o futuro fosse absolutamente certo, a especulação seria desnecessária. Então seria possível calcular a futura estrutura do mercado e o empreendedorismo seria algo desnecessário, pois a sua função poderia ser exercida por engenheiros e matemáticos ou outros especialistas com suas máquinas calculadoras, planilhas eletrônicas e modelos sofisticados.

No entanto, como ressalta Mises, *"a ideia empreendedora que gera lucro continuamente é exatamente aquela que não pode ser facilmente pensada ou percebida pela maioria. Não é uma previsão correta que gera lucros, mas uma previsão melhor do que todas as outras. O prêmio vai somente para os dissidentes que não se deixem enganar pelos erros aceitos pela multidão. O que faz emergirem os lucros é a provisão para as necessidades futuras para as quais os demais falharam em fazer adequadamente"*[3].

Como o futuro não pode ser previsto com segurança, por consequência a inovação é um ato de especulação e revela que a essência do progresso econômico consiste em empreendedorismo. Assim segue logicamente que o planejamento de grande estilo do futuro não pode ter uma base racional devido à falta de conhecimento confiável. Como Hayek[4] explica em seu artigo de 1968, a concorrência empresarial é indispensável para o progresso econômico, porque é a competição que serve como o dispositivo de descoberta.

---

[2] *Ludwig von Mises (Lviv, 29 de Setembro de 1881 - Nova Iorque, 10 de Outubro de 1973) foi economista, filósofo e defensor da liberdade econômica como suporte básico da liberdade individual. É um dos ícones da Escola Austríaca. Em um de seus livros, Ação Humana (Human Action), apresentou os fundamentos metodológicos dessa escola e integrou a teoria austríaca.*
[3] MISES, Ludwig von, **Human Action, A Treatise on Economics**, The Ludwig von Mises Institute, Auburn, Alabama,1988, p. 867.
[4] *Friedrich August von Hayek (Viena, 8 de Maio de 1899 - Friburgo, 23 de Março de 1992) foi um economista da Escola Austríaca.*

O texto evidencia que a eficácia do planejamento econômico central é limitada porque ele se depara com um duplo véu de ignorância, e ressalta a relevância da função empresarial.

Por tudo isso, esta obra deve ser lida, degustada e propagada por todos, tanto por aqueles árduos defensores da liberdade – por vezes tão pouco compreendidos, e combatidos – como por aqueles outros que vislumbram o progresso sem as justas e devidas recompensas para os que tanto arriscam e geram a riqueza que é distribuída para todos.

Nelson Augusto Frederico de Sousa, M.Sc.
Professor do IBMEC-RJ, Vice-Presidente Financeiro e CFO do Centro Interdisciplinar de Ética e Economia Personalista (CIEEP)

Esta obra foi impressa na Imos Gráfica para a Letra Capital Editora.
Utilizou-se o papel Pólen Soft 80g/m² e a fonte ITC-NewBaskerville corpo 11/14.
Rio de Janeiro, março de 2015.